KB249393

북경대에서 온

국내 최다

新HSK

6급 공략
실전 모의고사

북경대에서 온 국내 최다

新 HSK 6급 공략 실전 모의고사

저　　자	沈灿淑 夏小芸 王建强 刘 影 편저
발 행 인	윤우상
총　　괄	윤병호
책임편집	최준명
인 쇄 일	2015년 11월 05일
발 행 일	2015년 11월 13일
발 행 처	송산출판사
주　　소	서울특별시 서대문구 통일로 32길 14 (홍제동)
전　　화	(02)735-6189
팩　　스	(02)737-2260
홈페이지	www.songsanpub.co.kr
E-mail	songsan1@korea.com
등 록 일	1976년 2월 2일 제9-40호

ISBN 978-89-7780-214-8　14720
　　　 978-89-7780-209-4　(세트)

이 도서의 국립중앙도서관 출판예정도서목록(CIP)은 서지정보유통지원시스템 홈페이지 (http://seoji.nl.go.kr)와 국가자료공동목록시스템(http://www.nl.go.kr/kolisnet)에서 이용 하실 수 있습니다. (CIP제어번호 : CIP2015001172)

북경대에서 온

국내 최다

新 HSK

6급 공략
실전 모의고사

沈灿淑　夏小芸　王建强　刘 影 편저

송산출판사

머리말

중국 국가한반조직이 연구 개발한 신HSK는 국제 중국어능력 표준화 시험으로, 2009년부터 전 세계적으로 널리 보급되어, 각국의 중국어 학습자들에게 널리 환영을 받아 왔다.

그러나 구HSK와 비교해서, 신HSK는 설계이념과 측정목적에서 큰 차이가 있다. 신HSK는 "시험과 교육을 연계한다", "시험으로써 교육을 촉진시키고", "시험으로써 배움을 촉진시킨다"는 원칙을 강조하여, 응시생의 중국어능력의 발전을 촉진함을 중요시하였다.

등급 설정과 문제의 설계상에서도, 신HSK는 구HSK와 현저한 차이가 있다. 신HSK는 필기시험 6단계와 구술시험 3단계를 설치하여, 시험의 전파범위를 한층 확대하였고, 문제 설계상에서는 응시생의 실제언어 활용능력과 비언어적 지식의 장악 정도를 측정함을 더욱 강조하였다.

새로운 측정이념과 새로운 문제 유형에 직면하여 많은 선생님들, 특히 언어지식 분석방식으로 문제를 풀이하는 구HSK에 습관이 되어 있는 선생님들은 왕왕 신HSK 지도에 손댈 길이 없으며, 새로운 문제유형에 대하여 풀이할 방법이 없었다. 동시에 많은 응시생들은 신HSK의 문제유형의 특징을 이해할 수 없으므로, 왕왕 어떻게 시험을 준비해야할지 몰랐다.

신HSK가 나온 이후, 北京大学出版社는 신HSK의 발전에 시종 깊은 관심을 갖고 전폭적으로 지지하였고, 신HSK 측정이론과 실천에 대해 비교적 깊은 연구와 탐구를 진행하였으며, 또한 이를 기초로 하여 신HSK의 연구자와 일선 선생님들을 조직하여, 일련의 모의시험과 시험보충교재를 출판하여, 일선 지도 선생님들과 광대한 응시생을 위해 유익한 도움을 제공하여 왔다.

본서는 北京大学出版社와 송산출판사가 공동으로 문제를 개발하여, 출제와 출간을 공동으로 진행한 것이다. 신HSK에 응시하는 학생들이 최대한 많은 문제를 접하고 시험에 임할 수 있도록 8회분의 모의고사를 수록하였다.

이 모의시험은 실제문제와 유사성이 높은 특징을 갖고 있다. 시험의 대강(大纲)을 엄격히 준수하였으며, 출제기관에서 공포한 시험 문제의 설계를 참조하였기 때문이다. 본 시리즈의 문제집을 통해, 응시생들은 현재의 수준을 평가하는 효과적인 테스트가 되어 더욱 중국어 활용능력을 높일 뿐 만 아니라, 시험을 준비하는 방법 및 응시 기술을 장악하기 바란다.

북경대학출판사

중국어 및 언어학 편집부

목차

신 한어수평고시(HSK) 소개

한어수평고시(HSK)가 중국어 학습자에게 더 좋은 서비스를 제공하기 위하여 중국 국가한반은 중외 중국어 교육, 언어학, 심리학과 교육 측정학 등 영역의 전문가를 조직하여, 해외의 실제 중국어 교육 상황을 충분히 조사하고 이해한 기초를 바탕으로, 기존 HSK의 장점을 살리고 최근 국제 언어 테스트 연구의 최신 성과를 참고하여 신 한어수평고시 (HSK)를 실시하게 되었다.

1. 시험 구조

신 HSK는 국제 중국어 능력 표준화 수준 시험으로 중국어가 모국어가 아닌 수험생의 생활, 학습과 업무에 중국어를 이용하여 소통하는 능력을 중점 측정한다. 신 HSK는 필기시험과 구술시험으로 나누어져 있으며, 필기시험과 구술시험은 서로 독립되어 있다. 필기시험은 HSK(1급), HSK(2급), HSK(3급), HSK(4급), HSK(5급), HSK(6급)으로 나누어져 있다. 구술시험은 HSK(초급), HSK(중급), HSK(고급)으로 나누어져 있으며, 녹음 형식을 채택한다.

필기시험	구술시험
HSK (6급)	HSK (고급)
HSK (5급)	HSK (고급)
HSK (4급)	HSK (중급)
HSK (3급)	HSK (중급)
HSK (2급)	HSK (초급)
HSK (1급)	HSK (초급)

2. 시험 등급

신 HSK 각 등급과《국제 중국어 능력 표준》,《유럽언어 공동 참고 프레임(CEF)》의 대응 관계는 아래 표와 같다:

신 HSK	어휘량	국제 중국어 능력 표준	유럽언어 프레임 (CEF)
HSK (6급)	5,000 및 이상	5급	C2
HSK (5급)	2,500		C1
HSK (4급)	1,200	4급	B2
HSK (3급)	600	3급	B1
HSK (2급)	300	2급	A2
HSK (1급)	150	1급	A1

HSK(1급)를 통과한 수험생은 매우 간단한 중국어 단어와 문장을 이해하고 사용할 수 있으며, 구체적인 소통을 할 수 있으므로 진일보한 중국어 학습 능력을 갖추었다.

HSK(2급)를 통과한 수험생은 익숙한 일상 화제에 대해 중국어로 간단하고 직접적인 교류를 할 수 있으며, 초급 중국어 우수 수준에 도달하였다.

HSK(3급)를 통과한 수험생은 중국어로 생활, 학습, 업무 등 방면의 기본 교제 임무를 완성할 수 있으며, 중국에서 여행 시 만나는 대부분의 교제 임무를 대처할 수 있다.

HSK(4급)를 통과한 수험생은 비교적 광범위한 영역의 화제에 대해 중국어로 토론을 진행할 수 있으며, 중국어를 모국어로 하는 사람과 비교적 유창하게 교류를 할 수 있다.

HSK(5급)를 통과한 수험생은 중국어 정기 간행물과 잡지를 읽고 중국어 영화와 TV 프로그램을 감상할 수 있으며, 중국어로 비교적 완전한 연설을 할 수 있다.

HSK(6급)를 통과한 수험생은 중국어 정보를 수월하게 알아듣거나 읽을 수 있으며, 구두 또는 서면 형식으로 유창한 중국어를 이용하여 자신의 견해를 표현할 수 있다.

3. 시험 등급

신 HSK는 "시험과 교육의 결합"의 원칙을 따르고, 시험 설계는 현재 국제 중국어 교육 현황, 교재사용과 긴밀하게 결합하며, 목적은 "시험으로 교육을 촉진하며", "시험으로 학습을 촉진한다"이다.

신 HSK는 평가의 객관성, 정확성을 중시하며 수험생의 중국어 응용 능력의 발전을 더욱 중요시한다.

신 HSK는 명확한 시험 목표를 제정하여, 수험생이 계획적이고 효과적으로 중국어 응용 능력을 향상시키기에 편하도록 한다.

4. 시험 용도

신 HSK는 기존의 HSK 중국어 능력 시험의 객관적인 평가의 연속으로 성인 중국어 학습자를 대상으로 한다. 신 HSK의 성적은 다양한 수요를 만족시킬 수 있다:

(1) 대학의 학생모집, 분반수업, 과정면제, 학점수여 등을 위해 참고 근거를 제공한다.

(2) 인재모집 기관의 채용, 양성, 직원의 진급 등에 참고 근거를 제공한다.

(3) 중국어 학습자가 자신의 중국어 응용 능력을 이해하고 향상시키는데 참고 근거를 제공한다.

(4) 관련 중국어 교육 부서, 양성 기관의 교육 평가 또는 양성 효과 등에 참고 근거를 제공한다.

5. 성적 보고

시험 종료 후 3주내에 수험생은 국가 한반이 수여한 신 HSK 성적 보고를 획득한다.

신HSK (6급)소개

HSK(6급)은 수험생의 중국어 응용능력을 테스트하며, 등급은 ≪국제한어능력표준≫ 5급, ≪유럽 언어 공동 참고 프레임 (CEF) ≫ C2급에 해당된다. HSK 6급에 합격한 응시자는 중국어 정보를 듣거나 읽는데 있어 쉽게 이해 할 수 있으며, 중국어로 구두 상 또는 서면 상의 형식으로 자신의 견해를 유창하고 적절하게 전달할 수 있다.

一、시험 대상자

HSK(6급)은 5,000개 또는 5,000개 이상의 상용어휘를 마스터한 학습자를 대상으로 한다.

二、시험 내용

HSK(6급)은 총 101문제이며, 듣기, 독해, 쓰기 3부분으로 나누어져 있다.

시험 내용		시험문제 수 (문항)		시험시간 (분)
一、듣기	제1부분	15	50	약 35분
	제2부분	15		
	제3부분	20		
二、독해	제1부분	10	50	50분
	제2부분	10		
	제3부분	10		
	제4부분	20		
三、쓰기	작문	1		45분
합계	/	101문항		약 130분

시험 총 시간은 140분이다(수험생 개인정보 입력시간 5분 포함).

1. 듣기

제1부분은 총 15문항이다. 모든 문제는 한 번씩 들려준다. 이 부분의 문제는 한편의 단문으로 구성되어 있다. 응시자는 시험지에 주어진 4개의 선택 항목 중에서 단문 내용과 일치한 것을 고른다.

제2부분은 총 15문항이다. 모든 문제는 한 번씩 들려준다. 이 부분은 3개의 인터뷰(취재 내용)로 구성되며, 각각의 인터뷰에 대해 5개의 질문을 한다. 응시자는 시험지에 주어진 4개의 선택 항목 중에서 정답을 고른다.

제3부분은 총 20문항이다. 모든 문제는 한 번씩 들려준다. 이 부분의 문제는 몇 편의 단문으로 구성되어 있으며, 각각의 내용에 대해 여러 개의 질문을 한다. 응시자는 시험지에 주어진 4개의 선택 항목 중에서 정답을 고른다.

2. 독해

제1부분 총 10문항이다. 모든 문제는 4개의 문장이 제시된다. 응시자는 4개의 문장 중에서 어폐가 있는 하나의 문장을 고른다.

제2부분은 총 10문항이다. 모든 문제는 3-5개의 빈칸이 있는 단문으로 구성되어 있다. 응시자는 앞뒤 문장을 근거로 주어진 선택 항목 4개 중, 빈칸에 들어갈 가장 적합한 답안을 고른다.

제3부분은 총 10문항이다. 모든 문제는 2개의 단문이 제시되며, 각 단문에 5개의 빈칸이 있다. 응시자는 앞뒤 문장을 근거로 주어진 선택 항목 5개 중, 빈칸에 들어갈 가장 적합한 답안을 고른다.

제4부분은 총 20문항이다. 모든 문제는 여러 편의 단문이 제시되며, 각 단문에 여러 개의 질문이 제시된다. 응시자는 주어진 4개의 선택 항목 중에서 정답을 고른다.

3. 쓰기

응시자는 주어진 10분 동안 1000자 정도로 구성된 한 편의 서사문을 읽는다. 다음으로 35분 동안 읽은 내용을 400자 정도로 간략하게 요약한다. 제목은 스스로 알아서 정할 수 있으나 요약 내용은 반드시 원문의 내용을 중복 서술해야 하며, 자신의 관점이 들어가서는 안 된다.

三、성적 통지

HSK(6급) 성적통지는 듣기, 독해, 쓰기와 합계 점수를 제공하며 합계가 180점이면 합격이다.

	만점	당신의 점수
듣기	100	
독해	100	
쓰기	100	
합계	300	

HSK성적은 장기간 유효하다. 외국인 유학생으로 중국의 대학에 진학할 때 중국어능력 증명서로 쓸 경우, 유효기간은 2년이다(시험당일부터 계산한다).

HSK（六级）成绩报告

国家汉办/孔子学院总部
Hanban/Confucius Institute Headquarters

新 汉 语 水 平 考 试
Chinese Proficiency Test

HSK（六级）成绩报告
HSK (Level 6) Examination Score Report

姓名：
Name _____

性别： 国籍：
Gender _____ Nationality _____

考试时间： 年 月 日
Examination Date _____ Year ___ Month ___ Day

编号：
No. _____

	满分(Full Score)	你的分数(Your Score)
听力 (Listening)	100	
阅读 (Reading)	100	
书写 (Writing)	100	
总分 (Total Score)	300	

总分180分为合格 (Passing Score: 180)

主任
Director _____

中国 • 北京
Beijing • China

新 汉 语 水 平 考 试
HSK（六级）
全真模拟试题
（第1套）

一、**HSK**（六级）分三部分：

    1.听力（50题，约35分钟）

    2.阅读（50题，50分钟）

    3.书写（1题，45分钟）

三、全部考试约140分钟（含考生填写个人信息时间5分钟）。

中国　北京　　　　　　　　　×××× / ×××××× 　编制

一、听 力

第 一 部 分

第1—15题：请选出与所听内容一致的一项。

1. A "我"很重视父亲节和母亲节
   B 爸爸妈妈只有"我"一个孩子
   C "我"只有节日时才孝顺父母
   D 现在父母的记性越来越差了

2. A 中国有几千年的历史
   B 外国的文化都很优秀
   C 中国不排斥拒绝外国人
   D 中国文明有自己的风格

3. A 学生都要使用民族语言
   B 学生都是有文化素质的
   C 传统文化是民族的灵魂
   D 各民族都有自己的语言

4. A 不吃素身体就会不健康
   B 素食者都保护生态环境
   C 素食代表着时尚和健康
   D 素食主义者喜欢大自然

5. A 妻子还不会开车
   B 丈夫通过了考试
   C 丈夫发生了事故
   D 考官开车很熟练

6. A 荷兰球迷非常失望
   B 西班牙球迷很高兴
   C 荷兰队获得了冠军
   D 7月21日举行了比赛

7. A 刘翔是一名田径运动员
   B 刘翔参加过两次奥运会
   C 刘翔1983年开始练跨栏
   D 刘翔的纪录保持了11年

8. A 歹徒绑架了三个孩子
   B 这个小姑娘特别娇气
   C 有人替小姑娘报了警
   D 警察及时制服了歹徒

9. A 自然的束缚还很多
   B 生活的节奏有变化
   C 科学技术没有发展
   D 城市变化速度太快

10. A 上班族不喜欢吃午饭
    B 一般的单位都有食堂
    C 午饭吃不好影响健康
    D 上班族为午饭而烦恼

11. A 人脑发育期为三年
    B 学习逻辑意义重大
    C 在幼儿园要学习播种
    D 幼儿园阶段非常重要

12. A 旅游成为一种时尚
    B 有钱人会常常旅游
    C 中国经济发展很快
    D 人们喜欢组团旅游

— 14 —

13. **A** 不应该戴隐形眼镜
    B 蛋白质很容易沉淀
    C 要常常更换新的镜片
    D 眼睛感染不要戴眼镜

14. **A** 这种水龙头的款式比较常见
    B 这种水龙头把手像鸟的翅膀
    C 这种水龙头很受消费者欢迎
    D 这种水龙头调节温度不方便

15. **A** 被子不应该太重
    B 新陈代谢旺盛好
    C 睡觉时容易做噩梦
    D 睡得太长容易受凉

第 二 部 分

第 16—30 题：请选出正确答案。

16. **A** 评论家
    B 小说家
    C 大学教授
    D 出版社编辑

17. **A** 结合评论
    B 资料可靠
    C 金庸认可
    D 读者喜欢

18. **A** 增加了其销售量
    B 提高了其文学性
    C 使其进入国外市场
    D 提高了内容的趣味

19. **A** 他不该质疑金庸
    B 他带来了新课题
    C 他是优秀的作家
    D 他写的书都很好

20. **A** 好书一开始都不畅销
    B 畅销的书一定是好书
    C 好书一定会变得畅销
    D 畅销的书都不是好书

21. **A** 5 年
    B 12 年
    C 18 年
    D 21 年

22. **A** 想学习尖端的科技
    B 能免费参观船舶馆
    C 看到了自己开过的船
    D 能够获得很高的收入

23. **A** 讲解时比较有激情
    B 穿上船长制服很帅
    C 有丰富的船舶知识
    D 曾经做过船长培训

24. **A** 雷达
    B 卫星
    C 天线
    D 模型

25. **A** 能运任何货物
    B 装卸速度很快
    C 造型非常漂亮
    D 承载重量较大

26. **A** 全国劳动模范
    B 北京市杰出女性
    C 北京市杰出售票员
    D 全国十大优秀青年

27. **A** 羽绒服
    B 矿泉水
    C 糖葫芦
    D 收音机

28. **A** 收入比较高
    B 工作很轻松
    C 工作十分稳定
    D 能够照顾孩子

29. **A** 家人
    B 朋友
    C 乘客
    D 公交集团

30. **A** 每天提前一小时去上班
    B 有一段时间曾经很绝望
    C 丈夫因为患癌症去世了
    D 做乘务员已经快 11 年了

第 31—50 题：请选出正确答案。

31. A 饿坏了肚子
    B 跑错了地方
    C 撞到了树上
    D 掉进了陷阱

32. A 在等待一个人
    B 厌恶干农活儿
    C 喜欢坐在树下
    D 想再捡到兔子

33. A 不能把偶然看成必然
    B 考虑问题不能太盲目
    C 要做自己该做的事情
    D 不要随随便便捡东西

34. A 如何约束自己的丈夫
    B 怎样在婚后把握爱情
    C 怎样获得幸福的生活
    D 如何坚持生活的原则

35. A 形状没发生任何变化
    B 没有一点儿洒落出来
    C 没有剩下多少在手中
    D 圆圆满满的，很漂亮

36. A 对家庭保持忠诚
    B 给双方留出空间
    C 清醒地看待未来
    D 果断地处理家务

37. A 眼睛得不到休息
    B 电脑容易出毛病
    C 墙会被电脑弄脏
    D 影响房间的美观

38. A 一定不能靠墙放
    B 最好摆放在窗边
    C 屏幕对着墙摆放
    D 放在空调房间里

39. A 森林
    B 火焰
    C 灰色的桥梁
    D 白色的楼房

40. A 2 种
    B 3 种
    C 4 种
    D 5 种

41. A 锻炼身体
    B 增进健康
    C 获得成功
    D 解除烟瘾

42. A 怎么样戒烟
    B 要不要戒烟
    C 戒烟的好处
    D 戒烟的困难

43. A 太小了
    B 不精致
    C 完成得太快了
    D 做的时间太长

44. A 称赞
    B 抱怨
    C 满意
    D 失望

45. A 慢工才能出细活
    B 您的时间就是金钱
    C 小椅子既精致又实惠
    D 我们愿意为您多花时间

46. A 徒弟手艺太差了
    B 农民喜欢用精品
    C 官员是个很挑剔的人
    D 师傅懂得说话的艺术

47. A 放松身体
    B 稳定情绪
    C 使心情舒畅
    D 提高记忆力

48. A 降血压
    B 集中注意力
    C 缓慢地释放能量
    D 平衡大脑神经系统

49. A 菠菜
    B 香蕉
    C 鸡蛋
    D 燕麦粥

50. A 不要随便乱吃东西
    B 每种食物都有好处
    C 食物有调节情绪的作用
    D 情绪不好时应该吃东西

二、阅 读

第 一 部 分

第 51—60 题：请选出有语病的一项。

51. A 知识分子在民主革命中扮演了重要角色。
    B 构建和谐社会离得不开全体公民的共同努力。
    C 虽然工作繁忙，但他在孩子的教育上很下工夫。
    D 他的胃口确实好，一碗白水煮面，他照样吃得津津有味。

52. A 这台晚会注重以情感人，气势宏伟，构思独特。
    B 我想搬家时，她不但不生气，反而成天给我找麻烦。
    C 学了三年的裁缝，他的手艺现在和师傅不相上下。
    D 在春日阳光的照耀下，一切都暖暖的，让你的心也顿时平静下来。

53. A 维持敏锐的洞察力才能拥有广阔的市场。
    B 等她对你有了依赖的感觉，戒备和警惕就会慢慢消除。
    C 这个功能很实用，我试验了一下，很快找到了自己喜爱的节目。
    D 他语言水平不高，屡次在公共场合出洋相，因此影响了事业的发展。

54. A 童话故事的结局大都是幸福美满的。
    B《阿代的冒险》改编自漫画，原著在法国家喻户晓。
    C 她抬起头来，饱经沧桑的脸上露出了难以忍受的表情。
    D 自然界中生物的发展终于导致人类这种改造和征服自然的生物。

55. A 不少教练拔苗助长，随意调整运动员的训练计划。
    B 近日，我市监督部门、公安部门销毁了一批伪劣烟花爆竹。
    C 运动可产生免疫辅助成分，从而起到抵抗病毒、细菌的感染。
    D 凌晨，警方用手机分散该男子的注意力，趁机将其制服，解救了人质。

56. A 医学家研究证实，经常值夜班的人容易得癌症。
    B 天才雕塑家罗丹善于用雕像的动态和姿势表达情感和内涵。

C 政府提醒野生动物园周边居民，不要食用或贩卖珍稀动物的尸体。

D 贝壳之所以最早被选为货币，是因为不仅它携带容易，而且坚固耐用。

57. **A** 吃镇静药会精神不振，喝一些浓茶可消除这种副作用。

B 长辈在道德行为方面要起到示范作用，使儿童受到潜移默化的影响。

C 由于空中颠簸造成的人员伤亡已成为航空运输非致命事件的主要原因。

D 在吃过觉得有问题的食物后，记录一下脉搏，你就能了解自己过敏了。

58. **A** 张家界作为旅游城市，知名度与日俱增，每年来旅游的人数以百万计。

B 去参观博览会的人络绎不绝，我们去看一看的展览馆都要等几个小时才能进去。

C 由于长期慢性劳损，颈椎病的发病年龄已经提前到了 30 岁，并成为名副其实的白领职业病。

D 上帝制造洪水惩罚人类，一个叫"诺亚"的人造了一艘大船，带着人类和飞禽走兽逃离了灾难。

59. **A** "赤字"多用于财政，意思是亏本，也就是财政年度内财政支出大于收入的差额。

B 安乐死给予了那些无法治愈的病人摆脱残酷病痛折磨的自由，有些国家已经将安乐死合法化。

C 一个人只要有抱负，就会产生无比的力量，不会被客观条件束缚，从而创造条件，掌握自己的命运。

D 在几千年漫长的历史上，中华民族创造了辉煌灿烂的文学艺术，留下了光彩夺目的文学遗产和珍惜的历史文献。

60. **A** 中国能源开采量小，以致目前动力燃料不足，这成了国民经济中的脆弱环节。

B 目前，教育已由升学教育向素质教育过渡，小学生是否能考入重点中学，并没有作为一项指标进行考核。

C 人们常说，物美就不可能价廉，的确未必如此。东方皮件厂生产的提包，做工精致，款式新颖，一只才 80 块钱。

D "清真"一词原先另有含义，是个普通词语，后来用于伊斯兰教。到明清时期，这一概念得到了系统阐述和普遍接受。

第 二 部 分

第 61—70 题：选词填空。

61. 一般来讲，大型超市的商品品种丰富，规格_____，_____挑选，但多数开在闹市区，比较远。而小型超市常常开在居民区门口，很多都是 24 小时营业，非常_____。

A 整齐　　利于　　顺利　　　　　B 完善　　急于　　合算
C 齐全　　便于　　便利　　　　　D 完备　　善于　　实惠

62. 在一首山水诗中，_____山和水都得同时出现，有的只写山景，有的却_____水景为主。但不论水光还是山色，必定都是经过诗人情绪_____的山水，也就是说，山水是带有感情色彩的。

A 并非　　以　　干扰　　　　　B 未必　　把　　打扰
C 是否　　拿　　干涉　　　　　D 未免　　凭　　扰乱

63. _____学家最近研究的结果表明，人们思考的质量与思考时的人体_____密切相关。人在平躺时思路最宽广，推理最_____，思维最_____，分析能力和综合能力也最强。

A 社会　　结构　　清醒　　活泼
B 经济　　姿态　　清楚　　敏捷
C 政治　　动作　　清澈　　跳跃
D 健康　　姿势　　清晰　　活跃

64. 生理学家认为，人要等到胃把所有食物都消化完、_____产生饿的感觉时吃饭才符合_____特点。因此一天吃两顿饭是最好的习惯，两餐时间应该_____8～10 个小时。这样，上一餐的热量才会_____完毕而让人产生饿的感觉。

A 再次　　生理　　间隔　　消耗
B 再三　　心理　　隔离　　消失
C 然后　　性格　　间歇　　消化
D 后来　　饮食　　离开　　消除

65. 噪音能使人对光亮度的_____性降低，还会使视野发生异常。绝大多数人在安静明亮的商店购物时，会显得精神愉快而_____；而在高音喇叭大声播放快_____音乐的环境下购物时，就会_____买不该买的东西。

A 敏感　　　镇静　　　节奏　　　胡乱
B 灵敏　　　镇定　　　速度　　　偏偏
C 灵活　　　安静　　　旋律　　　陆续
D 敏捷　　　稳定　　　曲子　　　难免

66. 一项研究_____，用左手吃饭能有效减肥。有关专家介绍了这种减肥方法的简单_____。原来，换一只手使用餐具，动作变得不那么_____，一旦_____感被满足后，人往往就不再想吃了。

A 说明　　　原因　　　机灵　　　幸福
B 表示　　　理由　　　敏锐　　　压抑
C 表明　　　原理　　　灵便　　　饥饿
D 显示　　　道理　　　灵动　　　疼痛

67. 太原是中国严重缺水的城市之一，在_____的现实面前，我们应该珍惜和节约每一滴水。但有的人却对节水行为有意无意地进行_____和破坏。再看看街头，洗车点很多，他们不分_____地大肆浪费水，而一些部门却视而不见，_____，不见他们出来关停取缔。

A 严厉　　　阻碍　　　早晚　　　无可奈何
B 严肃　　　阻拦　　　好坏　　　无理取闹
C 严重　　　阻止　　　胜负　　　无能为力
D 严峻　　　阻挠　　　昼夜　　　无动于衷

68. 一些专家认为，可以_____社区服务机构来调动社会力量参与家庭护理，_____社会化的居家养老，这样就能解决子女没有时间照顾老人和父母不愿意离家养老的矛盾，_____使养老方式更富有人情味，更符合中国的传统道德_____。

A 经过　　　实施　　　进而　　　原则
B 通过　　　实现　　　从而　　　准则

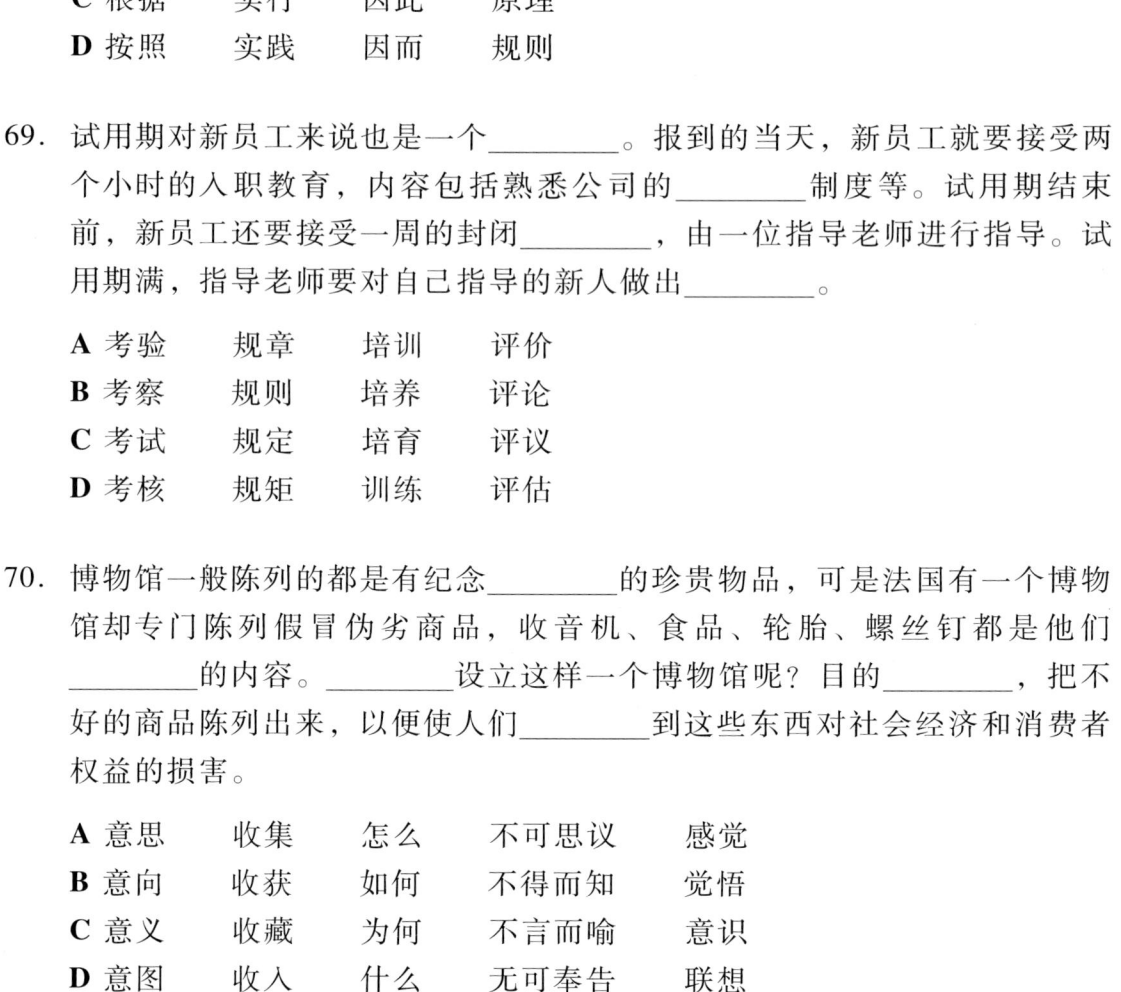

C 根据　　　实行　　　因此　　　原理
D 按照　　　实践　　　因而　　　规则

69. 试用期对新员工来说也是一个_____。报到的当天，新员工就要接受两个小时的入职教育，内容包括熟悉公司的_____制度等。试用期结束前，新员工还要接受一周的封闭_____，由一位指导老师进行指导。试用期满，指导老师要对自己指导的新人做出_____。

A 考验　　　规章　　　培训　　　评价
B 考察　　　规则　　　培养　　　评论
C 考试　　　规定　　　培育　　　评议
D 考核　　　规矩　　　训练　　　评估

70. 博物馆一般陈列的都是有纪念_____的珍贵物品，可是法国有一个博物馆却专门陈列假冒伪劣商品，收音机、食品、轮胎、螺丝钉都是他们_____的内容。_____设立这样一个博物馆呢？目的_____，把不好的商品陈列出来，以便使人们_____到这些东西对社会经济和消费者权益的损害。

A 意思　　　收集　　　怎么　　　不可思议　　　感觉
B 意向　　　收获　　　如何　　　不得而知　　　觉悟
C 意义　　　收藏　　　为何　　　不言而喻　　　意识
D 意图　　　收入　　　什么　　　无可奉告　　　联想

第 三 部 分

第71—80题：选句填空。

71—75.

华佗是中国历史上第一个使用麻醉技术进行手术的医生，他也是中国古代医学家中杰出的代表人物。

华佗家庭十分贫困，7岁死了父亲，和母亲相依为命。他从小爱好读书，富有钻研精神，对医学很有兴趣。在母亲的教育下，（71）_____。后来，（72）_____，忽冷忽热，浑身疼痛。华佗请来很有名的大夫治病，也不见成效。母亲去世前对华佗说："孩子，记住，你的父母都是被这种古怪的病折磨死的。我希望你早日学成医术，（73）_____！"

母亲的去世（74）_____。他来到城里，打算拜父亲的生前好友蔡医生为师学医。蔡医生想考考华佗，看他够不够聪明。他见几位徒弟正在桑树下摘桑叶，而最高的树枝上的桑叶够不着，便问华佗："你能想办法把最高处的桑叶摘下来吗？"华佗说："能。"他找了根绳子，上面绑上一块小石头，往树上一扔，树枝被绳子压下来，桑叶就摘到了。蔡医生又看见两只山羊在打架，谁也拉不开，就让华佗把它们拉开。华佗拿来两把草，放在羊的旁边，两只羊一见青草就赶紧停下来吃。（75）_____，就收他为徒。后来，华佗跟随师傅刻苦钻研，不断实践，终于成为受人爱戴的一代名医。

A 母亲得了一种奇怪的病

B 激发了华佗学医的决心

C 蔡医生见华佗如此聪明

D 好让百姓少受疾病之苦

E 小华佗决心做一名医生

76—80.

提起孩子的饮食习惯，年轻妈妈的感慨最多。到幼儿园接孩子时，家长关心的问题往往是："我家孩子吃了多少饭？"但很少有家长问孩子有没有认真吃饭，其实，(76) _____。如今的孩子基本上都是独生子女，独立性差，依赖性强，多数幼儿在家都是由成人喂食的，更有甚者是追着喂，哄着吃，甚至打着骂着喂，(77) _____。目前有不少家长在对子女的教育中，存在着注重智力开发，(78) _____。许多孩子形成了吃饭挑食、偏食、边吃边玩儿等不良饮食习惯。久而久之，就会使孩子营养比例失调，(79) _____，影响孩子的正常发育。

小时候不能规规矩矩吃饭的孩子，将来上学时也不能安安静静地听课，(80) _____。可见，吃饭是连接生理发育和心理发育的重要环节。因此父母必须有意识地培养孩子良好的行为习惯。

A 更别提良好习惯的培养了

B 引起各种营养不良的症状

C 认真吃饭的习惯也很重要

D 特别是常无法集中注意力

E 轻视行为习惯培养的现象

第 四 部 分

第81—100题：请选出正确答案。

81—84.

妈妈从服装厂退休之后，在家实在闲不住，便在附近的社区开了一间服装加工店，说白了就是裁缝店。可是开业之后生意却非常清淡。其实这是我意料之中的事，如今这年代谁还穿裁缝店做的衣服？更何况小区里住的都是在大机关、大公司上班的白领，他们浑身上下都是名牌时装，谁能为了省几个钱而光顾妈妈的小店呢？为了让妈妈能够做自己喜欢的事情，我想出了一个好办法——把妈妈的裁缝店改成一间时尚的休闲裁缝店。我花一万多块钱把那间小店装修了一番，再配上轻松的音乐，小店顿时变得舒适宁静起来。于是一间叫做"裁锦吧"的休闲裁缝店开张了。

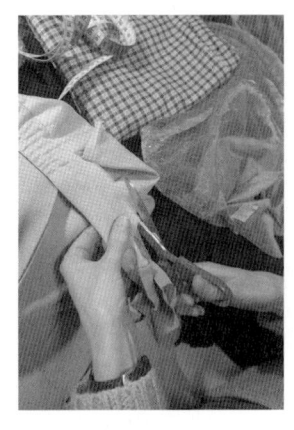

以前留下的各种布料、丝线也都物尽其用。我又配备了五六台缝纫机、十几把剪刀，还有尺子、绣花针等等。客人来了，自己选布料，爱做裙子的做裙子，爱做裤子的做裤子，反正一切都是自己动手。如果碰上几个手艺差的，妈妈也会现场指导一下，免得他们糟蹋了东西。店开了两个月，生意还不错，来的都是回头客。有几个年轻的母亲在店里为自家的小孩做衣服，这让她们颇有成就感，隔三差五就来。有个公司的白领做了条样式独特、绣着自己名字的裙子，穿着去上班，当天晚上店里就来了一帮她的女同事。最小的顾客是一个只有五岁的小姑娘，她悄悄告诉我，她要让自己所有的布娃娃都穿上漂亮的衣服。

现在妈妈成天都乐呵呵的——原来裁缝店可以这样开。

81. 妈妈的裁缝店开始为什么生意清淡？
    A 人们不太喜欢裁缝做的衣服
    B 小区里的白领对服装很挑剔
    C 妈妈做出的衣服样子不时尚
    D 大机关工作的人不需要省钱

82. "裁锦吧" 的主要特点是：
    A 装修很讲究　　　　　　B 环境很舒适
    C 音乐很好听　　　　　　D 给顾客自由

83. 妈妈在 "裁锦吧" 里：
    A 给顾客做衣服　　　　　B 修理坏缝纫机
    C 帮助顾客绣花　　　　　D 指导顾客动手

84. 第 2 段中画线词语 "回头客" 的意思是：
    A 非常有钱的顾客　　　　B 再次来光临的顾客
    C 带同事来的顾客　　　　D 喜欢戴头饰的顾客

85—88.

玩具是婴儿经常直接接触的东西，很容易就会弄脏，玩具上面也容易产生大量细菌，而且婴儿普遍存在啃咬玩具的现象，所以要经常给婴儿玩具消毒。

不同材料的玩具有不同的处理方法，例如一些塑料玩具最好天天清洗，可浸泡于消毒液中进行消毒；布娃娃之类的玩具不适宜经常水洗，但也要每周擦擦表面的灰尘，随后喷洒温和安全的消毒液，再自然晾干。

不过，一定要小心一些腐蚀性强的消毒液，它们会腐蚀破坏玩具，而且里边还含有有害的化学物质。一般来说，物理消毒的方式会相对安全一些，如最近市面上的一种新型消毒剂，它能迅速在玩具表面形成一层保护膜，隔离细菌，阻止其繁殖和传播，从而有效地消灭细菌。这种消毒剂安全无刺激，对所有高级生物都无害，因此无副作用。在给玩具消毒后，也不会残留有害物质伤害宝宝娇嫩的皮肤或刺激宝宝的眼睛。

玩具的消毒其实十分简单，一般人觉得十分费劲是因为需要花大量的时间精力来尽量清除玩具上的化学残留。使用安全的消毒产品，不但安全性高，处理方法也会特别简单。比如上面提到的消毒液，只需要在简单清洁玩具之后，对玩具表面进行喷洒至湿润，或把玩具直接浸泡于消毒液中，再自然晾干即可。

85. 为什么要给玩具消毒？
    A 消毒后玩具更加漂亮　　　　　B 玩具上容易产生细菌
    C 婴儿喜欢干净的玩具　　　　　D 很多玩具都有怪味儿

86. 布娃娃应该怎样消毒？
    A 最好天天用水清洗　　　　　　B 浸泡于消毒液中
    C 喷洒温和的消毒液　　　　　　D 洗过后自然晾干

87. 文中提到的消毒液最大的优点是：
    A 没有气味　　　　　　　　　　B 无副作用
    C 能够杀菌　　　　　　　　　　D 使用简单

88. 本文最合适的题目是：
    A 怎样给玩具消毒　　　　　　　B 怎样选购消毒液
    C 婴儿喜欢的玩具　　　　　　　D 如何处理脏玩具

89—92.

前些年中央电视台曾播出过 40 集电视连续剧《唐明皇》。这是一部展示中国古代历史及大型音乐舞蹈的辉煌巨片。我看后觉得惊奇，为此查阅了一些资料，才知道唐明皇（唐玄宗）是中国古代一位精通音乐的皇帝。

唐玄宗创作的歌曲舞蹈中，最为著名的是流传至今的《霓裳羽衣曲》。《霓裳羽衣曲》是一首多段体的唐代大曲，全曲 36 段。唐代郑嵎在大型诗《津阳门诗》的注释中说，《霓裳羽衣曲》是唐玄宗对西凉节度使杨敬述的《婆罗门曲》进行精心修改并加了散序（大型乐曲的序曲）而命名的。所以在《霓裳羽衣曲》中，既有本国的创作曲调，又有外来音乐的改编曲调。而外来音乐则取自印度的佛曲，用它来表现中国道教的神仙故事。《霓裳羽衣曲》之所以吸取外来音乐，目的是引起人们新奇的感觉，表现作者所追求的那种变幻莫测的境界，在艺术上是有独创性的。它的艺术表现、意境创造以及对外来音乐的吸收与容纳都显示了唐代宫廷音乐所取得的成就，为研究古代音乐留下了光辉的一页。

除了《霓裳羽衣曲》外，唐玄宗还创作有《龙池乐》《春光好》《太平乐》《饮酒歌》《凌波曲》《紫云回》等一百多支曲子。当时在唐玄宗的号召下，唐代的音乐创作达到了空前绝后的繁荣。据不完全记载，唐代大曲就有六十多种，可惜如今已成绝响。

唐玄宗不仅是一位作曲家，同时还是一位器乐演奏家，他最爱吹玉笛。在宫中他亲自训练乐伎并指挥。在三百多乐伎的演奏中，只要有一个乐伎音调有误，他就能立刻发现，并加以纠正。可见他对器乐十分精通。

唐玄宗还十分重视音乐人才的培养，积极发展中国民族音乐。在中国古代的皇帝中，寻欢作乐者比比皆是，可像唐玄宗这样精通音乐的皇帝却屈指可数。他为中国古代音乐文化的发展繁荣做出了卓越贡献。

89. 除了皇帝，唐玄宗还具有什么身份？
    A 诗人　　　　　　　　　B 作词家
    C 演奏家　　　　　　　　D 舞蹈家

90. 关于《霓裳羽衣曲》，正确的是：
    A 是宫廷音乐的代表　　　B 全曲表现的是佛教故事
    C 原名叫《婆罗门曲》　　D 外来音乐取自印度道教

91. 第 2 段中画线词语"作者"是指：
    A 郑嵎　　　　B 乐伎　　　　C 唐明皇　　　　D 杨敬述

92. 本文主要介绍了：
    A《霓裳羽衣曲》的创作过程
    B 唐玄宗在音乐方面取得的成就
    C 电视剧《唐明皇》的主要内容
    D 唐代音乐创作所取得的繁荣

93—96.

海豚是一种本领超群、聪明伶俐的海中哺乳动物。它分布于世界各大洋，体长 1.2～4.2 米，体重 23～225 吨。海豚喜欢过"集体"生活，少则几条，多则几百条。海豚不但有惊人的听觉，还有高超的游泳和潜水本领。据测量，海豚的潜水纪录是 300 米深，而人不穿潜水衣，只能下潜 20 米。至于它的游泳速度，更是人类比不上的。海豚的速度可达每小时 40 公里，相当于快艇的中等速度。

海豚是在水面换气的海洋动物，每一次换气可在水下维持二三十分钟。当人们看到海豚从海面上跃出时，其实是海豚在换气。

海豚是一种智力发达的动物，除人以外，海豚的大脑是动物中最发达的。人的大脑占本人体重的 2.1%，海豚的大脑占它体重的 1.7%。目前，科学家对动物的智力有两种不同的见解：一种认为黑猩猩是一切动物中最进化、最能干的；另一种却认为海豚的智力和学习能力与猿差不多，甚至还要高一些，因此有人称海豚为"海中智叟"。有意思的是，海豚的大脑由完全隔开的两部分组成，当其中一部分工作时，另一部分则充分休息，因此，海豚可终年不眠。

在与人类的关系上，海豚既不像森林中胆怯的动物那样见人就逃，也不像深山老林中的猛兽那样遇人就张牙舞爪，而总是表现出温顺可亲的样子。比起狗和马来，它们对待人类有时甚至更为友好。海豚救人的故事，我们听过很多，海豚与人玩耍、嬉戏的报道也时有所闻，有的故事甚至成为轰动一时的新闻。经过学习训练的海豚，甚至能模仿某些人的语音。

海豚也是特别重感情的动物。据水族馆的工作人员说，一旦小海豚死去，海豚妈妈会奋不顾身地设法让小海豚复生。它们会用自己的吻部把小海豚推向水面，让没有行动能力的小海豚呼吸，并不断地重复这些动作，但如果持续时间太久、情形严重的话，连海豚妈妈自己也会因衰竭而死亡。所以，必须尽快将小海豚的尸体打捞起来，这样做会避免海豚妈妈过度伤心，使其恢复体力。不过，工作人员要清除死亡的小海豚并非易事，海豚妈妈会护着小海豚避开船只，与工作人员展开耐力比赛。

海豚妈妈是否知道小海豚已经死亡？还是因为觉得小海豚可怜，而拼命想把小海豚推向水面？或许只是出于一种动物的本能？也许海豚的确具有某些人类无法了解的理性。

93. 海豚跃出水面是在：

    A 唱歌   **B** 跳舞   **C** 换气   **D** 休息

94. 第3段中画线词语"海中智叟"是说海豚：
　　A 可爱　　　　　B 聪明　　　　　C 温顺　　　　　D 友好

95. 海豚对待人类是什么样的态度？
　　A 小心翼翼　　　B 张牙舞爪　　　C 见人就跑　　　D 温顺可亲

96. 下面说法正确的是：
　　A 海豚睡觉时间非常短　　　　　B 海豚比黑猩猩更聪明
　　C 海豚不喜欢跟人玩耍　　　　　D 小海豚尸体不易打捞

97—100.

　　忙碌的现代人，健身的时间无非早晨和傍晚。有人说，反正是锻炼，早晨练什么，晚上就练什么呗。其实，人体受"生物钟"制约，一天中体力是有一定升降规律的。因此，运动健身，早晚应该有很大的区别。

　　早晨，人刚从睡眠中醒来，整个大脑还处于"抑制"的状态，身体各器官的活力还处于最低点。人的身体需要一个唤醒过程，所以早上运动要循序渐进。

　　晨练的项目以体操、太极拳为最好，跑步次之。冬季可以先慢跑10分钟，然后做一套体操。做早操能使大脑神经细胞很快进入兴奋状态，身体各部分的机能也能很快提高，有助于振作精神，为新的一天做好准备；打太极拳可以使中枢神经系统的兴奋和抑制得到很好的调整，促进身体的新陈代谢，安定情绪，提高工作和学习效率；长跑能增强全身的肌肉力量，使心脏的工作能力强壮而持久，让人精力充沛，工作效率高。

　　运动生理学家研究发现，下午4时以后和晚上是运动的最好时间。这时人的体温最高，肌肉的黏滞性最小，关节的灵活性也好。体温升高会使人产生运动的强烈愿望，此时，人的体力、肢体反应敏感度和适应能力都达到最高峰；心跳和血压最平稳，参加运动能获得最好的效果。

　　傍晚可进行较剧烈的运动或安排比赛。较剧烈的体育锻炼可使血液循环加快，消除一天工作和学习的疲劳。在这个时间段，几乎可以选择所有的运动项目和方式。游泳、健美操、网球、羽毛球、田径、篮球、排球和足球等项目都行。运动最好在睡前一个小时结束，然后用温水洗脸、洗澡，冬天用热水烫脚，以消除疲劳。

如果锻炼安排在晚饭后 20 分钟或临睡前 10 分钟，应该选择轻柔缓和的健身运动，如散步、瑜伽、太极拳等，要避免剧烈活动。同时，锻炼的时间不能过长、过晚，以免影响睡眠和第二天的工作。

总之，一天中根据自己的生活习惯、工作和学习环境、场地及器材条件等因素，选择适合自己的锻炼时间，再做到早晚有别，就能获得最佳的健身效果。

97. 为什么早晚要选择不同的运动方式？
　　A 做同样的运动很单调　　　　B 早晚的体力是不同的
　　C 气温会影响运动效果　　　　D 运动量与饮食有关系

98. 做剧烈的运动可以：
　　A 放松心情　　　　　　　　　B 帮助睡眠
　　C 消除疲劳　　　　　　　　　D 稳定血压

99. 刚吃过晚饭后的运动方式是：
　　A 可以振作精神的　　　　　　B 能够抑制兴奋的
　　C 帮助消化晚餐的　　　　　　D 节奏缓慢柔和的

100. 下面哪种说法是正确的？
　　A 运动时应该做到早晚有别
　　B 冬季不应该进行跑步运动
　　C 剧烈运动后应该洗热水澡
　　D 临睡前半小时不应该运动

三、书　写

第 101 题：缩写。

（1）仔细阅读下面这篇文章，时间为 10 分钟，阅读时不能抄写、记录。

（2）10 分钟后，监考收回阅读材料，请你将这篇文章缩写成一篇短文，时间为 35 分钟。

（3）标题自拟。只需复述文章内容，不需加入自己的观点。

（4）字数为 400 左右。

（5）请把作文直接写在答题卡上。

由于母亲在怀孕的时候用错了药，她天生只有微弱的光感，世界在她的眼中一片模糊。15 岁时，她开始在盲人学校学习跳远，20 岁进入国家队，22 岁获得残奥会冠军，成为家喻户晓的体育明星。后来，她到一家工厂上班，结婚生子，过着普通女子的平凡生活。

美丽的爱情、甜蜜的新生活曾让她幸福不已，可随着儿子的降临，她平静的生活又变了样。也许是遗传了自己的基因，儿子的眼睛也看不见。夫妻二人辛苦操劳，也曾让那个家充满欢乐。可一家两个盲人，仅靠夫妻两人那点儿微薄的收入难以维持，丈夫最终还是支撑不住，与她离婚了。而她的下岗无疑是雪上加霜，将她推到了绝望的边缘。这时政府及时向他们伸出了援助之手，让她再次看到了生活的希望。街道居委会的大妈来告诉她，他们家被认定为特困户，可以每月领取 300 元的生活费。

那天，她牵着儿子的小手挤到前面的主席台上，接过那 300 元钱，转身面向台下弯腰致意。主席台周围响起噼里啪啦的声音，那是记者们的照相机正对准他们拍个不停。她隐约看到那些闪闪烁烁的灯光，不由得想起十几年前，她也曾听过这熟悉的声音，也曾激动地从别人的手里接过 300 元钱。不过，那个时候，她还是个年轻的姑娘，站在残奥会的领奖台上，热泪盈眶，耳边是雄壮的国歌，那 300 元钱是国家给她的奖励。那时候，围绕她的是鲜花和掌声，而现在，围绕她的却是饱含同情的捐献。那一刹那，有泪在她的眼里慢慢流出，她急忙再次拉起儿子的小手，示意他弯腰感谢。11 岁的儿子用力挣脱了她的手，她明显感觉到了儿子的不乐意。然后，她听到儿子在她的耳边说了一句："妈妈，下次我能不能不陪你来这儿？我不喜欢。"声音不大，却瞬间击碎了她所有的喜悦。她明白这种方式深深地伤害了儿子，尽管那可以让他奢侈地吃上一顿好吃的饭菜。儿子更需要的是尊严，她也需要。和儿子牵手走在回家的路上，她郑重地告诉儿子："从下个月开始，我们再也不来这种地方了。"

当年，她只能凭自己的感觉，一遍又一遍地在训练场上默默抛洒汗水，别人练习几遍就能完成的动作，她要练习几十遍甚至几百遍，别人休息，她不休息。就是凭着那种毅力，她登上了残奥会的领奖台，夺得了她生命中最重要的一块金牌。

为了儿子，她决定重新开创一番事业。于是，她开始学习按摩，希望开一家自己的按摩院，这对她又是一个全新的挑战。克服了种种困难，她终于在2001年取得了盲人按摩从业资格证书，她的按摩院开张了。其间也曾遇到过种种麻烦，比如收到假钱、遭人责难，但她都咬牙坚持了下来。

现在，她已开办了第二家按摩院，手下有了自己的按摩师。更让她开心的是，在她的影响下，17岁的儿子也开始在北京的盲人学校学习按摩。在儿子的心中，母亲是个了不起的人，是他学习的榜样。

新 汉 语 水 平 考 试
HSK（六级）
全真模拟试题
（第 2 套）

一、**HSK**（六级）分三部分：

    1. 听力（50 题，约 35 分钟）

    2. 阅读（50 题，50 分钟）

    3. 书写（1 题，45 分钟）

三、全部考试约 140 分钟（含考生填写个人信息时间 5 分钟）。

中国　北京　　　　　　　　　×××× / ××××××　编制

一、听 力

第 一 部 分

第 1—15 题：请选出与所听内容一致的一项。

1. **A** 王老师的爸爸来接她了
   B 孩子们都很喜欢王老师
   C 幼儿园的老师都很和蔼
   D 王老师的丈夫年纪很大

2. **A** 运动过敏症比较普遍
   B 过敏症患者不能跑步
   C 做任何事情都要小心
   D 严重过敏会丧失生命

3. **A** 要善于处理各种问题
   B 医生要能给病人开药
   C 处理问题要对症下药
   D 很多问题不容易解决

4. **A** 元宵节是农历的节日
   B 古代"宵"指"半夜"
   C 元宵节在一月十五号
   D 元宵节晚上没有月亮

5. **A** 地震发生得很突然
   B 社会团体比较有钱
   C 收到的捐助非常少
   D 人们关心灾后重建

6. **A** 大脑发育有三个高峰
   B 母乳喂养孩子更聪明
   C 孩子不需要更多营养
   D 妈妈的智力影响孩子

7. **A** 绅士开了个玩笑
   B 行李太少不要钱
   C 绅士很喜欢走路
   D 绅士的要求很高

8. **A** 京剧盛行于 1840 年
   B 京剧现在已不再流行
   C 京剧能代表中国戏曲
   D 京剧里只有两种腔调

9. **A** 女房东非常喜欢作家
   B 出版商已送来了稿费
   C 作家刚刚写完一本书
   D 作家暂时没钱交房租

10. **A** 王大平是个警察
    B 盗贼多处受重伤
    C 王大平喜欢汽车
    D 盗贼偷了三辆车

11. **A** 旗袍是满族的传统服装
    B 旗袍诞生于本世纪初期
    C 旗袍已经流行了很多年
    D 旗袍代表中国服饰文化

12. **A** 爱笑的孩子智力比较好
    B 八个月的婴儿最喜欢笑
    C 专家很喜欢爱笑的孩子
    D 不会笑的婴儿脾气不好

13. A 最近几天都不会下雨
    B 高温天气还没有结束
    C 最高气温只有30度
    D 现在已经进入秋天了

14. A 法官都很冷静清醒
    B 法官应该守护正义
    C 面对诱惑很难抗拒
    D 人人都会遇到诱惑

15. A 水果的营养完全相同
    B 有的水果不含维生素
    C 不同色水果搭配吃好
    D 只有搭配吃才可美容

第 二 部 分

第 16—30 题：请选出正确答案。

16. A 中国人才能够当"中国通"
    B 他不喜欢被叫做"中国通"
    C "中国通"要非常了解中国
    D "中国通"要喜欢研究中国

17. A 交流很充分
    B 没必要交流
    C 比较难交流
    D 交流还不够

18. A 男的翻译水平非常高
    B 在文学方面很有价值
    C 德国小说都写得不好
    D 能让德国人了解中国

19. A 喜欢的作家只有十个
    B 最喜欢的作家是张洁
    C 没有一个是他喜欢的
    D 这个问题他很难回答

20. A 很软弱
    B 很坚强
    C 很娇气
    D 很体面

21. A 是发展中国家的机构
    B 为国家制定能源政策
    C 在亚洲比较有权威性
    D 常做能源形势的分析

22. A 3%
    B 4%
    C 5%
    D 6%

23. A 说明经济发展了
    B 会产生更多矛盾
    C 能提高国际地位
    D 有利于增加收入

24. A 能源开发
    B 经济发展
    C 环境保护
    D 国际关系

25. A 中国成为能源消费第一国
    B 天然气是一种优质的能源
    C 中国人均消费能源量很高
    D 发展中国家用的能源很少

26. A 女性
    B 老人
    C 青少年
    D 残疾人

27. A 人才
    B 技术
    C 创新
    D 效益

28. A 他们的智力可能更好
    B 公司可付较低的薪水
    C 表示对残疾人的关心
    D 残疾人喜欢电脑操作

29. A 就业
    B 购物
    C 创作
    D 交流

30. A 女的从事的是电脑行业
    B 残疾人无法实现高效益
    C 电脑公司最重要的是创新
    D 信息无障碍技术刚刚开发

第 31—50 题：请选出正确答案。

31. A 15 个
    B 30 个
    C 32 个
    D 48 个

32. A 使面条更加可口
    B 提高顾客周转率
    C 顾客喜欢吃凉面
    D 能降低原料成本

33. A 李家买了栋房子
    B 李家扩大了面摊
    C 张家的顾客越来越少
    D 张家改变了经营环境

34. A 怕男士拿她的包
    B 她讨厌这个男士
    C 包里有贵重东西
    D 方便男士看商品

35. A 轻松
    B 恼火
    C 喜悦
    D 伤心

36. A 出现故障了
    B 有人要上车
    C 让女士先走
    D 司机想休息

37. A 每年丢失很多书
    B 常完不成销售额
    C 负责人态度不好
    D 要承担书店损失

38. A 怎样防止图书被偷窃
    B 出版被偷次数多的书
    C 定期参加世界性书展
    D 如何激励员工负责任

39. A 有十家出版社参加了书展
    B 书商只订华艺出版社的书
    C 华艺出版社经济收益很大
    D 出版社的广告都不太可信

40. A 影响发育
    B 引起癌症
    C 损害智力
    D 导致瘫痪

41. A 骨筷
    B 木筷
    C 塑料筷
    D 金属筷

42. A 防止变形
    B 小心烫嘴
    C 经常消毒
    D 预防疾病

43. A 颜色会变白
    B 变得更湿润
    C 变得很光滑
    D 感觉紧绷绷

44. A 新陈代谢快
    B 水分不充足
    C 空气太干燥
    D 营养不平衡

45. A 保持皮肤活力
    B 杜绝皮肤衰老
    C 预防皮肤疾病
    D 阻止毛孔收缩

46. A 绿茶
    B 果汁
    C 白开水
    D 矿泉水

47. A 是"旅游"的谐音
    B 由一个旅游者提出
    C 能称呼自己和别人
    D 最爱的运动是爬山

48. A 走路
    B 开车
    C 坐飞机
    D 坐火车

49. A 交到一大群好朋友
    B 通过度假得到休息
    C 发现美丽的风景区
    D 学到野外生存技巧

50. A 四川
    B 云南
    C 西藏
    D 江苏

二、阅 读

第 一 部 分

第 51—60 题：请选出有语病的一项。

51. A 中国资源卫星已步入系列化、成熟化轨道。
    B 国际间的商贸往来成为经济生产发展的必要。
    C 调查显示，中国有近 1% 的人坚持用繁体字书写。
    D 在股份有限公司里持 70% 股份的股东有权决定分红的比例。

52. A 自动翻译工具消除了国际交往中的语言障碍。
    B 在中国而论，北京一直享有得天独厚的人才优势。
    C 她已经做好午饭，整个厨房里弥漫着浓浓的调料味儿。
    D 英国首相与巴基斯坦总统举行了会晤，着手修复两国关系。

53. A 金融是现代经济的核心，是宏观调控的重要杠杆。
    B 王小姐在单位一直兢兢业业，前两天却遭到了公司解雇。
    C 哪怕人们愿意不愿意，新世纪的信息会更发达，节奏会更快。
    D 如果把地球看作一个绝对的球体的话，赤道到南极和北极的距离相等。

54. A 作文主观性很强，难免保证评分的公平性。
    B 公关部经理出席了"华侨饭店"的剪彩仪式。
    C 不要触犯别人的忌讳，若是故意触犯更是缺乏教养的表现。
    D 丝绸之路促进了古代人类文明的发展，凝聚着中外人们的深情厚谊。

55. A 大地恢复了蓬勃生机，飞禽走兽又开始忙碌起来。
    B 她已记不清患者的姓名、籍贯了，但患者却时常惦记着她。
    C 我们一定要克服麻痹思想，抓紧制定防御大洪水的措施预案。
    D 儿童玩具不同一般商品，它的消费主体是自我保护能力较弱的孩子。

56. **A** 造纸术、火药、印刷术和指南针是中国古代的四大发明。

B 我是知识分子出身，曾经在边疆做过采购、设计等工作。

C 听了这些话，她气得咬牙切齿，拿起包和推车里的婴儿就走。

D 地球围绕太阳旋转的轨道是个椭圆，太阳正好位于这个椭圆的焦点上。

57. **A** 近年来，垃圾电子邮件在互联网上日益泛滥。

B 精神疾病有个怪特点——国家越经济发达，精神疾病的负担就越重。

C 全场观众高唱《歌唱祖国》，歌声响彻华丽的礼堂，晚会气氛达到高潮。

D 这只幼鼠的成功培育打破了哺乳动物繁殖必须依赖雌雄双方的遗传规律。

58. **A** 按照以往惯例，厂家直接推销新药的话，占领市场的时间至少需要两三年。

B 任何人都不能完全防止不良情绪不产生，关键在于如何调节自己的不良情绪。

C "拔苗助长"这个成语用来比喻做事违反事物发展的客观规律，急于求成，反而坏事。

D 由于爆炸事件发生得很突然，现场数十名正在灭火的消防官兵来不及躲避，全部被掩埋在废墟中。

59. **A** 小班化教育是通过多样的教学活动方式，学生的潜力得到发展的教育教学模式。

B 吊环起源于法国，它是受杂技演员悬空绳索表演的启发而被创造出来的体操运动。

C 众所周知，飞机无论在起飞、降落还是高空航行的过程中，都受到气象条件的制约。

D 只要配备了防尘、防震、防腐蚀和核辐射等设备，工业电视就可以"战斗"在各种恶劣的环境中了。

60. **A** 两国在双边贸易活动中一贯遵循平等互利、共同发展的原则，取得了显著的成果。

B 十多年来，中国互联网从无到有，对中国经济社会的影响日益增强，发展成就举世瞩目。

C 《寂静的春天》这部法国影片在世界各地强烈地引起了重视，并由此掀起了现代农业的绿色革命。

D 出生于农村一个贫困的五口之家，却在张艺谋的电影《一个都不能少》中扮演了重要角色，这对魏敏芝来说是个奇迹。

第 二 部 分

第 61—70 题：选词填空。

61. 美国农业部 12 日称，_____俄罗斯旱灾严重影响小麦产量，美国小麦的出口_____将上升 36%，价格的上升将使粮食作物收入更加_____。

   A 鉴于　　需求　　可观　　　　**B** 本着　　需要　　美观
   C 依据　　要求　　壮观　　　　**D** 按照　　数量　　宏观

62. 《教育规划纲要》起草小组将在吸收各方面意见和建议的_____上，努力解决人民群众最关心、最直接、最现实的_____重大教育问题，形成和提出具有_____的思路与措施。

   A 前提　　一些　　建设性　　　**B** 结论　　很多　　挑战性
   C 基础　　若干　　突破性　　　**D** 宗旨　　诸多　　批判性

63. 《本草纲目》是中国著名的药学专著。这本书包含着李时珍_____30 年的心血，书中不仅_____了过去本草学中的若干错误，还综合了大量科学资料，提出了较科学的药物_____方法。

   A 几乎　　揭露　　分析　　　　**B** 大概　　改正　　分布
   C 接近　　揭发　　归类　　　　**D** 将近　　纠正　　分类

64. 中国女排_____澳门已经三天，正在_____地备战世界女排大奖赛第二站的较量。中国队昨天_____了赛前新闻发布会，主教练王宝泉和主攻手王一梅成为媒体关注的_____。

   A 达到　　想方设法　　参加　　重点
   B 抵达　　有条不紊　　出席　　焦点
   C 光临　　循序渐进　　列席　　标记
   D 降临　　兴致勃勃　　来到　　课题

65. 感谢生活带来的挫折，感谢生活让挫折磨炼我们的_____，让苦难锤炼我们的品质，让我们学会了_____面对生活的种种考验，不向生活低头，不向命运_____，让我们的生命之路行进得更_____、更稳固。

A 意识　　乐于　　征服　　结实
B 意志　　勇于　　屈服　　扎实
C 意向　　敢于　　妥协　　畅通
D 意图　　勤于　　和解　　踏实

66. 如果你所推销的商品具有特殊的性质，那么你的_____动作就应该一下子把这种特殊性表达出来。假如在推销一种保险玻璃，你就应该_____带一块玻璃样品和铁锤，当着顾客的面，用铁锤敲击玻璃。顾客一定会在惊讶中升起购买的_____，交易也就很快_____了。

A 表演　　随时　　渴望　　实现
B 示意　　随手　　愿望　　达到
C 示范　　随身　　欲望　　达成
D 演示　　随意　　期望　　签订

67. 在幼儿园，老师必须像妈妈那样温柔_____：能给哭泣的孩子拥抱，不计较眼泪鼻涕；会处理孩子的呕吐物、大小便，不觉得_____；可以像演员一样能歌善舞，不管年龄多大，都能_____小兔蹦蹦跳，能学小鸭嘎嘎叫，_____，她得是"万能"的。

A 忍耐　　难受　　扮演　　由此可知
B 忍受　　可恶　　成为　　无论如何
C 耐心　　恶心　　装成　　总而言之
D 容忍　　讨厌　　变成　　众所周知

68. 一个企业要想在竞争中屹立不倒，最终取决于其整体_____，_____是其产品质量。好的广告创意_____可以提升品牌的美誉度，但产品的真实质量究竟_____，才是根本问题。

A 能力　　更加　　假使　　怎样
B 效果　　或许　　虽然　　什么

C 队伍　　历来　　反倒　　怎么
D 实力　　尤其　　固然　　如何

69. 一项最新研究告诫说，儿童时代所_____的虐待、贫困和社交孤独等不幸会影响一辈子的健康，尤其会_____成年后心血管疾病危险大增。很多中年首次确诊的疾病的_____都在童年。研究发现，与贫困、孤立和不良事件_____的不幸童年经历会大大加速日后疾病的进程。

A 遭遇　　引起　　原因　　有关
B 忍受　　致使　　根据　　相应
C 承受　　促使　　来源　　联系
D 遭受　　导致　　根源　　相关

70. 心理咨询师是当前国家职业资格证书系列中最为_____的职业之一。随着中国社会发展_____的加快，心理健康问题已成为人们工作生活和身心健康的_____，心理疏导也已成为日常工作中不可缺少的一部分。许多大型集团企业、学校都_____了心理咨询师，并将心理疏导纳入日常工作_____。

A 体面　　速度　　问题　　配套　　范围
B 优越　　进步　　阻力　　储备　　规范
C 热门　　节奏　　障碍　　配备　　范畴
D 崇高　　步伐　　屏障　　准备　　内容

第 三 部 分

第 71—80 题：选句填空。

71—75.

那是一个周日的午后，正是炎热的夏天，几乎每家每户都在午睡，忽然就起火了。由于房子都是木制的，火势蔓延快得吓人。她从睡梦中被父母推醒，外面已是一片红彤彤的火海。（71）＿＿＿＿＿＿，街道很狭窄，消防车根本无法开进来，所以火越烧越大。

父亲抱起她冲出院门，烈焰飞腾，浓烟滚滚，（72）＿＿＿＿＿＿。周围都是绝望的哭喊声，她看到这个情景，吓得都不会哭了。父亲观望了一下，然后冲向院子里的那口水缸。他拎出一桶水来，从她们母女二人头上淋下去。她被父亲的举动吓得叫起来。父亲又把一桶水浇在自己身上，然后把缸推倒，将她塞进缸里，说："无论多难受都不要出来！"

她蜷缩在缸里，忽然觉得缸滚动了起来。（73）＿＿＿＿＿＿，一时有些晕眩，赶紧闭上眼睛。过了一会儿，她觉得越来越热，缸壁也慢慢变得烫起来。她身上的水都被蒸发了，变成了白白的蒸汽。（74）＿＿＿＿＿＿，所见之处都是大火，吓得又闭上眼睛。

不知过了多久，她被人从缸里拽了出来，空气清凉了许多，（75）＿＿＿＿＿＿。

A 她这才渐渐清醒了过来

B 这种居住区房屋很密集

C 她睁开眼从缸口望出去

D 已经没有路可以冲出去

E 她随着缸的滚动翻转着

76—80.

　　人们通常会说：（76）_____，但是一家把幸福作为研究对象的科研机构却把幸福具体化了。他们得出结论，幸福与年龄、性别和家庭背景无关，而是来自一份轻松的心情和健康的生活态度。幸福的人都有以下特点：

　　1．不抱怨生活：幸福的人并不拥有更多的幸福，面对困难，他们不是去抱怨，（77）_____。

　　2．感受友情：深厚的友谊会让你感到幸福，友谊所产生的归属感会让人感到被信任，幸福的人几乎都拥有团结人的天分。

　　3．勤奋工作：（78）_____，让人感到被需要，这给予人充实感；专注于某一项活动能够刺激人体内特有的一种荷尔蒙的分泌，它能让人处于一种愉悦的状态，专注还能提高身体预防疾病的能力。

　　4．给自己动力：通常人们只有通过快乐和有趣的事情才能够拥有轻松的心情，但是幸福的人能从恐惧和愤怒中获得动力，（79）_____。

　　5．有生活的理想：幸福的人总是不断地为自己树立一些目标，你可以把你的目标写下来，（80）_____。

　　6．过规律的生活：幸福的人会将一切收拾得有条不紊，他们在思想上是条理清晰的，这有助于保持轻松的生活态度。

　　A 不会因负面情绪感到沮丧
　　B 工作能够挖掘出人的潜力
　　C 让自己知道为什么而活着
　　D 幸福只是一种抽象的感受
　　E 而是去想解决问题的方法

第 四 部 分

第81—100题：请选出正确答案。

81—84.

一个年轻人与朋友合伙开了一家电源插座销售公司。
由于缺乏经验，公司最后破产了，他决定先找个工作进
行资金积累，再杀回商场。

他通过网络、招聘会，应聘了几家大公司。当人们
得知他曾有过失败的经历时，都无奈地摇了摇头。

这天，有家公司的招聘启事让他眼睛一亮。这家公
司专门招聘生意场上的破产人员，待遇还相当丰厚。他
很奇怪，难道这是家傻子公司？但转念一想，说不定这
会是他人生的转折点。

他找到这家公司的高层主管，提出了自己的疑问。那位主管意味深长地说
道："虽然中国有句俗话叫做'失势的凤凰不如鸡'，但这些失败者身上都有
闪光的东西啊！"

年轻人一听，仿佛遇到了知音。他毫不隐瞒地谈起了当初自己的雄心壮
志、这些年奋斗的艰难及失败的教训，最后，那位主管握着他的手说："祝贺
你，你已经被我们录用了。"

上班后，年轻人细心观察这家公司的管理技巧。他惊奇地发现，管理后勤
的竟是一位年龄较大的老太太，抓生产的是一位年轻的小伙子，跑市场销售的
年龄高低不齐，可这家公司的生意特别兴隆。

终于，在一起吃饭时，主管对他说出了自己用人的秘诀。他说，成功人士
往往都有一种盲目的自信，也容易自满。而作为一个失败者，因为有了失败的
教训，所以做事情更富于理性，比较切实。如果合理利用，每一个失败者都可
以发挥出令人惊奇的特长。

81. 年轻人的电源插座销售公司为什么破产了？
   A 被朋友骗了　　　　　　　　　B 缺乏经验
   C 竞争太激烈　　　　　　　　　D 资金不足

82. 主管认为成功人士会有什么缺点？
   A 盲目自信   B 要求太多
   C 容易冲动   D 难以相处

83. 关于这家公司，我们可以知道什么？
   A 收入不固定   B 生意很冷淡
   C 只聘失败者   D 主管很和蔼

84. 本文想告诉我们：
   A 失败者更加优秀   B 公司主管很重要
   C 做事要富于理性   D 要合理利用人才

85—88.

一户人家在搬家的过程中，一些重要的东西不小心丢掉了，包括结婚证。当时并没觉得结婚证丢了会有多大的影响，夫妻照做，日子照过。如果他俩能太太平平地到老，那一纸证明也许真是可有可无的。

可问题在于他们过不下去了，他们准备离婚。

孩子的抚养、财产的分割等等问题都已协商好，去办离婚手续的那一天，街道办事员让他们拿出结婚证明，他们拿不出。他们说："同事、邻居、亲戚、朋友，谁不知道我们是夫妻啊？要什么证明呢？"办事员很坚持原则地说，一定要证明，总要先证明"是"，然后才可以证明"不是"，对吗？

两人于是着手来证明"是"。

先找到当初为他俩牵线的"红娘"。"红娘"为他们证明了当年认识、相爱并最终结为夫妇的事实。

又找到两个共同的朋友——一对与他们年龄相仿的夫妇。那对夫妇证明了当年两对新婚小夫妻一同参加蜜月旅行团的事实。

还找到了从前的邻居。老邻居证明了那年他们的双胞胎出生，他和她分别当上了父亲和母亲的事实。

最后他们找到各自所在的单位。单位人事处为他们出具了婚姻状况证明。

他们拿着这些证明走进了当初办理结婚登记的主管部门。该部门对以上证明进行了认真负责的审核，终于为他们补发了婚姻关系证明。

为取得这一证明，他们花去了好几个月时间，齐心协力——他们已经很长时间没有这么齐心协力过了——证明了他们"是"夫妻，现在要将彼此的关系改写成"不是"已经非常方便了。

但忽然两人都犹豫起来，不是吗？有那么多人证明他们是一对夫妻，他们自己为何不也再来试着证明一下呢？

85. 这对夫妻的结婚证丢掉时，他们觉得：
    A 无所谓　　　　　　　　　　B 很难过
    C 不方便　　　　　　　　　　D 要补办

86. 第 5 段中画线词语"红娘"可能是指：
    A 办结婚证的人　　　　　　　B 结婚介绍人
    C 当年的好朋友　　　　　　　D 漂亮的姑娘

87. 从前的老邻居可以证明他们：
    A 怎么样互相认识的　　　　　B 什么时候当上父母的
    C 在哪儿举行婚礼的　　　　　D 是否参加了蜜月旅行

88. 关于这对夫妻，我们可以知道：
    A 结婚很多年了　　　　　　　B 只有一个孩子
    C 可能不会离婚　　　　　　　D 有很多好朋友

89—92.

提起中药，许多人都会不约而同地想到"同仁堂"。北京"同仁堂"是中药行业的著名品牌。1669 年，一个叫乐显扬的人把自己家经营了多年的药铺——"乐家老铺"改了名字。他家有个祖传的"铜人"，于是他取"铜人"的谐音"同仁"二字创办了"同仁堂药室"。当"同仁堂"的匾额在那间小药室里挂起来的时候，一定不会有人想到，300 多年后，"同仁堂"依然欣欣向荣。

乐显扬苦心经营"同仁堂药室"17 年后便去世了。他的儿子乐凤鸣继承家业，在总结前人制药经验的基础上，又收集大量宫廷和民间的药方，编成了《乐氏世代祖传丸散膏丹下料配方》。这就是"同仁堂"的传说故事中经常提到的"秘方"。在这本书的序言中，乐凤鸣提出"炮制虽繁必不敢省人工，品味虽贵必不敢减物力"的训条，这两句话后来对"同仁堂"产生了无法估量的深远影响。

1723年之后，乐家几代人一直小心谨慎地为皇宫供药，但却由于缺乏经营能力，乐家人难以维持生活，"同仁堂"的股份被不断卖掉，最后流入了外姓人手中。1831年，乐家第十代传人，刚刚21岁的乐平泉在同仁堂附近开了一间"广仁堂"与"同仁堂"对抗。"广仁堂"与"同仁堂"九年的商战最终以乐平泉的胜利而告终，乐平泉终于收回了"同仁堂"。"同仁堂"的经营权在流落外姓人手中90年之后，又重新回到了乐家人的手中。清朝灭亡后，"同仁堂"也彻底失去了承办官药这个端了188年的"金饭碗"，这使"同仁堂"失去了一大块经济来源。乐家的四个儿子组成的四大房开始共同管理"同仁堂"，这也使得这个逐渐庞大起来的封建家族陷入了长达几十年的混乱纷争之中。直到1929年乐达义出面管理"同仁堂"，确立了四大房真正的共管制度之后，"同仁堂"的经营才走回了正常的轨道。

经过几十年的发展，现在"同仁堂"已经成为了中医药的代名词。2011年，"同仁堂"销售收入和利润分别达到163亿元和13.16亿元。"同仁堂"人创造了一个百年老店的不老传奇。"同仁堂"，这个历经了300多年风雨历程的金字招牌，依然释放着勃勃生机。

89. "同仁堂"传说故事中的"秘方"是谁写的？
    A 乐显扬　　　　　　　　B 乐凤鸣
    C 乐平泉　　　　　　　　D 乐达义

90. 乐家人曾经把"同仁堂"的股份卖掉，是因为：
    A 想改行做其他生意　　　B 难以维持生活了
    C 想另外开一间药房　　　D 在商战中失败了

91. 乐平泉是怎么收回"同仁堂"的?
    A 用大量的现金收回的　　　　B 让清朝政府出面协调
    C 与药店老板谈判九年　　　　D 开"广仁堂"与之竞争

92. 第3段中画线词语"金饭碗"的意思是:
    A 固定的经济来源　　　　　　B 质量很好的饭碗
    C 政治上的支持者　　　　　　D 宫廷里的配药师

93—96.

在公共场合,一个手机铃声响起,很多人拿出手机检查的样子是都市里常见的情景,甚至没有铃声时,大家频繁地从身边掏出形态各异的手机也是司空见惯的情景。在心理学家看来,这是强迫症的又一种典型病例,也许可以把它叫做"手机强迫症"。

据医学上定义,强迫性神经症是一种神经官能症,简称强迫症,是以反复出现强迫动作和强迫观念为基本特征的一类神经症性障碍。强迫动作即重复出现一些动作,患者自知不必要却又不能摆脱,常见的有反复洗手、反复检查等;强迫观念常见的是强迫想象、强迫回忆等。通常病人深感焦虑,主观上力图与强迫思维、动作对抗,结果反而愈演愈烈。部分病人的性格有易焦虑、自信不足而又要求完美的特点,从而容易对日常生活事件发生强迫性质的心理反应。

听到和自己手机铃声相似的铃声就会不由自主地去检查手机,属于轻度手机强迫症,可以基本视为正常;中度手机强迫症的典型反应是不停地重复掏手机、放手机的动作,听到一点儿声音,比如闹钟、微波炉、洗衣机的声音都会怀疑是自己的手机在响;重度的手机强迫症就比较可怕了,往往伴随电话来临出现幻听、幻想的症状,会不停地寻找、下载各种与众不同的手机铃声,手机表面磨损度很高。

纠正"手机强迫症"最简单的方法是经常更换手机铃声,并采用相对缓和、轻松的曲子作为手机铃声。如果出现持续的、严重的幻觉,或者长期的慢性身体不适,可能就是从"强迫症状"发展为"强迫症"了,此时需要进行药物和心理治疗。

93. 第 1 段中画线词语 "司空见惯" 的意思是：
    A 很习惯　　　　　　　　　B 很常见
    C 很有趣　　　　　　　　　D 很无聊

94. 强迫症患者对强迫症有什么反应？
    A 乐于接受　　　　　　　　B 坦然面对
    C 想要摆脱　　　　　　　　D 无动于衷

95. 下面属于中度手机强迫症的是：
    A 反复掏出、放下手机　　　B 不停地寻找新的铃声
    C 听到铃声常出现幻觉　　　D 听到铃声就去看手机

96. 怎样纠正轻度手机强迫症？
    A 经常更换铃声　　　　　　B 进行药物治疗
    C 进行心理治疗　　　　　　D 暂停使用手机

97—100.

办公室里许多朋友打电话时喜欢将脖子侧弯，把话筒夹在脖子、肩膀和下巴之间，嘴里和电话那头的人说着话，手还在不停地写字或操作电脑。这一系列动作看起来忙碌，似乎还颇为潇洒，并且充分利用了时间，然而，如果经常这样打电话，颈椎病很快就会找上门来。

脖子是人体非常重要的部位，它上连大脑，下接躯干，中轴为颈椎，内藏丰富的神经传导组织。人体的颈椎由七块椎骨重叠连接而成，形成一个圆滑的弧，凸向前方，使肌肉、韧带保持平衡。在办公室里，人们常常需要操作电脑、阅读或书写，而这些工作常需要低头屈颈。因为颈椎的结构是稍向前曲的，而低头是一种让颈椎向后弯的动作，如果长时间保持这种姿势，颈椎必然会产生疲劳，日久便会发生颈后韧带、肌肉慢性劳损，导致椎骨增生、韧带肥厚，发展到一定程度即可引起颈椎病，对人体健康

产生较大的影响。

　　打电话本来可以乘机放松颈椎，让颈椎得以休息。若此刻用脖子夹着听筒打电话，持续几分钟甚至十几分钟，对于本已疲劳的颈椎来说，无异于雪上加霜，极易引起劳损。从生理结构来讲，人体颈椎侧弯的角度不可能太大，要夹住听筒，对颈部来说是一个难度很高的动作，需要比平时做出更大的反应才能完成。颈椎一侧的肌肉被动牵拉，而另一侧的肌肉则要极力收缩，筋膜和韧带也是一样，而颈椎几乎所有小关节都处于最大活动范围。如果长时间保持一种使颈椎很费力的姿势，而不注意保持肌肉、软组织之间的平衡，那么极易诱发颈椎病。

　　法国医学研究人员的研究表明，歪着脖子打电话，会压迫颈部动脉，使从颈部到脑部的血液循环受到一定程度的阻碍，容易导致脑部功能失调，严重者还会产生轻微中风。这份研究报告还指出，颈部结构在人体中其实相当脆弱，一般人很少注重颈部保护，常使之处于不正常的扭曲状态。长时间的压力累积，不但会导致腰酸背痛的后遗症，还可能导致血液循环受阻。

　　可见，最好还是别用脖子夹着话筒打电话。正确的打电话姿势是颈椎中立，使其处于最放松的状态，手握话筒，靠近耳朵和嘴巴。需要注意的是，为了避免与话筒直接接触发生污染，不要将话筒紧贴在耳朵和嘴巴上。

97. 颈椎结构：
　　A 稍稍向后弯曲　　　　　　　B 由七块骨头组成
　　C 没有神经组织　　　　　　　D 侧弯的角度很大

98. 什么样的人容易得颈椎病？
　　A 经常打电话的　　　　　　　B 不太喜欢锻炼的
　　C 常低头写字的　　　　　　　D 血液循环不好的

99. 歪着脖子打电话可能会：
　　A 轻微中风　　　　　　　　　B 破坏软组织
　　C 拉长韧带　　　　　　　　　D 伤害小关节

100. 打电话的正确姿势是：
　　A 尽量放松颈椎　　　　　　　B 用脖子夹住话筒
　　C 两手握住话筒　　　　　　　D 嘴巴贴在话筒上

三、书 写

第 101 题：缩写。

（1）仔细阅读下面这篇文章，时间为 10 分钟，阅读时不能抄写、记录。
（2）10 分钟后，监考收回阅读材料，请你将这篇文章缩写成一篇短文，
　　　时间为 35 分钟。
（3）标题自拟。只需复述文章内容，不需加入自己的观点。
（4）字数为 400 左右。
（5）请把作文直接写在答题卡上。

　　在台湾，有一位六十多岁的妈妈，每天都给女儿打电话。她听到的总是语音信箱的留言："对不起，我现在很忙，有事请留言哦！"那俏皮活泼的声音让妈妈禁不住笑容满面。明明知道女儿不在电话那头，她仍会慈爱地回答："好，你去忙，妈妈明天再给你打！"

　　而事实上，这声音的主人已在一年前因交通事故去世了。这句熟悉而亲切的留言，是母亲找到女儿的唯一方式。它像一把神奇的钥匙，可以随时开启一扇通向秘密花园的门。那里，盛开着有关女儿的所有温柔的记忆。

　　女儿走后，这个手机再也无人使用，可母亲仍然按时交纳着月租费。每天听着这句留言，她会觉得女儿并未走远，还在从前的那家公司上班。

　　母亲仿佛就坐在女儿身边，微笑地看着她，看女儿灵巧的手指敲击着键盘，看女儿在会议室与同事滔滔不绝地议论，看女儿将一份文件放进复印机……

　　在这甜蜜的遐想里，母亲挨过了一个又一个漫长的夜晚，挨过了一寸又一寸的疼痛。在茫茫复茫茫的海上，有时只需一句话，就能摆渡一颗柔软的心。

　　可是，有一天，当她又习惯性地拨打这个电话时，那个留言竟然消失了！她听见的是对方已关机的提示音。惊慌失措的母亲犹如失掉了整个世界。

　　她费尽周折，找到了女儿手机的客服电话。电话接通的一刹那，她泪眼蒙蒙，语不成句。对方听清她的问题后，耐心地向她做了解释。

　　原来，电信公司已通过短信告知客户，语音系统即将升级，请大家将旧的语音留言与欢迎词转换到新的系统保存，否则会丢失。而这位母亲从未看过手机短信，所以在新系统上线一周后，她失去了这个珍贵的留言。

　　母亲彻底崩溃了："这是我过世女儿的留言，以后，我该怎么办……"这

位六十多岁的老人哽咽着，像个无助的孩子。

客服人员立即将此事通报给主管，主管又迅速汇报给公司资讯部门。工作人员花了一个月的时间，从数百万用户的上百万个旧的语音信箱中找到了她女儿的录音。

他们立即开始研究如何让原音重现。工作人员用原始的方式，使用公司内部的电话，打入她女儿的手机，取得了那句至关重要的留言，再从客服中心的录音系统中将这句话转录出来，汇入新的语音系统。

日夜盼望的母亲终于又听到了那活泼俏皮的声音。这一瞬，她开心得笑了起来："听到了！听到了！"仿佛那个聪明伶俐的女孩，又亲热地依偎在她的身旁，一伸手，就可以抱到。

为了永远不再遗失这条留言，公司人员将这段录音拷贝到光盘里，赠送给这位母亲。

也许我们都是普通人，无法阻止地震、车祸、海啸的发生，可我们能够用持久的耐心和关怀，去缝合一位母亲破碎的心，留住她的温暖。

新 汉 语 水 平 考 试
HSK（六级）
全真模拟试题
（第3套）

一、**HSK**（六级）分三部分：

    1. 听力（50题，约35分钟）

    2. 阅读（50题，50分钟）

    3. 书写（1题，45分钟）

三、全部考试约140分钟（含考生填写个人信息时间5分钟）。

中国　北京　　　　　　　　　　×××× / ××××××　编制

一、听 力

第 一 部 分

第 1—15 题：请选出与所听内容一致的一项。

1. A 敏感的人多愁善感
    B 更应该珍惜小幸福
    C 幸福的来源有很多
    D 人生比戏剧更精彩

2. A 布先生常常去理发
    B 理发师讨厌布先生
    C 理发师开了个玩笑
    D 布先生的头发很少

3. A 爱情和体重间也有关系
    B 遗憾的事情会经常发生
    C 人类喜欢谈论体重问题
    D 人们很少发掘新的话题

4. A 幼儿教师应该更乐观
    B 孩子喜欢外向的老师
    C 社会风气越来越差了
    D 幼儿教师也会有压力

5. A 客厅是聚会最合适的场所
    B 人们希望客厅装饰有个性
    C 人们的生活水平越来越高
    D 客厅风格影响主人的情趣

6. A 清洁工的工作非常辛苦
    B 父母和朋友不理解高云
    C 人们能公正评价清洁工
    D 高云想换个更好的工作

7. A 正式场合一般只能穿旗袍
    B 参加婚礼宴会要认真化妆
    C 穿旗袍要跟其他服饰搭配
    D 正式场合穿的旗袍要庄重

8. A 煮肉汤时不要用大火
    B 煮鱼汤不要中途加水
    C 肉汤比鱼汤更有营养
    D 肉汤会有牛奶的味道

9. A 手机上有大量细菌
    B 应该天天清洁手机
    C 最好不要使用手机
    D 有的用户不怕细菌

10. A 中国古代的发明创造非常多
    B 9 世纪以后出现了火药武器
    C 火药是为军事目的而发明的
    D 中国的武器制造技术很有名

11. A 喝橙汁就不得心脏病
    B 每天只能喝三杯橙汁
    C 常喝橙汁可预防癌症
    D 橙子是最好吃的水果

12. A 律师的电话还没有开通
    B 律师有很多案件要处理
    C 年轻人是律师的新客户
    D 年轻人对律师印象深刻

13. **A** 塑料包装有损健康
    B 纸质包装更加实用
    C 应该多吃绿色食品
    D 可食性包装价格高

14. **A** 青海湖在中国东北部
    B 青海湖有壮丽的风光
    C 青海湖周边盛产碧玉
    D 青海湖是世界最大湖

15. **A** "房奴"是买不起房子的人
    B "房奴"很难获得银行贷款
    C "房奴"的收入普遍比较低
    D "房奴"的生活质量受影响

第 二 部 分

第 16—30 题：请选出正确答案。

16. A 能把病治好的
    B 对病人和蔼的
    C 能提前预防的
    D 有丰富经验的

17. A 怀疑
    B 相信
    C 无所谓
    D 感兴趣

18. A 重视现代医学
    B 中西医相结合
    C 学习传统医学
    D 以预防为中心

19. A 应该更加有耐心
    B 要学会打太极拳
    C 要学习西医精华
    D 要多与别人交流

20. A 招聘中医去美国
    B 为患者治疗疾病
    C 促进中西医交流
    D 学习中医的理论

21. A 警察
    B 作家
    C 编剧
    D 记者

22. A 这类题材的书很畅销
    B 对这种题材很感兴趣
    C 曾经接触过这类案件
    D 出版社非常支持她写

23. A 是 2000 年创作的
    B 非常受读者欢迎
    C 是本纪实性的小说
    D 是讲马拉松长跑的

24. A《青衣》
    B《士兵突击》
    C《一针见血》
    D《女警官手记》

25. A 大家非常喜欢他的作品
    B 他请了很多明星拍电影
    C 他喜欢做与众不同的事
    D 女的想跟他合作拍电影

26. A 使用得不太频繁
    B 手艺没那么精致
    C 不能表现出内涵
    D 不会用机器设备

27. A 平面和立体
    B 材料和流程
    C 发展的时间
    D 图案和颜色

28. **A** 实力不行

    B 机遇太少

    C 缺少潜力

    D 不够努力

29. **A** 在国际上知名度很高

    B 很喜欢设计西式服装

    C 能够抓住很多好机会

    D 设计的时装引起轰动

30. **A** 多保留些中国传统

    B 全部采用手工制作

    C 现代和传统相结合

    D 尽量借鉴西方风格

第 31—50 题：请选出正确答案。

31. A 打猎
    B 旅游
    C 学习
    D 经商

32. A 为了教育乐羊子
    B 想剪下来做衣服
    C 这匹布织得太不好
    D 见到丈夫太高兴了

33. A 织布要掌握熟练的技术
    B 做任何事都要坚持到底
    C 乐羊子有个贤惠的妻子
    D 半途而废的人没有出息

34. A 9 件
    B 10 件
    C 11 件
    D 12 件

35. A 亲自去参加调查
    B 请记者来采访他
    C 转移走那枚钻戒
    D 看电视采访录像

36. A 他们互相不信任
    B 有人提供了线索
    C 警察手段很高明
    D 海关提供了帮助

37. A 船上三个人谁的贡献大
    B 三个人中哪一个最著名
    C 发生意外把谁先扔下去
    D 这艘船能不能载三个人

38. A 奖金的数额是三千元
    B 大家的意见都差不多
    C 科学家的作用很重要
    D 最后得奖的是个孩子

39. A 不要把事情复杂化
    B 行动比争论更重要
    C 任何学科都很重要
    D 聪明的头脑能赚钱

40. A 红色
    B 白色
    C 粉色
    D 黑色

41. A 可以节省很多电
    B 能开发学生智力
    C 会让老师心情平静
    D 有保护视力的作用

42. A 卧室最好不要选择红色
    B 在医院用粉色比白色好
    C 长期看黄色视力会变好
    D 紫色可以消除紧张情绪

43. A 越来越不想要孩子
    B 男人不必教育孩子
    C 孩子一定要养父母
    D 孩子的性别无所谓

44. A 思想观念落后
    B 受教育程度低
    C 经济发展水平低
    D 生活方式不合理

45. A 给予孩子更多的理解
    B 不愿让孩子参加劳动
    C 要给孩子最好的教育
    D 男孩是全家人的希望

46. A 身体健康
    B 生活方式
    C 经济收入
    D 社会地位

47. A 没吵过架的
    B 彼此了解的
    C 能说真话的
    D 身体健康的

48. A 只能分手
    B 感情很差
    C 生活幸福
    D 善于谈判

49. A 夫妻间怎样才能不吵架
    B 吵架时该怎么解决问题
    C 吵架时如何不伤害对方
    D 夫妻的争端怎么产生的

50. A 增进感情
    B 改善关系
    C 互相了解
    D 寻求妥协

二、阅　读

第 一 部 分

第 51—60 题：请选出有语病的一项。

51. **A** 多看书可以丰富知识和写作水平。

    B 经过层层筛选，我终于如愿以偿，进入了决赛。

    C 这个问题如何寻找解决途径，当事人也感到很茫然。

    D 警方称，疏忽大意很可能是导致此次爆炸的主要原因。

52. **A** 组成岩石的化学元素基本上有八种。

    B 近来，不法分子利用电话诈骗的案件屡次发生。

    C 路越来越陡峭起来，我也顾不上看周围的风景了。

    D 邻居们有事总是爱找她参谋参谋，她成了大伙儿的贴心人。

53. **A** 尺寸规格是选购礼服的重要指标。

    B 招待会的规模比往年特别盛大，应邀出席的贵宾很多。

    C 夏天的傍晚，由于树叶茂盛，林子里总是黑得很快。

    D 明代医学泰斗李时珍饮了兰陵美酒后，从医学角度给予了高度评价。

54. **A** 我对这些诬蔑他的话十分恼火，就为他辩护起来。

    B 女儿从不欺负人，见谁有了困难，恨不得把什么都给人家。

    C 张志新为真理而献身的精神是伟大的，作为我们学习的榜样。

    D 一个物体究竟是静止还是运动，是由观察者参照的标准决定的。

55. **A** 他在经商过程中，一直遵纪守法，从不投机取巧。

    B 目前的成果来之不易，是大家付出心血和辛勤劳动的结晶。

    C 如果不采取行动，独裁者的大规模杀伤性武器计划将会延续下去。

    D 我们如果把自己国内的事情不努力搞好，在国际上就很难有发言权。

56. A 清晨，参加长跑的同学们在公路上飞快地奔驰着。
   B 从 40 岁起，他就到处寻找材料，琢磨如何制造飞机。
   C 我觉得他们的外表和举动，一点儿都不像以前别人描绘的那样。
   D 台风在我国沿海登陆多是夏秋季节，会对农作物生产造成严重影响。

57. A 马铃薯是重要性仅次于稻谷、小麦和玉米的粮食作物。
   B 小龙岛面积不太大，岛上小山起伏，最高峰只有海拔 215 米。
   C 盲目的过热投资及企业间的恶性竞争使电信业出现了极大的泡沫。
   D 由于思想水平不高以及文字表现力差的限制，缺点和错误是难免的。

58. A 近几年来，欧洲和美洲大陆每年在以 1～5 厘米的速度相互靠拢。
   B 这是世界上第一台通用型超级计算机，其任务是通过模拟方式研究疯牛病。
   C 科普工作的开展无论是对精神文明建设就是对物质文明建设都具有深远意义。
   D 改革开放第二年，她作为村里墨水儿喝得最多的人，被请去承包一家快要破产的服装厂。

59. A 上海人最爱看的是轻歌舞剧，其次是儿童剧和杂技，魔术和话剧也很受喜爱。
   B 一种刊物有强大的生命力在于它能否为读者献上丰富、新鲜、优质的精神食粮。
   C "知足常乐"是很多中国人信奉的座右铭之一。他们相信欲望越少，越容易快乐。
   D "植树节"是一些国家以法律形式规定的以宣传森林效益、动员群众参加造林为活动内容的节日。

60. A 唾液有许多用处，食物在口腔中咀嚼和搅动，都要有唾液参与才能搅拌均匀。
   B 那些苗条、任性、不善于烹饪、非常在意自己形象的女子，总与母亲的形象格格不入。
   C 在科技人才等方面，和中国发展情况类似的印度相比，中国还有差距，与美国、日本差距更大。
   D 农历九月初九是传统的重阳节。重阳节作为一个以娱乐为主的节日，主要民俗活动是登高、赏菊、喝菊花酒，还要吃糕。

第 二 部 分

第 61—70 题：选词填空。

61. 科学家发现，人体有一个叫扁桃体的_____，它对于_____人的面部
表情具有关键作用。这一发现为_____某些疾病的形成原因提供了一个
新线索。

A 区域　　　识别　　　探索　　　　　B 地区　　　辨认　　　探讨
C 场所　　　区别　　　寻觅　　　　　D 领域　　　区分　　　追究

62. 人们常说："难逃虎口。"_____，老虎是一种凶恶勇猛的动物。不过老
虎吃人已经成为历史了，现在的老虎正_____灭绝，保护区里的老虎也
"爪无缚羊之力"了，这与老虎的本性_____太大。

A 因此　　　面临　　　相距　　　　　B 可见　　　濒临　　　相差
C 所以　　　将要　　　差距　　　　　D 由此　　　趋向　　　差别

63. 当很多"80后"还在婚姻门外_____时，已经有不少"90后"为自己
确定了交往对象，_____地进入婚姻的"围城"了。刚刚踏入社会的
他们，_____要如此匆忙地走进婚姻殿堂？

A 奔波　　　理直气壮　　　如何　　　B 摸索　　　锲而不舍　　　怎样
C 徘徊　　　迫不及待　　　为何　　　D 寻觅　　　斩钉截铁　　　怎么

64. _____领导者，_____都考虑工作并不就是完全的尽心尽职。他应该
向人们_____他不同的侧面，如生活、情趣和感情等。这样，人们才能
与他产生_____。

A 身为　　　任何时候　　　表态　　　偏见
B 作为　　　每时每刻　　　展示　　　共鸣
C 当作　　　无论如何　　　展览　　　纠纷
D 认作　　　时时刻刻　　　表示　　　激情

65. 次序是礼宾工作的基础。所谓次序，是指国际交往中有关国家、_____、人士的位次，按一定规则和_____进行排列的先后顺序。次序_____不正确，往往会引起不满甚至外交_____。

   A 机关   习惯   排队   干涉
   B 群体   旧例   列举   交涉
   C 集体   风俗   系列   交流
   D 团体   惯例   排列   冲突

66. 世界上万事万物都有_____的联系，很多人看不到这一点，办起事来，往往只是_____地去做一件事，没有考虑到全局。由于一件事没处理_____，导致其他几件事也陷入被动的_____。

   A 密切   孤立   妥当   局面
   B 紧密   孤独   合适   形势
   C 切实   孤单   妥善   局势
   D 亲切   单独   恰当   场面

67. _____着知识经济时代的到来，人们开始重新_____休闲的功能与价值。由于工作效率提高和生活方式的巨大变化，人们将_____更多的闲暇时间，休闲将_____工作成为人们重要的生活内容。

   A 跟随   评定   具有   代替
   B 相伴   认定   占据   替代
   C 陪伴   评估   占有   替换
   D 伴随   评价   拥有   取代

68. 万里长城是世界上_____时间最长的国家军事性防御工程，在中国历史的长久_____中，许多封建王朝为了_____自己的统治，曾经对它进行过多次修筑。长城_____着中华民族祖先的血汗和智慧，是中华民族的象征和骄傲。

   A 修理   时刻   坚固   包括
   B 修建   岁月   巩固   凝聚
   C 建设   年代   凝固   表明
   D 建筑   时期   牢固   蕴藏

69. 如果要对原有的道路进行破路，由于道路封闭施工，会_____路面车辆分流和交通安全，所以，施工部门还需要与交巡部门_____。_____要对道路进行交通管制，则必须由交巡部门提前在媒体上进行公示，同时在各个路面施工点_____告示牌，提醒市民。

A 影响   协商   倘若   设置
B 涉及   协议   进而   设立
C 导致   商量   如果   树立
D 威胁   过问   固然   出示

70. 青年演员卢星宇先后_____了很多角色，成为媒体关注的对象。_____，在历史大戏《李白》中，卢星宇出演了李白的同门师弟李烟。戏中卢星宇挑战年龄_____，寻求演技突破。卢星宇_____了从十几岁一直到几十岁的李烟，这对演员的演技是个很大的_____。

A 创造   据说   分界   表演   考核
B 出演   获悉   跨度   扮成   考察
C 塑造   据悉   界限   扮演   考验
D 创作   听说   区域   装扮   考查

第 71—80 题：选句填空。

71—75.

徐霞客是中国古代伟大的地理学家。他小时候，有一天，江边发生了一件怪事，（71）＿＿＿＿＿，却怎么也找不着。原来，十多年前，江岸边有座寺庙，寺庙前面有座石狮子，有一年河岸塌了，石狮子掉到了江里。现在要重修寺庙，大家就想把石狮子从水里捞上来。打捞的人都觉得过了那么多年了，（72）＿＿＿＿＿。他们几次潜入水里，把下游找了个遍，都没找到石狮子。大家正在纳闷，小徐霞客站出来说："（73）＿＿＿＿＿。"在现场指

挥的地方官看了看这个小孩子，十分怀疑地问道："你真的知道石狮子在哪里吗？"小徐霞客自信地说："石狮子掉进江中已经有十年了，（74）＿＿＿＿＿。你带人到上游找找看吧。"地方官一听，哈哈大笑起来："难道石狮子有腿吗？怎么会往上游跑呢？"徐霞客说："我想石狮子落水后对水流形成了阻碍，使周围的水流得更快，阻碍水的那一侧泥沙会被水冲走，那个地方就空了。时间长了，石狮就会倒向迎着水流的方向，跑到上游去了。"地方官听了觉得有道理，就派人去上游寻找，没多久，（75）＿＿＿＿＿。大家都称赞徐霞客是个聪明的孩子。

A 我知道石狮子会在什么地方
B 石狮子肯定被冲到下游去了
C 人们果然在上游找到了石狮
D 很多人在打捞落水的石狮子
E 当然不会在原来落水的地方

76—80.

指南针也叫罗盘针，是中国古代发明的指南仪器。（76）＿＿＿＿＿＿＿＿＿。磁石吸铁是因为每块磁石两头都有不同的磁极，一头叫正极，另一头叫负极。人类居住的地球也是一个天然的大磁铁，两端分别是地磁南极和地磁北极。根据同性磁极相排斥、异性磁极相吸引的原理，（77）＿＿＿＿＿＿＿＿＿，无论站在地球的什么地方，它的正极总是指北，负极总是指南。

中国是最早发明指南针的国家，而且也是最早把指南针用于航海的国家。11 世纪末，指南针开始用于航海。（78）＿＿＿＿＿＿＿＿＿，晚上看星辰，白天看太阳，阴天下雨就依赖指南针。（79）＿＿＿＿＿＿＿＿＿，指南针装置本身也得到了改进，慢慢变成了现在的样子。

指南针的发明和应用，不仅使人们克服了远航时不易分辨方向的困难，而且也推动了世界航海事业的发展和文化交流。南宋时，一些阿拉伯商人和波斯商人学会了指南针的制造方法，（80）＿＿＿＿＿＿＿＿＿。到 12 世纪末、13 世纪初，阿拉伯和欧洲一些国家才开始用指南针来航海。

A 当时海船上的人辨认方向
B 随着指南针在航海上的应用
C 它是利用磁石指极性制成的
D 拿一根可以自由转动的磁针
E 同时又把这个方法传到了欧洲

第 四 部 分

第81—100题：请选出正确答案。

81—84.

刘伟在一个人口相对集中、上班族较多的黄金地段开了一个早餐店，可生意却并非他想象的那样兴隆。虽然上下班人流量大，但街上的小饭馆、早点店几乎一家挨着一家，刘伟的早点店因为没有特色，光顾的客人不多。

一天下午，结束了店里的工作后，刘伟决定收拾一下自己的鞋，以便舒服一些。无意间，他发现一个修鞋的小摊子生意非常好，但那个摊子的主人修鞋技术并不见得比别人强。经过仔细观察，刘伟发现，修鞋摊旁边放了一面镜子。来这儿修鞋的人，在等待的时候，可以顺便通过镜子看看自己；有些女孩还可以对着镜子化化妆来打发时间。刘伟大受启发，于是立即对自己的早点店进行了重新装修。

此后，在这里就餐的顾客都发现，刘伟的早点店除了服务周到、饭菜可口外，还在每个桌子上镶嵌了一面镜子，店里的各个角落也安装了大大小小的镜子。早点店还专门开辟了一间小屋子，安装了化妆用的镜子，还附带一个小水龙头。刘伟的早点店安装上镜子后，立即赢得了顾客的喜欢，早餐用完后，妆也就化完了，顺便再用水漱漱口，一点儿也不浪费时间。从此，他的早点店每天早上都门庭若市，有的人甚至多跑一两条街也要来这儿用餐。

就这样，多了一面镜子，就让刘伟的早点店脱颖而出，吸引了更多的顾客，赢得了更多的效益。

81. 那个鞋摊旁为什么放了一面镜子？

    A 有利于更好地修鞋   B 让等待不再无聊

    C 鞋摊主人爱照镜子   D 方便女孩子化妆

82. 装修后早餐店最大的变化是：

　　A 服务变得很周到　　　　　　　　B 饭菜比以前可口

　　C 环境变得更优雅　　　　　　　　D 装了很多面镜子

83. 第 3 段中画线词语"门庭若市"形容：

　　A 很繁华　　　　B 很荒凉　　　　C 很热闹　　　　D 很寂静

84. 根据本文，刘伟：

　　A 头脑灵活　　　　B 待客热情　　　　C 注意形象　　　　D 稳重踏实

85—88.

树懒是一种哺乳动物，生活在南美洲的热带雨林中。树懒外型比较奇特，短短圆圆的头，配上长长的四肢，尾巴短得几乎看不到，耳朵也不明显，毛为灰褐色，身长约 70 厘米，重约 9 千克。树懒以树为家，是彻底的树居动物，已经丧失了地面活动的能力。它们细长的爪子像结实的钩子一样紧握住树

枝，头朝下一动不动地长时间悬挂着，甚至睡觉时也保持这种姿势。在地面时，它们的四肢斜向外侧，不能支持身体，只能靠前肢爬行，拖着身体前进。在热带盆地雨水泛滥时，树懒能游泳转移到安全的地方。

树懒生活在热带环境中，那里的温度比较稳定。树懒的体温调节功能不完全，静止的时候，它的体温变化在 28℃～35℃ 之间。当环境温度降至 27℃ 时，树懒便会有发抖现象，可见它适应的温度范围是有限的。

对于树懒来说，最好的食物是树叶和果实。雨林里一年四季都有树叶，所以它们是绝对不必为吃发愁的。而且由于树叶水分多，森林的环境又湿润，树懒也用不着下地饮水。

树懒是一种懒得出奇的哺乳动物，什么事都懒得做，这也是它名字的由来。它们懒得去吃，能耐饥一个月以上；懒得活动，每天睡觉时间长达十七八个小时。非活动不可时，动作也是懒洋洋的，极其迟缓。人们往往把行动缓慢比喻成乌龟爬，其实树懒比乌龟爬得还要慢，就连被人追赶、捕捉时，也好像

若无其事似的，慢慢地爬行。

树懒的生存几乎不会受到自然界的威胁。首先，树懒的毛上寄生着一种地衣植物，这种植物依靠它的体温和呼出的二氧化碳，长得很繁茂，以至于像一件绿色的外衣，把树懒的身体包裹起来，使人类和其他动物很难发现它。而且它们又是在树上活动，所以天敌相对较少。其次，树懒的肉不好吃，这是进化带来的利于生存的好处。捕食者不会耗费自己的能量去吃难吃的动物。但是人类对美洲森林的破坏给树懒带来了<u>灭顶之灾</u>，现在树懒已经成为濒临绝种的保护动物。

85. 树懒的外形特征是：
A 四肢很长 B 毛为绿色
C 耳朵灵敏 D 尾巴宽大

86. 关于树懒的生活习性，正确的是：
A 遇到危险时跑得很快 B 终年都在树上生活
C 喜欢躺在树枝上睡觉 D 常为没有食物发愁

87. 树懒为什么天敌很少？
A 牙齿锋利 B 善于躲藏
C 有保护色 D 体型很大

88. 最后一段中画线词语"灭顶之灾"的意思是：
A 觅食的困难 B 精神的压力
C 生活的不便 D 致命的灾难

89—92.

目前，某网络论坛上有人提出一个问题：如果患者被诊断为癌症，医生该不该实话实说？网友的意见分成两派，"不该告诉"派认为，当面说确实很残忍，再豁达的病人也忌讳。医生这样做，是有道德缺陷的。"该告诉"派认为，患者有权知道自己能活多久，这样可

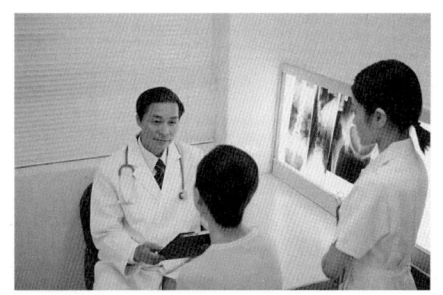

以安排好今后的生活，以免留下遗憾。

就这一问题，记者也采访了一些大医院肿瘤科的专家。专家们表示，大多数时候，一旦病人被确诊为恶性肿瘤，医生都会先和家属悄悄地沟通一下，了解病人的心理承受能力，同时也问问家属的意见。如果直接将病情告诉病人，病人一般都会受不了，而家属遇到这一情况，多数也是选择先隐瞒一段时间再说。有些病人对自己的病情可能有所预知，如果是这种情况，医生一般会有所选择地讲，主要是考虑病人一旦知道自己得了癌症，很可能承受不了这种巨大的打击，从而一蹶不振，加速病情恶化。

医生在临床中发现，癌症患者大约有三分之一是被吓死的。一些患者得知病情后，情绪明显低落，对治疗没有信心，整天闷闷不乐，病情往往恶化得很快。临床上也不乏走着进来、躺着出去的患者。而另一方面，治疗效果比较好的，都是情绪稳定，对生活比较乐观，对治疗充满信心的患者。这说明心态在很大程度上影响着病情的发展。在国外，患者即使一时不能接受现实，也会得到心理医生以及其他一些志愿者的帮助，以获得较好的心理承受力。

89. 论坛上提出的问题是：
　　A 家属该不该配合治疗　　　　B 医生该不该说实话
　　C 患者该不该接受现实　　　　D 医生该不该收红包

90. "该告诉"派认为，应该让患者知道病情的原因是：
　　A 可以配合治疗　　　　　　　B 利于控制病情
　　C 患者有知情权　　　　　　　D 减轻家属负担

91. 大约三分之一的癌症患者死亡是因为：
　　A 内心恐惧　　　B 病毒感染　　　C 医疗落后　　　D 医生失职

92. 本文告诉我们，对于癌症患者来说，最重要的是：
　　A 能够承受打击　　　　　　　B 了解治疗方案
　　C 控制日常饮食　　　　　　　D 保持乐观心态

93—96.

随着互联网在中国的进一步普遍应用，网上购物逐渐成为人们的网上行为之一。对中国 19 个经济发达城市进行的调查显示，在被调查的 19 个城市中，2009 年上半年网络购物金额达到了 162 亿元。

那么，在网上购物的消费者不难发现这样一个问题：很多商品如果没有身临其境地体验过、感受过，是无法断定它是否值得购买的。网络营销的关键其实就在于提升信誉度。

从多位网友的购物经验来看，在网上购物要多留个心眼儿，最好能选择可以看实物的网店，这样网购的商品也就更加让人放心了。眼下，网络实体店正在兴起，消费者可以去店内现场"验明正身"，在那里就像平时在商场挑选一样，能够将商品的性能都了解清楚，试用一次，发现没有什么问题就成交了。据实体店销售人员介绍，来实体店的客人都是比较有诚意的，他们大多已经在网上看好商品的价格，挑选好合意的款式，现场看到实物没有什么误差的话就会购买。实体店里的成交量高达90%以上。

不仅普通商品可以在网上买，珠宝类商品也可以在网络上买，而且也有实体店。记者去一家珠宝实体店感受了一下。走进珠宝类实体体验店的第一感觉就是豪华。钻石专营店的销售人员向记者介绍："体验店跟大商场相比会更专业，可以让消费者挑选到最适合自己、性价比最高的钻石首饰。"另外，记者还了解到，个性化的定制是一大亮点，消费者可以任意挑选钻石的切工、净度、颜色、重量，然后搭配任意款式的戒托。

一些小件的、不太贵的生活物品可以直接在网上购买。但如果想要购买高价的商品，建议还是在网上搜索一下，了解相关知识，对多家进行比较，选定合心的商品后再去实体店体验、购买，这样成交的机会比较大，也更能确保商品的品质。如果消费者有心购买，平时还可以多留意这些品牌的官方网站，了解卖家动态，看看有没有促销活动。

93. 在网络上进行买卖，最应该关注的是：

A 品质　　　　B 信誉　　　　C 价格　　　　D 诚意

94. 第2段中画线词语"验明正身"在文中的意思是：

A 看看实物　　　　　　　　B 检查身体

C 讨价还价　　　　　　　　D 了解卖家

95. 在实体店买钻石类商品的好处是：

A 价格更便宜　　　　　　　B 质量有保证

C 款式个性化　　　　　　　D 服务更周到

96. 作者认为，下列物品更应该去实体店购买的是：

A 餐具　　　　　B 珠宝　　　　　C 指甲刀　　　　　D 笔记本电脑

97—100.

智商就是智力商数。智力通常叫智慧，也叫智能，是人们认识客观事物并运用知识解决实际问题的能力。智力包括多个方面，如观察力、注意力、记忆力、思维力、想象力等。智力的高低通常用智力商数来表示，用来说明智力发展水平。

观察力是指大脑对事物的观察能力，如通过观察发现新奇的事物等，在观察过程中，对声音、气味、温度等有一个新的认识。我们可以在学习训练中增加一些训练内容，如观察和想象项目，通过训练来提高观察力和想象力。注意力是指人的心理活动指向和集中于某种事物的能力。如能注意力集中地长时间看书或研究课题，而对其他无关的游戏、活动的兴趣大大降低，这就是注意力强的体现。记忆力是识记、保持、再认识和重现客观事物所反映的内容和经验的能力。如到老时也还记得父母年轻时的形象、少年时家庭的环境等，就是人的记忆在起作用。思维力是人脑对客观事物间接的、概括的反映能力。当人们在学会观察事物之后，会逐渐把各种不同的东西、事件、经验分类归纳，不同的类型都能通过思维进行概括。想象力是人在已有形象的基础上，在头脑中创造出新形象的能力。比如说起汽车，马上就想象出各种各样的汽车形象来就是这个道理。因此，想象一般是在掌握一定知识的基础上完成的。

智商是依据下列公式得来的：智力年龄÷实际年龄×100% = 智力商数。如果某儿童智力年龄和实际年龄相等，依据公式计算，智商等于 100，即表示其智力相当于中等儿童的发展水平。一般认为，智商在 120 以上的人十分聪明。

传统观念认为，智力商数是与生俱来的，基本上是不变的。如果两个六岁儿童的智商分别为 80 和 100，那么大学毕业后他们的智商基本上也是 80 和 100。但是这种说法过时了，近年来的研究显示，人的智商是可以在两岁之前获得提升的，即使在两岁之后也可以通过一些方法来提升，比如：一、改变儿童的饮食习惯；二、为儿童营造一个具有启发性和刺激感官的环境；三、增强孩子的情绪智商；四、引导孩子制定一个目标，启发他们进行创意思考。

97. 智商包括：
    A 观察力、注意力、分析力、想象力、思维力
    B 记忆力、注意力、思维力、想象力、判断力
    C 思维力、观察力、想象力、注意力、记忆力
    D 想象力、思维力、记忆力、分析力、判断力

98. 一个人的智力年龄与实际年龄相等说明他智商：
    A 很高　　　　　B 比较高　　　　　C 中等　　　　　D 非常低

99. 下面说法正确的是：
    A 观察力指大脑对新鲜事物的观察能力
    B 可以通过训练来提高观察力和想象力
    C 注意力集中的人对所有活动都有兴趣
    D 记忆力好的人能记得小时候所有的事

100. 要想提升智力，最好在几岁之前？
    A 两岁　　　　　B 四岁　　　　　C 八岁　　　　　D 十岁

三、书　写

第 101 题：缩写。

（1）仔细阅读下面这篇文章，时间为 10 分钟，阅读时不能抄写、记录。

（2）10 分钟后，监考收回阅读材料，请你将这篇文章缩写成一篇短文，时间为 35 分钟。

（3）标题自拟。只需复述文章内容，不需加入自己的观点。

（4）字数为 400 左右。

（5）请把作文直接写在答题卡上。

　　在一个小镇上，有一个名叫乐天的男孩。16 岁那年，他唯一的亲人——父亲不幸患上了一种罕见的肺病。乐天陪父亲辗转于各大医院，医生们都说医学对这种病还无能为力，只是建议："如果病人能生活在空气新鲜的大森林里，改善呼吸环境，或许有一线生机。"

　　遗憾的是，乐天的父亲身体非常虚弱，无法忍受长途旅行去有森林的地方生活。看着父亲的病越来越重，乐天心急如焚。突然，他灵机一动："我可以自己种树，等这些树长大了，不就变成森林了吗？"

　　父亲听说儿子要为自己种树后，很是感动，但他说："我们这里缺少水源，气候干燥，土壤也不够肥沃，还是算了吧。"但乐天还是暗下决心，一定要在自己家门前种出一片树林来，因为这是唯一让父亲的生命得以延续的方法。

　　从此，乐天攒着父亲给他的每一分零花钱，有时早餐都舍不得吃，周末他还去镇上卖报纸。攒了一些钱后，乐天就搭车到外地去买树苗。卖树苗的老板劝他不要白费力气，因为小镇自然条件恶劣，树木很难成活。可是当老板得知乐天买树苗是为了挽回父亲的生命时，被这种行为深深地感动了。此后，他卖给乐天的树苗常常只收半价，并教给他一些栽培的知识。

　　乐天在门前挖坑种树，吃力地提着一桶桶水灌溉树苗。由于当地干旱少雨，大部分树苗种下后很快就枯死了，活下来的几株也显得营养不良，长得歪歪的。镇上的很多人都劝乐天放弃这个愚蠢的想法，但他总是一笑了之。每天早晨，乐天起床后的第一件事，就是去看看树苗长高了多少。有一天深夜，突然下起了冰雹，当乐天手忙脚乱地搭起帐篷时，小树苗已被冰雹砸倒了一大半。虽然如此，可一年下来，他最初栽下的 100 多株树苗还是顽强地活下了 43 株。

此时的乐天已经高中毕业了，但为了照顾父亲，他主动放弃了上大学的机会。有人说乐天太傻了，为了一个即将死去的人耽误自己的前途，而且没有人相信这些树能够挽救一个连医生都治不好的病人。但乐天从不把这些话放在心上，还是一如既往地种着树苗。

　　一年又一年过去了，在乐天的辛勤劳动下，树苗越来越多，许多树苗已渐渐长高长粗。乐天经常搀着父亲，去散发着草木清香的树林中散步，老人的脸色渐渐红润了，咳嗽比以前少多了，体质也大大增强了。

　　这时，再也没有人讥笑乐天是疯子了，因为所有居民都亲眼目睹了绿色树木的魔力。树木带来了新鲜的空气，引来了歌唱的小鸟，小镇变得越来越美丽。

　　后来，医学专家再次诊治乐天父亲时发现，老人的肺部症状已经不可思议地消失了，他的肺部跟正常人一样了。医生感慨地说："在这个世界上，爱是最神奇的力量，有时它比任何先进的医疗手段都有效！"是呀，只要心中有爱，无论在多么贫瘠的土壤里，都能长出最粗壮的树木。

新汉语水平考试
HSK（六级）
全真模拟试题
（第4套）

一、**HSK**（六级）分三部分：

    1. 听力（50题，约35分钟）

    2. 阅读（50题，50分钟）

    3. 书写（1题，45分钟）

三、全部考试约140分钟（含考生填写个人信息时间5分钟）。

中国　北京   ××××/×××××××   编制

一、听　力

第　一　部　分

第1—15题：请选出与所听内容一致的一项。

1. A 丈夫很会做菜
   B 妻子不会开车
   C 丈夫脾气很好
   D 妻子常常唠叨

2. A 千岛湖在浙江省南部
   B 千岛湖的树木比较少
   C 千岛湖的岛屿非常多
   D 千岛湖有两千种植物

3. A 毕业后都要从零开始
   B 大学学的知识不实用
   C 得到好的职位不容易
   D 求职需要踏实的态度

4. A 人类不会缓解压力
   B 人类的处境很尴尬
   C 人类喜欢快节奏生活
   D 人类能适应所有环境

5. A 每天最好锻炼一小时
   B 高三的功课不太紧张
   C 高三学生最好能午睡
   D 高考是最关键的考试

6. A 黑色可以提高效率
   B 工厂常涂成深绿色
   C 工人很喜欢橘黄色
   D 颜色对情绪有影响

7. A 各种动植物也是自然资源
   B 煤炭经过三亿年才能形成
   C 原始森林是最宝贵的资源
   D 自然资源都是不可再生的

8. A "白领"不愿意谈恋爱
   B "白领"工作压力很大
   C "白领"周末也不休息
   D "白领"特别喜欢学习

9. A 自然界的花共有四千种
   B 昆虫特别喜欢红色的花
   C 科学家的统计非常准确
   D 自然淘汰了黑颜色的花

10. A 那个学生没听到校长喊他
    B 校长喊名字的声音太小了
    C 其他学生不知道校长叫谁
    D 那个学生得了年级第一名

11. A 心思灵敏才能手艺精巧
    B 手与脑的关系非常密切
    C 要让孩子掌握一门手艺
    D 大脑需要刺激才能发展

12. A 2010年是非常热的一年
    B 气象专家各自统计数据
    C 今年的气象记录不准确
    D 17个国家记录了最高气温

13. A 脸谱是一种化妆的方法
    B 唱京剧时一定要画脸谱
    C 脸谱就是古代的假面具
    D 演历史剧有特殊的方法

14. A 五星级宾馆服务好
    B 旺季旅游不太安全
    C 淡季旅游比较实惠
    D 提前买票能打五折

15. A 粉丝都很喜欢看电影
    B 粉丝最初只包括女性
    C 明星喜欢自己的粉丝
    D 粉丝们都会建立网站

第 二 部 分

第 16—30 题：请选出正确答案。

16. A 鼓励他们设计更好的图书
    B 让他们更加注重版面设计
    C 使他们接受一种美学教育
    D 让他们对书籍元素更敏感

17. A 大众化
    B 现代化
    C 规范化
    D 个性化

18. A 一本书使用不同的纸张
    B 要使用统一的版面形式
    C 不同的颜色要互相配合
    D 都使用西方的排版方式

19. A 纸张质量不好
    B 要更重视传统
    C 应该降低成本
    D 应该更有个性

20. A 出版印刷的历史很悠久
    B 多媒体图书没有竞争力
    C 能满足不同读者的需求
    D 读者不习惯阅读电子书

21. A 画家
    B 教师
    C 运动员
    D 歌唱家

22. A 起跑灵活
    B 力量很强
    C 步幅很大
    D 经验丰富

23. A 白色显得特别干净
    B 白色让他显得高大
    C 观众喜欢他穿白色
    D 歌唱演员常穿白色

24. A 他和妻子一起学西洋画
    B 妻子是他练长跑的教练
    C 妻子是他考试时的考官
    D 是朋友介绍他们认识的

25. A 她曾经是一位歌唱演员
    B 她为了男的放弃了事业
    C 她后来成了服装设计师
    D 她被男的招进了宣传队

26. A 骑自行车
    B 制造汽车
    C 驾驶飞机
    D 学习乐器

27. A 晕倒
    B 疲倦
    C 流血
    D 兴奋

28. A 二胡
    B 口琴
    C 手风琴
    D 小提琴

29. A 上网聊天儿
    B 交友和旅游
    C 帮助别人
    D 成立公司

30. A 攀登喜马拉雅山
    B 创造很高的利润
    C 拿到大学的文凭
    D 会弹奏各种乐器

第 三 部 分

第 31—50 题：请选出正确答案。

31. A 很乐观
    B 很讨厌
    C 很可怜
    D 很开朗

32. A 他油漆刷得不好
    B 为了感谢男主人
    C 老太太家没有钱
    D 他对钱不太在意

33. A 也是一个残疾人
    B 觉得自己很幸福
    C 刷油漆的手艺很好
    D 喜欢和别人聊天儿

34. A 想把盒子卖个好价钱
    B 想把珍珠卖个好价钱
    C 表现自己的制作水平
    D 想要安全地存放珍珠

35. A 注重外表的人
    B 非常诚实的人
    C 不太谦虚的人
    D 比较冲动的人

36. A 赞赏
    B 讽刺
    C 羡慕
    D 愤怒

37. A 保姆
    B 伴侣
    C 钟点工
    D 科研伙伴

38. A 会做家务
    B 漂亮贤惠
    C 学历很高
    D 能懂外语

39. A 支持
    B 反对
    C 同情
    D 批判

40. A 整理衣服
    B 对镜化妆
    C 自我欣赏
    D 打扮自己

41. A 增强对于容貌的信心
    B 肯定自己的社会身份
    C 让同事更加认同自己
    D 让上司更加关注自己

42. A 他们不愿意跟别人交流
    B 他们缺少可以交流的人
    C 他们得了严重的强迫症
    D 他们在对着镜子练发音

43. A 娱乐
    B 航海
    C 军事
    D 教学

44. A 唐朝
    B 宋朝
    C 元朝
    D 清朝

45. A 与国外艺人的交往增多
    B 民间流行放风筝的习俗
    C 改进了制造风筝的手艺
    D 艺人们继承了传统精华

46. A 是中国最早的风筝产地
    B 当地人全靠扎风筝赚钱
    C 每年都举办国际风筝节
    D 生产的风筝出口全世界

47. A 冠心病
    B 高血压
    C 支气管炎
    D 癌症

48. A 目标要定得高一些
    B 长期目标会更有效
    C 最好制定短期目标
    D 应该多定几个目标

49. A 性格会导致疾病的发生
    B 负面情绪不太容易控制
    C 制定目标时的注意事项
    D 应该提高心理承受能力

50. A 要改变内向的性格
    B 应认真对待每件事
    C 必须加快生活节奏
    D 要愉快地面对生活

二、阅 读

第 一 部 分

第 51—60 题：请选出有语病的一项。

51. A 市场竞争的基本法则是优胜劣汰。
    B 感情的洪流在翻滚，浑身的热血在呼啸。
    C 广泛的调查研究后，他陷入了冷静深刻的反思。
    D 未经许可，擅自刊播气象预报将被处以万元以下罚款。

52. A 这部影片曝光了许多令人震惊的内幕。
    B 要遵守交通规则，以避免发生不必要的交通事故。
    C 在地貌演变过程中，丘陵是山地向平原过渡的中间阶段。
    D 在这个巨大的洞穴里，考古学家发现了大量精美的壁画和雕塑。

53. A 我们相信，科学最终会战胜愚昧和落后。
    B 元宵节时，哈尔滨冰雪覆盖，广州却温暖如春。
    C 秦始皇统一中国以后，使分散的华夏各民族得以统一。
    D 新疆地域广大，战略地位重要，资源丰富，有很大的发展潜力。

54. A 看着母亲期待的眼神，他只能违心地附和。
    B 她同嫂子一起多次反复地进行小麦高产试验。
    C 他们的家园不断受到象群的侵犯，农作物经常遭到践踏。
    D 礼服的穿着与搭配跟其他服装一样，也有一定的规范和要求。

55. A 他们细致地考察了体育场及附属设施的建设。
    B 声音遇到凹凸不平的物体时会向各个不同的方向反射。
    C 谁也不能否认优异的学习成绩不是靠勤奋学习得来的。
    D 端午节时，民间有喝雄黄酒并在住宅洒雄黄酒的习俗，用以消毒。

56. A 他的一系列严厉的措施为自己树立了威信。

B 其实这部车最大的特点是它有近似人体轮廓的性感曲线。

C 不要随意登录一些不规范的网站，这有可能成为病毒感染的途径。

D 基因工程成果直接运用于临床医学还为时尚早，但有一定的危险性。

57. A 他直视着我，混浊的目光中充满了警惕与戒备。

B "养儿防老"是一种很典型的中国传统思想，在农村尤其根深蒂固。

C 26年前以《一无所有》唱响歌坛的崔健被誉为"中国摇滚第一人"。

D 形成壮观的流星雨，取决于彗星残留物质的多少和地球大气层的厚薄等条件。

58. A 提高人口素质仍然是一项艰巨而紧迫的战略任务。

B 武汉最早的码头是1736年在汉江上修建的天宝巷码头。

C 数码媒体艺术作为一种新的艺术形式，在中国正日益受到关注和发展。

D 这个毒品团伙的背后估计有更大的犯罪集团，因为仅靠这些人是不可能走私如此多的毒品的。

59. A 有什么事儿，他都去找四爷，长辈嘛；再说，四爷见多识广。

B 在这个问题上，中国积极倡导在联合国框架内谋求和平解决。

C 到国外留学，如果想融入当地的生活，尊重当地人的信仰和习俗很重要。

D 不管气候条件和地理环境都极端不利，登山队员仍然克服了困难，胜利攀登到了顶峰。

60. A 水污染对人类健康危害特别大，污水中的致病微生物、病毒会引起传染病的蔓延。

B 这些角色不同类型，距离相当大，如果没有善于塑造人物性格的技巧，那是演不好的。

C 看到记者纳闷的样子，他解释说："这里从农历五月初一开始，端午节的气氛就渐渐浓了。"

D 塑料有很多优点，但其最大的问题是在自然界中不能自行分解，因此废塑料回收一直是工业界研究的一个课题。

第 二 部 分

第 61—70 题：选词填空。

61. 低碳生活，是指生活作息时所_____的能量减少，从而减低碳，特别是二氧化碳的_____。其实，只要多注意生活中的细节，就可以起到降低能源消耗的_____。

A 耗费　　排放　　效果　　　　　B 浪费　　流通　　功效
C 使用　　释放　　用途　　　　　D 消耗　　排除　　功能

62. 北京的胡同好比一部百科全书，既反映了历史沿革，又_____了风土人情。许多胡同都是以一个较明显的形象标志来_____的，较宽的胡同，就叫"宽街"，窄的就叫"夹道"，这也表现出北京人的直爽和_____。

A 显示　　合成　　高明　　　　　B 展示　　命名　　朴实
C 启示　　定名　　通俗　　　　　D 展现　　称呼　　风趣

63. 洗蔬菜水果时，要_____蔬果的完整，将蔬菜切成小块浸泡反而会使农药_____到里面去。也可以用淡盐水或淘米水浸泡，前者能让农药快速_____，后者可以中和农药的毒性，但不要浸泡太长时间。

A 保留　　蔓延　　分解　　　　　B 保管　　凝固　　融化
C 保障　　分泌　　分散　　　　　D 保持　　渗透　　溶解

64. 与陌生人初次交谈时，_____落在对方的鼻子上是最令人舒服的，_____对方眼睛的时间不宜过久，因为这样会让人感觉不自在。当然，_____完全不注视对方的眼睛，会被认为是傲慢无礼的表现，或者试图去_____什么。

A 眼睛　　凝视　　要是　　掩盖
B 视野　　轻视　　即使　　隐瞒
C 视线　　注视　　倘若　　掩饰
D 眼神　　监视　　如果　　隐蔽

65. 从 20 世纪 80 年代开始，人们_____《红楼梦》的饮食内容进行菜品研制，并_____创出了"红楼菜"。红楼菜以美味、_____及精致见长，选料鲜活，_____精细，营养健康。

A 本着　　因此　　丰富　　做工

B 依据　　由此　　丰盛　　加工

C 根据　　因而　　茂盛　　制作

D 按照　　由于　　丰满　　烹饪

66. 《资治通鉴》对于重大历史事件的前因后果，以及与各方面的关系都_____得清清楚楚，使读者对史实的发展能够_____。这部史书的创作目的是使后代统治者_____前代灭亡的经验教训，所以它_____于政治、军事，而缺少社会经济方面的记载。

A 交代　　一目了然　　吸取　　着重

B 说明　　恍然大悟　　吸收　　注重

C 解释　　喜闻乐见　　采纳　　着手

D 论证　　实事求是　　采取　　着想

67. 对于情侣们来说，这种双人雨伞_____了传统雨伞的缺点，能让他们充分享受雨中散步的浪漫。它既不会妨碍两人的亲密举动，也不会因为靠得太近而觉得_____。最重要的是，它可以提供相当于两把雨伞的_____面积，男士再也不会因为_____绅士精神而导致自己后背变成"沼泽"了。

A 解决　　欣慰　　储存　　发挥

B 处理　　美妙　　防御　　宣传

C 遏制　　荒唐　　使用　　宣扬

D 克服　　尴尬　　遮挡　　发扬

68. 临睡前使用电脑，明亮的显示屏会对神经系统产生强烈的刺激，_____影响睡眠质量，甚至使人出现各种睡眠_____。所以，应在睡前两小时停止使用电脑，营造一个_____的睡眠环境。如果睡前用了电脑，可以喝一杯热牛奶，以减轻睡眠不良的_____。

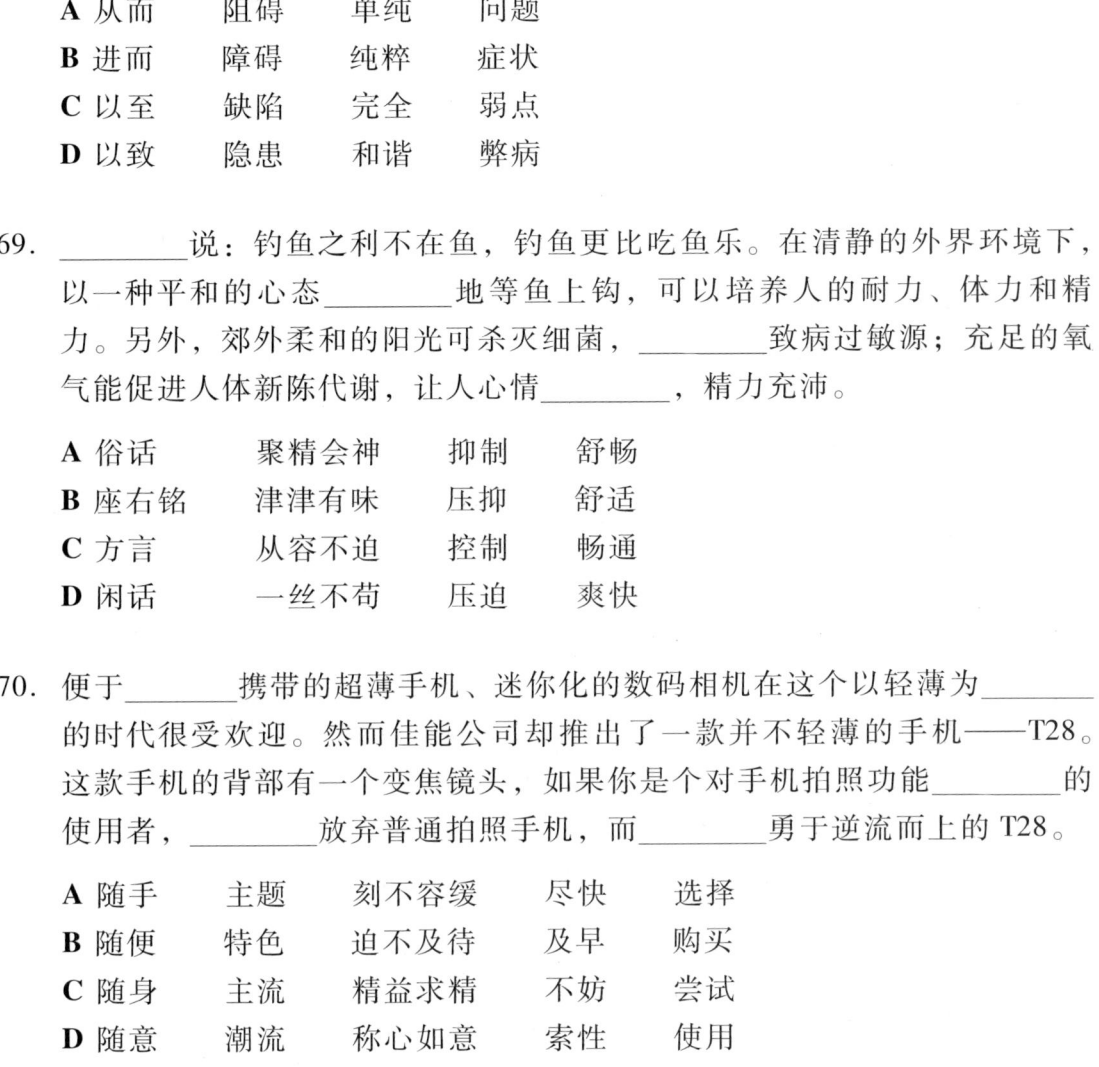

A 从而　　阻碍　　单纯　　问题
B 进而　　障碍　　纯粹　　症状
C 以至　　缺陷　　完全　　弱点
D 以致　　隐患　　和谐　　弊病

69. _____说：钓鱼之利不在鱼，钓鱼更比吃鱼乐。在清静的外界环境下，以一种平和的心态_____地等鱼上钩，可以培养人的耐力、体力和精力。另外，郊外柔和的阳光可杀灭细菌，_____致病过敏源；充足的氧气能促进人体新陈代谢，让人心情_____，精力充沛。

A 俗话　　聚精会神　　抑制　　舒畅
B 座右铭　　津津有味　　压抑　　舒适
C 方言　　从容不迫　　控制　　畅通
D 闲话　　一丝不苟　　压迫　　爽快

70. 便于_____携带的超薄手机、迷你化的数码相机在这个以轻薄为_____的时代很受欢迎。然而佳能公司却推出了一款并不轻薄的手机——T28。这款手机的背部有一个变焦镜头，如果你是个对手机拍照功能_____的使用者，_____放弃普通拍照手机，而_____勇于逆流而上的T28。

A 随手　　主题　　刻不容缓　　尽快　　选择
B 随便　　特色　　迫不及待　　及早　　购买
C 随身　　主流　　精益求精　　不妨　　尝试
D 随意　　潮流　　称心如意　　索性　　使用

第 三 部 分

第71—80题：选句填空。

71—75.

从前有一个叫艾和的人，（71）_____，都会绕着自己的房子和土地跑三圈，然后坐在田边喘气。艾和很勤劳，所以他的房子越来越宽敞，土地也越来越广阔。（72）_____，只要与人争论生气，他还是会绕着房子和土地跑三圈。他为什么这么做呢？大家都觉得很疑惑，但是不管怎么问他，艾和都不愿意说明。

后来，艾和很老了，他的房子和土地已经非常广大了。有一天，他又生气了，拄着拐杖艰难地绕着土地和房子走。（73）_____，太阳都下山了。艾和独自坐在田边喘气，他的孙子在身边恳求他："爷爷，您可不可以告诉我，为什么您一生气就要绕着土地跑三圈呢？"艾和禁不起孙子的恳求，（74）_____。他说："年轻时，我一和别人吵架、生气，就绕着房子和土地跑三圈，边跑边想，房子和土地都这么小，我哪有时间、哪有资格去跟人家生气？一想到这儿，气就消了，于是就去努力干活儿。"孙子又问："爷爷，那您现在已经变成最富有的人了，为什么还要绕着房子和土地跑啊？"艾和笑着说："我现在还是会生气，生气时绕着房子和土地走三圈，边走边想，我的房子这么大，土地这么多，（75）_____？一想到这儿，气就消了。"

A 但不管房子和土地多大
B 等他好不容易走完三圈
C 我又何必跟别人计较呢
D 每次和别人发生争执后
E 终于说出了自己的秘密

76—80.

有一则关于三堆火的寓言说，在严寒的冬天里，一群人点起了一堆火，（76）_____。有人想，天这么冷，我绝对不能离开火，不然我就会冻死。其他人也这么想，结果这堆火因为木柴烧尽而灭，这群人全被冻死了。

另外有一群人也点起了一堆火。一个人想，这堆火如果不添柴，迟早会灭的，其他人也这么想。于是大家都出去捡柴，而且每一个人都想：要多捡一些，（77）_____。结果，这群人都冻死在捡柴的路上，火因为缺柴而熄灭了。

还有一群人点起了一堆火，（78）_____，也没有全部去捡柴，而是制定了一个轮流取暖、轮流捡柴的制度。于是人人都去捡柴，人人都得到了温暖，火堆因为得到足够的柴源和照料，不停地燃烧。大火和生命都延续到了第二年的春天。

一个由自私的个体组成的团队，没有忘我精神，没有群体意识，注定要灭亡，（79）_____；然而一个"积极主动，忘我牺牲"的团队也不能生存，这就不被人所理解了。

其实，"积极主动，忘我牺牲"对于一个组织、一个团队来说，的确是一种难得的精神，但光靠主动奉献只能维持一时，（80）_____。

A 不然柴不足火还是会熄灭
B 靠铁的制度才能维持长久
C 大火烤得人浑身暖烘烘的
D 这是人们普遍接受的道理
E 他们没有全部围着火取暖

第 四 部 分

第81—100题：请选出正确答案。

81—84.

中国人吃饭时怎么排座位很有讲究，这也是整个中国饮食礼仪中最重要的一部分。因为安排座位需要考虑到许多方面，比如：上、下位之分，客人层次是否相当，座位左邻右舍的宾客有没有交流的话题，性别安排是否恰当等。一般而言，在中式圆桌吃饭时，主宾，也就  是最重要的客人应该坐在离门口最远，而且面对门的正中央的位置，这个位置是上位；主人夫妇则坐在最靠近门口，而且背对门的位置，也就是下位。坐的时候，男的坐左边，女的坐右边。女主宾坐在男主宾右边，次主宾夫妇坐在主宾左边，再次主宾坐在主宾夫妇右边。但在非正式场合，只要主人与主宾坐下，其他人就可以随意入座。与西方不同的是，中国人常常都是夫妻坐在一起。

另外还要注意一下常识性的礼节。如果有长辈在场，应该让长辈先入座，长辈坐好后晚辈再坐下。如果没有长辈和主宾，就应该让女士优先就座。邻近的男士应该替女士或年长者拉开椅子，然后自己再拉开椅子入座。

总的来说，中国的文化特点是不让客人感到紧张。当然，邀请人也可以指定客人的座位，自己的下属或晚辈也可被安排在比自己更重要的位置上。

81. 最重要的客人应该坐在：
    A 离门口近的位置　　　　　　B 正对着门的位置
    C 背靠着门的位置　　　　　　D 进出方便的位置

82. 在座位的安排上，中国与西方不同的是：
    A 夫妻一般坐在一起　　　　　B 不需要让女士优先
    C 长辈一定坐在上座　　　　　D 晚辈一定要坐下座

83. 次主宾应该坐在：
    A 主人的左边   B 主人的右边
    C 主宾的左边   D 主宾的右边

84. 下面说法正确的是：
    A 上座应留给主人来坐   B 下属不可以坐在上座
    C 应该让长辈最先入座   D 客人可自己选定座位

85—88.

大款张三郊游时遭遇了车祸，好在事故不大，他没有受伤。将撞坏的车送到修理厂后，他忽然想到，父母家就在附近，他已经很久没有回家看望过父母了。于是，张三回了一趟家，住了一夜。第二天走的时候，他接过母亲递过来的西装，发现衣服上破损的地方已经被母亲补好了。他有些不以为然，他有的是钱，这补过的衣服他回去就要扔掉了。

但张三工作太忙，回去后就把这件事给忘了。那天，他穿着那件带补丁的衣服在各种场合穿梭，还谈成了一笔拖了很久的大业务。一直忙到晚上，他想起身上穿的是件破衣服，就脱下来，扔进了垃圾桶。

第二天早上，张三家里来了两个警察。原来，前一天晚上，另一个大款被绑架了，匪徒当晚就被抓获了。审讯绑匪时，他们交代说，原来是想绑架张三的，所以警察今天来提醒张三注意。张三吃了一惊，问警察："那他们为什么没有绑架我呢？"警察说："绑匪看到你西装上的补丁，推想你不像传说中那么有钱，因为有钱人不可能穿打补丁的西装。"张三一时感慨万千，没想到一个意外的补丁竟然救了他。

第二天下午，他前一天谈成的那笔业务正式签字。客户问他："你昨天穿的那件打了补丁的西装今天怎么没穿？"他不好意思地说："换下洗了。"大客户拍着他的肩膀说："你可能不知道吧，我们能跟你签订合同，都是因为你身上的补丁。从小小的补丁上我们可以看出来，你是个艰苦朴素的人，而一个艰苦朴素的人，无疑是最好的合作伙伴！"

那天晚上，张三回到家，从垃圾桶里翻出那件补丁西装，抚摸着密密的针脚，像个孩子一样哭了。

85. 对于母亲补好的衣服，张三的态度是：

    A 万分感激   **B** 无可奈何

    C 不以为然   **D** 爱不释手

86. 警察来张三家是为了：

    A 请他协助破案   **B** 提醒他小心绑匪

    C 让他坦白罪行   **D** 让他扔掉破西装

87. 张三谈成了那笔大业务，是因为：

    A 客户觉得他是朴素的人   **B** 他有很好的谈判技巧

    C 他的公司实力非常雄厚   **D** 客户喜欢他穿的西装

88. 关于张三，下面说法正确的是：

    A 他很喜欢穿打补丁的衣服   **B** 他的母亲衣服补得特别好

    C 他总是没时间回去看父母   **D** 他最后捡回了那件旧西装

89—92.

    "狗不理"包子是天津的传统风味小吃，创始于 1858 年。创始人名叫高贵友，因为父亲 40 岁时才有了他，所以为了让儿子平安长大，父亲给他取了个小名"狗子"，期望他能像小狗一样好养活。狗子 14 岁去天津学烹饪手艺，在一家包子铺做小伙计。狗子心灵手巧，而且勤学好问，加上师傅们的精心指点，他做包子的手艺不断长进，练就了一手好活儿，很快就小有名气了。三年后，高贵友已经精通了做包子的各种手艺，于是就独立出来，自己开办了一家专营包子的小吃铺"德聚号"。

    因为高贵友手艺好，做事又十分认真，从不掺假，制作的包子色、香、味、形都独具特色，所以引得十里百里的人都来吃包子，生意十分兴隆，名声很快就响了起来。由于来吃他包子的人越来越多，高贵友忙得顾不上跟顾客说话，吃包子的人都开玩笑地说："狗子卖包子，不理人。"久而久之，人们喊顺了嘴，都叫他"狗不理"，把他所经营的包子称作"狗不理包子"，而包子铺原来的名字却渐渐被人们淡忘了。

狗不理包子因为味道鲜美而闻名全国。狗不理包子受欢迎，关键在于用料精细，制作讲究，在选料、配方、搅拌以至揉面、擀面上都有一定的绝招儿，做工上更是有明确的规格标准，特别是包子上一道道的褶子特别匀称，每个包子都是 18 个褶。刚蒸好的包子，大小整齐，色白面柔，看上去如薄雾之中含苞待放的菊花，赏心悦目。咬一口，油水汪汪，香而不腻，因此深得大众百姓和各国友人的青睐。

89. 父亲给高贵友取"狗子"的小名，是因为：
　　A 想让他像小狗一样机灵　　　　B 父亲最喜欢的宠物是狗
　　C 希望儿子能够平安长大　　　　D 他家有一只可爱的小狗

90. 高贵开办自己的小吃铺时：
　　A 14 岁　　　　B 17 岁　　　　C 18 岁　　　　D 40 岁

91. "狗不理"包子得名的由来是：
　　A 小狗喜欢吃这种包子　　　　B 狗子忙得没时间理人
　　C 这个名字叫起来顺口　　　　D 做包子的人叫狗不理

92. 最后一段中画线词语"青睐"的意思是：
　　A 喜爱　　　　B 冷淡　　　　C 赞扬　　　　D 依赖

93—96.

大鲵是中国特有的物种，是世界上现存最大、最珍贵的两栖动物。因为它的叫声像婴儿的啼哭，所以俗称"娃娃鱼"。娃娃鱼一般长 0.6～1.2 米，体重 10～20 公斤，身体扁平，棕褐色的身体后面拖着一条侧扁的大尾巴，几乎占了身长的三分之一。娃娃鱼嘴巴比较大，眼睛不发达，没有眼睑。身体表面光滑，布满了黏液，遇到敌人时能放出臭味来抵御，身体的颜色能随着环境的变化而变化，雌雄在外形上很难区分。

娃娃鱼栖息在海拔 200～1500 米低山地区中清澈、湍急，岩石孔、洞比较多的溪流中。娃娃鱼白天休息，夜间出来觅食。它以水中的鱼、虾、蟹、蛙和水生昆虫为食。它捕食方式为"守株待兔"——
隐蔽在河流的乱石中间，发现猎物经过时，进行
突然袭击。它的牙齿不能咀嚼，只是张口将食物
整个吞咽下去，然后在胃中慢慢消化。由于很少
活动，娃娃鱼新陈代谢十分缓慢，因此每天只需
吃200～300克食物就行了，还不用天天都吃。
而且娃娃鱼有很强的耐饥饿本领，甚至两三年不
吃也不会饿死。娃娃鱼虽然不怕冷，但也有冬眠

的习性。每年从初冬到第二年春天是它的冬眠期，这时它不吃也不动，但受袭
击时仍然会有反应。

　　娃娃鱼是两栖类动物，它具有比其他任何动物更多的呼吸方式。娃娃鱼与
鱼类的最大区别是，鱼只能用鳃呼吸，娃娃鱼除了鳃，还可以用肺进行呼吸。但
是由于肺部发育不完善，它也像青蛙一样，需要借助湿润的皮肤来进行气体交
换，以作为辅助呼吸，所以娃娃鱼必须生活在水中或水域附近的陆地上。从生物
进化的观点来看，它是从水中生活的鱼类向真正的陆地动物演化的一个过渡类型。

　　娃娃鱼繁殖期在每年7～8月份，雌娃娃鱼把卵产在岩石洞内，一次产卵
300多枚，产下卵后，它就自由自在地游玩去了。剩下的抚育第二代的任务就
交给了雄娃娃鱼。雄娃娃鱼用身体把卵围住，以免被流水冲走或遭受敌害，直
到孵化出小娃娃鱼才离去。娃娃鱼的寿命在两栖类中是最长的，在人工饲养的
条件下，能活130年之久。由于它肉嫩味鲜，所以长期遭到人们的大量捕杀，
现在已濒临灭绝。

93. 遇到危险时，娃娃鱼用什么抵御敌人？
    A 黏液　　　　　B 哭声　　　　　C 臭味　　　　　D 尾巴

94. 第2段中画线词语"守株待兔"在文中的意思是：
    A 娃娃鱼坐等猎物自己出现　　　　B 娃娃鱼最喜欢吃的是兔子
    C 娃娃鱼爱在水里游来游去　　　　D 娃娃鱼喜欢白天出来活动

95. 娃娃鱼的呼吸器官是：
    A 鳃和口腔　　　　　　　　　　　B 肺、口腔和鳃
    C 胸部和口腔　　　　　　　　　　D 肺、鳃和皮肤

96. 关于娃娃鱼，下列说法正确的是：

A 抚育幼鱼要依靠雌性　　　　B 它喜欢袭击别的动物

C 它可以很久不吃东西　　　　D 它冬眠是因为很怕冷

97—100.

不同人处理愤怒的方式是不同的，有的人很容易被激怒；有的人则过分压抑愤怒；还有的人喜欢把愤怒情绪转移到别处。这三种类型的人都需要正确地做好愤怒的"情绪管理"，否则可能会引起心理或身体疾病。

不善于"制怒"的人常常会因为不考虑时间、场合、对象，胡乱地发泄愤怒而给自己"惹祸"，轻则得罪同事、家人，重则导致丢饭碗、离婚等不良后果。这样的人，人格中往往具有相当的冲动性，忍受愤怒情绪的能力很差，倾向于用发脾气或采取具体行动的方式来暂时缓解内心的压力。可是这样常常会导致自己陷入更加困难的处境，会遭到别人的报复或反抗。这些脾气暴躁的人不会"制怒"往往根源于童年时代的心理创伤，这些心理创伤必须要在专业心理医生的辅导下逐渐去修复。心理医生会帮助他们提高忍受愤怒的能力，学习理智地面对突发问题，不然很容易诱发肝病或心脏病。

过分压抑愤怒情绪的人，早年家庭环境往往具有抑制情感表达的特点，父母的教养方式倾向于过度惩罚和责怪。这样的人往往表现得温顺而顾全大局，但内心却压制着如烈火般的情感。长期压抑情绪的结果，或者导致某一天在忍无可忍的情况下来个总爆发，或者导致心理疾病。研究表明，长期压抑愤怒可能会引发胃病、肿瘤。这样的人需要在心理医生的帮助下，练习直接用语言去表达情感。

更多的人对愤怒的处理方式是转移愤怒情绪。这在生活中很常见，有一个幽默故事就描绘了这种现象：一个在公司受尽委屈的先生，为了饭碗，不敢顶撞老板，于是把一肚子的火气撒到了妻子身上，妻子将这股怨气转移到孩子身上，孩子挨了母亲的骂，跑去踢狗，莫明其妙挨了一脚的狗窝着一肚子的火，跑到路上去咬了行人一口，而那个行人恰巧就是给先生气受的公司老板。

当与他人发生矛盾时，很多人觉得跟直接产生矛盾的人沟通有困难，于是就采取别的渠道来发泄愤怒。但其实正确的做法是，在产生愤怒的地方解决愤怒，尽量找机会温和地表达自己的意见。这样尝试后，我们往往会发现，其实许多愤怒正是沟通不畅导致的。

97. 不会"制怒"的人要学习：
   A 怎样保持理智　　　　　　B 怎样表达情绪
   C 怎样控制饮食　　　　　　D 怎样缓解压力

98. 过分压抑情绪的人容易得什么病？
   A 肝病　　　　B 胃病　　　　C 癌症　　　　D 心脏病

99. 第 4 段中画线词语"顶撞"的意思是：
   A 忍耐　　　　B 反驳　　　　C 压抑　　　　D 隐瞒

100. 愤怒时，正确的做法是：
   A 找心理医生倾诉　　　　　B 压制自己的情绪
   C 温和地表达意见　　　　　D 听音乐转移愤怒

三、书　写

第101题：缩写。

（1）仔细阅读下面这篇文章，时间为10分钟，阅读时不能抄写、记录。
（2）10分钟后，监考收回阅读材料，请你将这篇文章缩写成一篇短文，
　　　时间为35分钟。
（3）标题自拟。只需复述文章内容，不需加入自己的观点。
（4）字数为400左右。
（5）请把作文直接写在答题卡上。

　　她是个安静的女孩，最大的理想就是有一个属于自己的大房子，可以在里面呼呼大睡，而不用担心妈妈揪着耳朵叫自己上学。她总幻想自己的人生能平平稳稳，衣食无忧，平淡快乐。

　　然而，现实总是很轻易地就将每个人美丽温暖的梦击碎。上大学之后，不仅愿望没有实现，而且她还陷入了抑郁的情绪里。枯燥的课程、迷茫的未来、无聊的社交活动，都让她感到压抑。内向的她渐渐明白了要想实现自己的理想，就必须在生活中努力奋斗，出人头地。于是，她开始拼命地学习功课，把大部分的时间都放在了学业上；她积极参加校园内外的各种活动，很用心地想融入别人的圈子里。

　　可渐渐地，她发现自己无论怎样努力，功课永远都不是最好的，与此同时，内向的自己也在社交中显得木讷，不善表达。她失望地发现，原来自己真的不是特别出色，平凡的自己似乎毫无成功的资本。平庸的生活带来了无穷的苦闷，没有关注，没有鲜花，没有掌声，找不到自己存在的价值。有很长一段时间，她心甘情愿地随波逐流，她觉得自己这样的人很难和成功沾上边了，渐渐死了心。

　　既然没办法在人群中崭露头角，她反倒不再那么急功近利了。那段时间里，她默默地体验了焦虑、压抑、苦闷的种种情绪，也学会了与这些负面情绪和平共处。每个平凡的生命，都要经历这种苦闷的压力，想到这些，她反而变得淡然了许多。既然现实无法改变，她便尝试着改变心情，努力在苦闷中学会快乐，在平庸中发现惊喜。渐渐地，她发现其实身边有很多好玩有趣的人和事，尤其是很多人的搞怪表情和乐观心态，深深触动了她的心灵。她开始尝试着将这些人的表情和有趣的生活状态揉到一起，创作出娱乐自己的卡通图片。

让她没想到的是，这些卡通图片竟然引起了身边人的注意，并且大受欢迎。同学朋友们纷纷转载她的图片，在极短的时间里，她设计的那只可爱搞怪、表情丰富的小兔子在网络上迅速红了起来，成了网虫们最喜欢的表情人物，下载量连创记录。

这个创造了"兔斯基"系列图片的女孩叫王卯卯，今年刚刚21岁，是北京一所高校动画系的学生。这个平凡女孩的成功，让人不得不深思：每个人的生命中都有一段不被认可、不被重视，找不到未来发展方向的生活。每个人都体会着平凡带来的苦闷和压抑。面对这种心灵的煎熬，我们应该如何面对？是沉沦消极，还是淡然接受？用王卯卯的话说："那种苦闷压抑的生活让我喘不过气来，如果我不是在苦闷中学会让自己愉快起来，我早被自己的压抑压垮了，根本就谈不上成功。"

在苦闷中学会愉快，不仅宣泄了现实压抑下的苦闷，而且还能让你在平和的心态中开拓未来。凡有蓝天处，必有阳光；凡有成功处，就必有笑对苦闷人生的智慧！

新 汉 语 水 平 考 试
HSK（六级）
全真模拟试题
（第 5 套）

一、**HSK**（六级）分三部分：

    1.听力（50 题，约 35 分钟）

    2.阅读（50 题，50 分钟）

    3.书写（1 题，45 分钟）

三、全部考试约 140 分钟（含考生填写个人信息时间 5 分钟）。

中国　北京   ×××× / ×××××× 　编制

一、听　力

第 一 部 分

第1—15题：请选出与所听内容一致的一项。

1. **A** 两个裁缝互相竞争
   B 两个裁缝彼此欣赏
   C 两个裁缝技术出色
   D 两个裁缝很有志气

2. **A** 台湾气候出现异常
   B 台湾夏天十分凉快
   C 台湾冬天比较温暖
   D 台湾有时候会下雪

3. **A** 双重国籍是很难拥有的
   B 双重国籍的人旅游便利
   C 双重国籍也会带来麻烦
   D 双重国籍被认为是背叛

4. **A** 二线城市人才素质高
   B 人才流动出现新情况
   C 媒体都批评这种行为
   D 城市的特点非常鲜明

5. **A** 家长对课程的费用不满
   B 学生对武术课没有兴趣
   C 体育课能提高学生智力
   D 学校没考虑学生的需要

6. **A** 橘子皮可以预防晕车
   B 忙碌时应该多吃水果
   C 坐车会让鼻子不舒服
   D 水果皮可以作为食物

7. **A** 种树是很有乐趣的活动
   B 大家可以捐款建立公园
   C 应该千方百计保护雨林
   D 必须抵制那些木材公司

8. **A** 发生了一起交通事故
   B 负责人发了很大的火
   C 事故原因已调查清楚
   D 爆炸没造成人员伤亡

9. **A** 它的面积世界第一
   B 它的风景非常迷人
   C 它没有任何的湖泊
   D 它的居民数量很多

10. **A** 父亲买的梨很小
    B 孔融不喜欢吃梨
    C 孔融很尊重长辈
    D 父亲不理解孔融

11. **A** 传统房屋一般只有一间
    B 主人应该住在主屋楼上
    C 主屋给有权威的客人住
    D "房东"的意思是主人

12. **A** 地铁是最便利的交通工具
    B 谈恋爱的人最喜欢坐地铁
    C 地铁常发生让人意外的事
    D 某些爱情电影与地铁相关

13. **A** 扬州有很多古老的俗语

    B 扬州人晚上常常去茶楼

    C 扬州的春天景色很美丽

    D 扬州有些茶楼生意兴旺

14. **A** 与保姆相处需要技巧

    B 找到一位好保姆很难

    C 保姆要有分辨的能力

    D 保姆有助于家庭和睦

15. **A** "一帆风顺"表示祝福

    B 模型是非常好的礼物

    C 人们希望船顺风航行

    D 工作中总会遇到阻碍

第 二 部 分

第 16—30 题：请选出正确答案。

16. A 只有语文、数学和外语
    B 不同的城市要求不一样
    C 由国家教育部统一出题
    D 由各招生院校自主出题

17. A 2 月和 3 月
    B 2 月和 7 月
    C 3 月和 7 月
    D 7 月和 9 月

18. A 考试成绩合格就可获得
    B 论文成绩合格就可获得
    C 得到国家教育部的承认
    D 证书号码在网上查不到

19. A 大部分时间还是课堂教学
    B 全部通过网络来进行教学
    C 网络教学和课堂教学结合
    D 有老师随时解答学生疑问

20. A 扩大其影响力
    B 提高教学质量
    C 缩短教学时间
    D 增加招生名额

21. A 演员
    B 导演
    C 主持人
    D 运动员

22. A 是关于运动员的
    B 全都是年轻演员
    C 已经拍摄完毕了
    D 男主角性格鲜明

23. A 简单而有趣
    B 纯洁而感人
    C 细致而深刻
    D 优美而精致

24. A 出门时经常步行
    B 不用一次性筷子
    C 帮朋友买环保袋
    D 很少坐飞机出门

25. A 电视台工作人员
    B 所有参赛运动员
    C 广州的电视观众
    D 和她拍戏的演员

26. A 需要大量资金
    B 将来很有潜力
    C 前景还不明确
    D 已经获得利润

27. A 有些网站的规模很大
    B 有一百万家企业想用
    C 大部分企业将会使用
    D 能吸引外国企业投资

28. **A** 网络、音乐、电影
    B 游戏、动画、电影
    C 动画、小说、美术
    D 金融、游戏、漫画

29. **A** 三年后
    B 四年后
    C 八年后
    D 十四年后

30. **A** 模仿可以迅速获得成功
    B 先积累经验再进行模仿
    C 要在模仿的基础上创新
    D 模仿是创新最大的障碍

第 31—50 题：请选出正确答案。

31. A 石头、沙子、水
    B 石头、沙子、土
    C 石头、贝壳、酒精
    D 稻谷、油、水

32. A 最珍贵的东西
    B 比较重要的事
    C 一些日常小事
    D 不愉快的情绪

33. A 装满杯子可以有多种方式
    B 如何去解决生活中的问题
    C 人生必须要实现一些目标
    D 别让烦恼和忧郁占据生活

34. A 非常新鲜
    B 让人沮丧
    C 极为迷人
    D 比较通俗

35. A 没有人为他做饭
    B 他没有钱买肉吃
    C 典礼让他很疲劳
    D 他专心研究音乐

36. A 勤奋好学
    B 勤俭节约
    C 沉着冷静
    D 慷慨大方

37. A 去海边钓鱼
    B 把鱼都吃了
    C 请别人吃鱼
    D 跟老人回家

38. A 安居乐业
    B 娶妻生子
    C 建造船只
    D 自力更生

39. A 不可不择手段
    B 不要只顾眼前
    C 不应放弃希望
    D 不能知足常乐

40. A 不讲礼貌
    B 考试作弊
    C 浪费食物
    D 欺负别人

41. A 无奈
    B 恼火
    C 慌张
    D 惊讶

42. A 跟孩子好好谈心
    B 动手打孩子几下
    C 两顿饭不给孩子吃
    D 代替孩子接受惩罚

43. A 有 1500 多年的历史了
    B 颜色只有金色和银色
    C 像天上的云一样柔软
    D 价格昂贵得令人吃惊

44. A 北京、成都、苏州、广州
    B 西安、上海、杭州、广州
    C 南京、成都、苏州、广西
    D 北京、上海、杭州、广西

45. A 很多人
    B 十个人
    C 两个人
    D 一个人

46. A 不太实用
    B 非常神秘
    C 十分美丽
    D 极其珍贵

47. A 10%
    B 50%
    C 90%
    D 100%

48. A 带有很多病毒
    B 是非常微小的
    C 永远不会离开
    D 洗脸时能洗掉

49. A 饮食过度时
    B 不常刷牙时
    C 身体疼痛时
    D 压力变大时

50. A 要跟别人友好地相处
    B 不断对身体进行调节
    C 要努力保持心态平衡
    D 在良好的环境中生活

二、阅 读

第 一 部 分

第51—60题：请选出有语病的一项。

51. A 在强降雨来临前，堤坝维修工作尚未结束。
    B 这些记录着残酷真相的照片颤抖了观众的心灵。
    C 现在有请电子产品联合会副会长兼秘书长张为民先生致辞。
    D 只要不给人造成压抑感，走廊上部的空间也是可以利用起来的。

52. A 海滨有一排排殖民地风格的小木屋。
    B 有人认为，将中药的药渣倒在路上可以将病人的疾病带走。
    C 吉他的形状与提琴相似，通常有六根弦，也被称为"六弦琴"。
    D 各大媒体的时尚编辑非常见多识广，对奢侈品牌非常熟悉。

53. A 这位新教练独裁的作风令广大球迷深感不满。
    B 遭遇旱灾后的村民正积极为牲畜准备过冬的草料。
    C 电影节主席表示，他们将本着节约，办一届精彩的电影节。
    D 粗纤维有助于促进胃肠运动，促进消化，对健康大有好处，应该多吃。

54. A 经济学家在投资方面也不见得比其他人极其高明。
    B 经过高温烘烤的糕点食品仍然有可能发生腐败变质问题。
    C 一些商店和超市发放的各类广告传单最后都成为被丢弃的垃圾。
    D 一些食品常与赠品捆绑销售，这种促销活动会吸引不少消费者。

55. A 人们常用"不爱红妆爱武装"这句话来形容女兵。
    B 在以豆油为主的食用油市场出现涨价的情况是暂且的。
    C 车尾加装一个摄像头，通过导航屏幕可以观察后方情况。
    D 一旦主力队员集体转会，我省的男篮俱乐部很可能会就此解体。

56. A 商品本身是没有生命的，但赋予其文化内涵就等于赋予其生命。
    B 由于煤炭价格过高和电网公司的盲目扩张造成严重亏损和各方批评。
    C 各界一直对这位优秀的球员存在一定的偏见，对他缺乏理解和尊重。
    D 那个工地在拆除楼体的过程中常有砖瓦掉落到人行道上，给路人带来了危险。

57. A 腹泻是生活中的常见病，秋季尤其容易发生腹泻。
    B 是理想让他生出了双翼，从而在艺术的天空中自由地飞翔。
    C 他是我爬山的向导，属于我寻找已久的、最喜欢的那一类男人。
    D 面对挫折，我们也只有振兴精神去积极面对，因为生活总要继续。

58. A 法律规定，用工单位不得以任何形式向员工收取保证金、押金。
    B 如果认为人的行为都是把个人利益左右的，就会失去应有的道德判断。
    C 为防止发生安全事故，地方海事处采取措施对 12 条长江支流进行全面禁航。
    D 位于湖南省的里耶国家考古遗址公园在一派庄重热烈的气氛中正式向公众开放。

59. A 年轻人朝气蓬勃，就好像早晨八九点钟的太阳。
    B 虎尾兰的叶片挺直肥厚，表面浅绿色，有深绿色如云状的横向斑纹。
    C 随着水库工程建设进入收尾阶段，六个移民安置点的建设也正在加紧进行。
    D 即使传统艺术界依旧排斥漫画，这些年轻的漫画艺术家们也愿意放弃自己的理想。

60. A 在受困群众被成功营救后，副省长眼含热泪，向参与救援的人员深深地鞠了一躬。
    B 普通的投资人也应该采取相应的投资措施，以防止通货膨胀消耗掉自己的财富。
    C 一群游泳爱好者参加了太湖游泳挑战赛，经过几小时的艰难拼搏，选手们全部游泳完了10公里。
    D 为了尽快解决水利建设中用水效率低、布局不合理等问题，高效灌溉技术研究项目昨日在我省启动。

第 61—70 题：选词填空。

61. 有一种鸟能飞越太平洋，_____的却只是一小段树枝。它飞行时把树枝
叼在嘴里，累了就把树枝放在水上，站在上面休息，直至_____对岸。
想成功的人，不妨把这种鸟儿当作学习的_____。

    A 凭着   到达   模样   **B** 根据   达到   对象
    C 依靠   抵达   榜样   **D** 依据   达成   对方

62. 实验人员把一只昆虫放在玻璃瓶中，然后盖上盖子。开始时，昆虫在瓶子
里不停地_____，每次都撞到盖子。数次之后，它不再撞到盖子了。实
验人员拿掉盖子后_____如此，因为昆虫已经_____了跳的高度，并
且习惯于这个高度了。

    A 奔波   大致   变迁   **B** 俯仰   时常   更新
    C 飞跃   几乎   调动   **D** 跳跃   依旧   调节

63. 农历九月初九的重阳节据说_____于汉代，一个姓贾的宫女出宫后将皇
家举行宴会、欣赏菊花等风俗传入_____。现在人们在重阳节时会
_____各种民俗活动，如登高、赏菊等。

    A 来源   世界   开发   **B** 起源   民间   开展
    C 出身   社会   开辟   **D** 诞生   人间   开拓

64. 轻松的状态应该是人们所_____的，但是有人出现了这样的_____：
因为习惯了时刻都要找事情来做，一旦没了压力，内心会觉得非常
_____，对什么事都感觉不起劲，这说明他已经对压力_____了！

    A 渴望   症状   茫然   上瘾
    B 盼望   形状   安详   赞同
    C 等待   状况   诧异   反思
    D 期待   状态   空虚   抵制

65. 有的人平时很_____，但是一开车，就控制不住自己的脾气，_____地发出抱怨，不是_____别人开车技术差，就是在遇到红灯时破口大骂。专家将这种一开车就变得_____的情况称为"路怒症"。

A 保守　　屡次　　贬低　　残忍
B 风趣　　公然　　嘲笑　　焦急
C 急躁　　不时　　敌视　　啰唆
D 文雅　　频繁　　指责　　粗鲁

66. 休斯敦火箭队的队员们近日在当地为一名老妇人_____房屋。经过努力，一座_____的房屋出现在大家面前。球员姚明负责为房屋刷油漆，他的态度_____，一点儿也不马虎。球迷们特地送上冰水表示_____。

A 修复　　美观　　从容不迫　　尊重
B 保护　　宏伟　　理直气壮　　崇拜
C 维修　　崭新　　一丝不苟　　慰问
D 维护　　新颖　　小心翼翼　　爱戴

67. 大学毕业后我在电视台、广告公司、出版社等许多地方待过，在不同的_____上积累了丰富的经验。我并不打算停下脚步，下个月我就要_____去宁夏支教了，支教结束后就回母校读研。朋友说我太喜欢_____了，但是我觉得谁的生活都没我这么_____！

A 位置　　动员　　寻觅　　快活
B 岗位　　动身　　折腾　　充实
C 处境　　移动　　拼搏　　丰富
D 阶层　　转移　　奉献　　忙碌

68. "闪婚"指在极短时间内从相识到结婚。因为_____的时间很短，所以生活是否会和谐，婚姻是否会_____，可能双方都没有太大的_____。"闪婚"多数是头脑发热、一时冲动的结果，所以这几乎就像是一场_____。

A 会晤　　美好　　动力　　表演
B 约会　　美妙　　顾虑　　事故

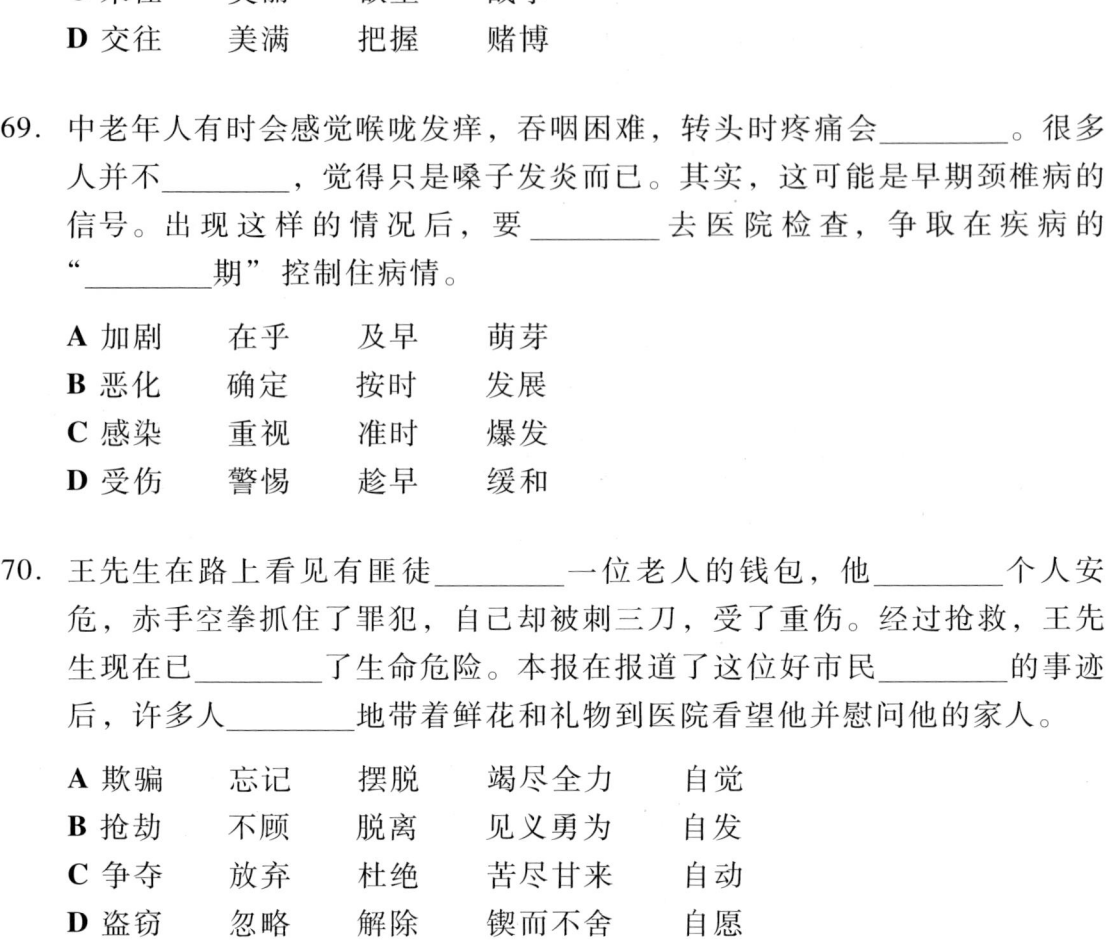

C 来往　　美丽　　欲望　　战争

D 交往　　美满　　把握　　赌博

69. 中老年人有时会感觉喉咙发痒，吞咽困难，转头时疼痛会_____。很多人并不_____，觉得只是嗓子发炎而已。其实，这可能是早期颈椎病的信号。出现这样的情况后，要_____去医院检查，争取在疾病的"_____期"控制住病情。

  A 加剧　　在乎　　及早　　萌芽

  B 恶化　　确定　　按时　　发展

  C 感染　　重视　　准时　　爆发

  D 受伤　　警惕　　趁早　　缓和

70. 王先生在路上看见有匪徒_____一位老人的钱包，他_____个人安危，赤手空拳抓住了罪犯，自己却被刺三刀，受了重伤。经过抢救，王先生现在已_____了生命危险。本报在报道了这位好市民_____的事迹后，许多人_____地带着鲜花和礼物到医院看望他并慰问他的家人。

  A 欺骗　　忘记　　摆脱　　竭尽全力　　自觉

  B 抢劫　　不顾　　脱离　　见义勇为　　自发

  C 争夺　　放弃　　杜绝　　苦尽甘来　　自动

  D 盗窃　　忽略　　解除　　锲而不舍　　自愿

第 三 部 分

第71—80题：选句填空。

71—75.

一只小老鼠认为自己很渺小，所以非常自卑，总是羡慕别人。有一天，它看到放射着万丈光芒的太阳，(71)＿＿＿＿＿＿＿＿＿。太阳对他说："你别羡慕我了，等乌云出来，你就看不见我了。"过了一会儿，乌云出来了，遮住了太阳。小老鼠又忍不住赞美起乌云。乌云说："(72)＿＿＿＿＿＿＿＿＿。"一阵狂风吹过，云消雾散。小老鼠又情不自禁地赞美起风来，风却说："你看前面那堵墙，我都吹不过去呀！"小老鼠爬到墙上，充满崇拜地告诉墙说，它才是世界上最伟大的。墙说："(73)＿＿＿＿＿＿＿＿＿，所以你自己更伟大啊！"

可见，在这个世界上，每个人都是独一无二的。如果你能认识到自己的长处，就会给你的生命增值；反之，如果你只能看到自己的短处，就会使你的人生贬值。所以我们应该摆脱自卑，增加自信，(74)＿＿＿＿＿＿＿＿＿。不要一看见别人成功的一面，就轻易地否定自己。其实，忽略自己的能力与优点就是忽视自己的优势，(75)＿＿＿＿＿＿＿＿＿。

A 正确评估自己的价值

B 这样就会丧失成功的机会

C 便衷心地赞美太阳的伟大

D 你能站在我的肩膀上

E 风一来你才明白谁最厉害

做同样的事，所费的时间差别可能很大：你可以在 15 分钟内看完一份报纸，也可以看上半天；你一天可以干十件事，（76）＿＿＿＿＿＿＿；你的论文规定五个月内完成，但是前三个月你的效率可能很低；你做了个一年计划，但半年过去了，这事儿你早已丢到了脑后……

时间久了，大家都容忍了这个奇怪的现象：（77）＿＿＿＿＿＿＿，可是你依旧无法第一时间完成它，相反，似乎只有快到最后期限时，你才有动力去做。"时间管理"说的就是要学会权衡轻重缓急，你最先做的应该是既重要又紧急的事，如准时完成工作、去银行还贷款等；（78）＿＿＿＿＿＿＿，比如购物、去某地会朋友等；然后是紧急但不重要的事，如临时要做的事；最后才是既不紧急又不重要的事，如闲谈、看电视等。

所以，当你总觉得事太多而时间不够时，当你总觉得忙碌疲惫却还完不成工作时，（79）＿＿＿＿＿＿＿：是真的事情太多，还是你积压了太多？如果真的很多，那没办法，一件一件地完成就行了；如果是自己不善管理时间而造成的，（80）＿＿＿＿＿＿＿，因为时间是你最宝贵的财富之一，浪费时间就是浪费你自己的生命。

A 明明知道这件事特别重要

B 接着再做重要但不紧急的事

C 那就赶快开始改造自己吧

D 也可以敷衍地只干一件事

E 应该整理一下自己的思绪

第 四 部 分

第81—100题：请选出正确答案。

81—84.

委婉语是一种语言现象，是人们在一定的场合用来交际的重要方式。在中国，由于传统哲学讲究的是"中庸和谐"，因此汉语中也存在着大量的委婉语，即人们通常采取一种比较容易让人接受的语言形式，尽量去避免使用会引起双方不快或损害双方关系的语言。汉语委婉语主要采取同义词代替的方式，在正式场合与非正式场合都经常使用。其实，委婉语也是一种社会文化现象，它表现在人们日常生活的方方面面，反映了广泛的社会现象或群众心理，关系到忌讳问题、礼貌问题等。像"死亡"这个词就有许多的委婉语，比如"长眠""安息""作古"等。

而反语呢？就是说反话。也就是使用与原来意思相反的语句来表达本意，有的是表达一种强烈的讽刺挖苦的意思，有的则使语言活泼幽默、轻松愉快。无论是表达讽刺挖苦还是幽默轻松，用反语都比正规说法具有更强烈的感情色彩。比如，上司给了你一项任务，但在规定的期限内你只完成了不到一半，上司就很无奈地感叹道："你的效率太高了！"一句看似夸奖的话，实际上间接含有的讽刺效果并不比直接讽刺差多少。再如，某人起来晚了，别人说他："你这个勤快人这么早就起来了？"这显然也是反语，这样说可能比直接批评更让人难为情呢！

81. 使用委婉语的目的是：
   A 让语言更容易理解　　　　B 避免使人感觉不快
   C 表达更丰富的感情　　　　D 体现更多文化特色

82. 关于委婉语，可以知道的是：
   A 是古代流传下来的　　　　B 常在正式场合使用
   C 大部分是表示贬义　　　　D 使用范围相当广泛

83. 使用反语可以：

A 加强语言效果　　　　　B 显得比较严肃

C 不让别人尴尬　　　　　D 感觉更加亲热

84. 本文中"你的效率太高了"的真实意思是：

A 你的效率很惊人　　　　B 你的效率比较高

C 你的效率很一般　　　　D 你的效率太低了

85—88.

每次晨练的时候，我总会经过一片荒地。半个月之前，那片荒地上突然搭起了数排工棚，听说是要建一个高层居民小区。只要出去得早，我在半路上总会遇见一对中年夫妻，男的身材壮实，肤色黝黑；女的身形瘦小，坐在一辆很破旧的轮椅上。我能够猜出那个男子是来自附近那个工地的，但令我感到疑惑的是，他为什么要在每天清晨推着残疾的女子来这里呢？

过了一阵子，我和他们熟悉了，他们讲述了自己的故事。原来，在儿子刚上小学那年，他的妻子突然患了重病，丧失了行走的能力，医生说是小脑病变，几乎没有完全恢复的可能。因此，丈夫辞了职，专心在家照顾妻子，但是时间一长，他们之前储蓄的钱都花光了，于是，丈夫决定到城市打工。在这之后的十多年里，丈夫带着妻子走过了一个又一个工地、一座又一座城市。他工作很忙，因此只能在清晨带妻子来散步。

我问他们："儿子怎么办呢？"那位妻子的眼睛湿润了："明年他就大学毕业了，他很懂事，跟我们说等他找到工作以后，一定好好照顾我们，让我们回家乡享清福。"丈夫也点点头说："等儿子有出息了，我们就一起回家。"

他们的语调都非常平淡，可是，我的眼泪却不禁落了下来。我衷心地祝福这一家人能够早日团圆，共享天伦之乐。

85. 关于丈夫，可以知道的是：
    A 他的身体有残疾　　　　　　B 他是个建筑工人
    C 他住在这个小区　　　　　　D 他习惯早上锻炼

86. 知道妻子生病后，丈夫：
    A 感到痛苦万分　　　　　　　B 对病情很绝望
    C 拼命工作赚钱　　　　　　　D 耐心照顾妻子

87. 钱花光后，丈夫决定：
    A 带着妻子去打工　　　　　　B 独自去外地打工
    C 让儿子找个工作　　　　　　D 让妻子加强锻炼

88. 最后一段画线词语"天伦之乐"的意思是：
    A 事业成功的快乐　　　　　　B 家庭生活的乐趣
    C 恢复健康的喜悦　　　　　　D 朋友之间的友爱

89—92.

赵奢是赵国著名的将军，为赵国立过不少战功。赵奢的儿子赵括从小读了不少兵书，谈起用兵的策略总是滔滔不绝，连父亲都说不过他。于是，赵括变得盲目自信，觉得自己是了不起的军事家了，天下无敌。赵奢却非常了解儿子的弱点，那就是只知道理论知识，却缺乏实战经验。他对亲友说："赵括如果被重用，可能会造成非常严重的后果。"

有一年，秦国对赵国发动战争，赵国派老将军廉颇率领军队迎战。廉颇并不急于求成，他命令军队驻扎在城里，不要主动出战，这样做既可以保存实力，又可以令秦军难以维持下去。果然，秦军经不住这样拖延时间，他们的粮草供给越来越困难。秦国的将军十分担心，于是就派人悄悄进入赵国散布谣言说："廉颇将军太老了，胆子也变小了，都不敢出战，秦军才不怕他呢！秦军现在最怕的是赵括担任将军。"

赵王正在为廉颇在军事上毫无进展而闷闷不乐，听到外面的传言，觉得很有道理，就撤销了廉颇的职务，派赵括为大将军，率领军队出战。赵括的母亲记得丈夫生前的嘱咐，再三地劝说赵王，希望他改变决定，可是赵王最终还是用赵括代替了廉颇。赵括一到前线，便开始胡乱指挥起来。他完全改变了廉颇的策略，大量地撤换军官，闹得士兵和军官个个人心不安。

秦军当然巴不得赵军出现这些问题，一天深夜，秦军派一支队伍进攻赵军的军营，刚开战没多久，便假装战败逃走。赵括缺乏经验，还以为秦军真的是逃走了。他得意地想，胜利就在眼前，这正是自我表现的时候，于是他命令军队在后面追赶。结果，躲藏在路旁的秦军一齐杀出，将赵军团团围住。赵军被秦军围困了40多天，粮食很快吃光，赵括满肚子的兵法也不知如何施展，便仓促地率领军队突围。可是秦军把他们围得死死的，哪里跑得出去呢？最后，赵括被箭射死，40万赵军死了大半，活着的也都被俘虏了。从此以后，赵国的国力大受影响。

89. 父亲赵奢对儿子赵括：
    A 非常欣赏   **B** 很不信任
    C 极为爱护   **D** 不加理睬

90. 面对秦军，老将军廉颇：
    A 内心感到胆怯   **B** 精神压力很大
    C 心情非常沉重   **D** 态度十分沉着

91. 赵王任命赵括为将军是因为：
    A 赵奢向他推荐了赵括   **B** 他的妻子对赵括很欣赏
    C 他听信了秦军的谣言   **D** 他了解赵括的指挥能力

92. 这场战争的结局是：
    A 秦军大胜   **B** 赵军逃走
    C 赵国灭亡   **D** 两国和解

"海派清口"是一种带有浓厚地方特色的单人表演形式，其语言基本上是上海话，内容主要涉及社会热点、焦点问题。它从上海本地的单口滑稽表演、北京单口相声和香港"栋笃笑"等曲艺表演形式中汲取了各种元素，继承了传统喜剧表演说、学、做、唱的风格，以轻松的表现形式传播快乐的思维方式和幽默的人生态度。著名学者余秋雨先生曾把周立波的海派清口和自己的散文做比较，认为它们都有"形散神不散"的特点。

"海派清口"要表达出演员自己对社会问题的理解，因此表演者需要积累一定的人生阅历，要具备一定的思想深度。这一艺术形式的创始人是周立波。周立波 1967 年出生在上海，他早在上世纪 80 年代就是红遍上海的"小滑稽"。虽然后来离开了剧团，进入了商界，但是他对舞台始终非常怀念。2006 年，他重新回到舞台，开始了"海派清口"表演。

周立波的表演事先不排练，也没有剧本，全靠每天三个小时从报纸和网络上得到的信息。他说："我每天大量阅读，然后随时随地记录下自己的灵感，我总是随身带一个本子，一旦想到什么'绝妙好词'，就赶紧把它们记下来。"周立波的表演能与时代流行的节奏同步，表演的内容是大量阅读之后得出的精华，凝聚了他的思考与心血。

周立波认为，对表演者来说，最关键的问题是必须不断创新，他说："观众不需要你说出他已知的东西，很多喜剧演员同一个段子一说三十年，而我的段子每一季都不一样。在互联网时代，做海派清口的演出很难，让自己的表演一直受欢迎就更难了。不出新，不改进，观众是不会买账的。"常换常新，使内容更接近生活、观众和时代，这样的表演理所当然会吸引观众。

另外，突破传统也是"海派清口"不仅为上海人所喜爱，也被其他地区的人们逐渐接受的原因。周立波认为，传统喜剧常常错把"庸俗"当作"亲民"，不惜以丑化自己去娱乐观众，这不但贬低了喜剧表演，而且也不尊重观众的智慧。"胡闹，从来就不是喜剧的主题。"

93. "海派清口"的表演形式是：
    A 单人的幽默表演　　　　　　 B 说各种方言的表演
    C 双人的喜剧表演　　　　　　 D 在互联网上的表演

94. 周立波的表演内容主要是关于：
    A 传统文化　　　　　　　　　 B 家庭矛盾
    C 流行音乐　　　　　　　　　 D 社会热点

95. 周立波认为，对表演者来说，最重要的是：
    A 诚恳　　　 B 文雅　　　 C 创新　　　 D 操练

96. 周立波认为传统喜剧的问题是：
    A 内容庸俗　　　　　　　　　 B 观念陈旧
    C 形式单调　　　　　　　　　 D 表演随意

97—100.

工作压力过大、生活节奏太快，导致部分白领身心疲惫，特别是记忆力减退。在日前由神经专科委员会等主办的"传播脑科学，倡导脑健康"主题活动上，专家对现代白领因为竞争激烈而影响"脑健康"的现状表示了担忧。

一位 40 出头的黄女士因为工作压力大，生活节奏快，自我要求高，大脑长时间处于高速运行的状态。黄女士白天常觉得头昏，脾气也变得急躁，到了晚上又常常失眠，好不容易睡着了，还一直多梦，结果整天睡眠不足，身心俱疲，记忆力急剧下降，经常是话刚到嘴边就忘了，做事情也常常丢三拉四。直到症状极为严重，已经影响到工作效率和心理健康时，她才求助于医生。

年仅 27 岁的张先生，工作仅一年，就突发脑出血住院治疗。好在公司帮他支付了大量的医疗费，并在之后不断地采取措施以保证治疗的顺利进行，但那位张先生之后的生活和工作能力就可想而知了。

中山医院副院长、神经内科主任汪教授说，很多白领生活在一种紧张的氛围中，比如说午饭后的一点点空闲都不放过，常将之视为正常工作时间。工作之余，主动放弃休息加班加点的人为数也不少。如果他们心理承受能力较强，能够及时调整心态，排解掉压力，就不会"积劳成疾"。反之，精神压力长时间存在，大脑过于疲劳，大脑细胞对氧气和营养无法及时进行补充，就会使内分泌紊乱，交感神经系统兴奋过度，植物神经系统失调，导致脑疲劳，从而引起全身的"亚健康"症状，也就是处于健康与疾病之间的边缘状态，也称"疲劳综合征"。如果出现记忆力下降，白领们往往认为是自己太忙碌造成的，一般并不予以重视，但是记忆力下降很可能就是身体处于"亚健康"状态的信号。很多白领直到症状越来越严重，甚至影响到工作效率时，不得已才到神经科就诊。但是此时不少白领已经患上了慢性疲劳综合征、神经系统紊乱等疾病，病情一旦继续恶化，就可能造成脑出血。

汪教授建议白领平时不管工作多忙，都要注意劳逸结合，紧张舒缓有度。此外，在饮食上，专家还提倡多吃点儿蔬菜，增加鱼类等优质蛋白的摄取。同时，还要不断学习并多进行社交活动等，这些做法都有助于促进"脑健康"。

97. 黄女士得病的原因是：
   A 脾气一直很急躁　　　　　B 家庭生活很不幸
   C 与同事关系恶劣　　　　　D 工作的压力太大

98. 关于张先生，可以知道什么？
   A 他的病情不太严重　　　　B 公司一直尽力帮他治疗
   C 身体已经完全恢复　　　　D 自己支付了大笔医药费

99. "亚健康"的意思是，身体处于：
   A 非常完美的健康状态　　　B 对健康过于小心的状态
   C 非常严重的疾病状态　　　D 健康与生病之间的状态

100. 当刚出现记忆力下降的情况时，大部分人会：
   A 马上调整工作节奏　　　　B 忽略自己的病情
   C 向神经科医生求助　　　　D 从食物中摄取营养

三、书　写

第 101 题：缩写。

（1）仔细阅读下面这篇文章，时间为 10 分钟，阅读时不能抄写、记录。
（2）10 分钟后，监考收回阅读材料，请你将这篇文章缩写成一篇短文，
　　　时间为 35 分钟。
（3）标题自拟。只需复述文章内容，不需加入自己的观点。
（4）字数为 400 左右。
（5）请把作文直接写在答题卡上。

在一个医院的病房里，母亲凝视着她那患了重病而即将面临手术的儿子，内心充满了忧虑。就像其他为人父母者一样，她希望儿子能健康长大，实现所有的梦想。看着儿子因为疾病而痛苦的表情，母亲暗暗下决心，一定要想办法安慰他，一定要在手术前实现儿子的一个梦想。

她握着儿子的手问道："小西，你有什么梦想吗？""妈妈，我希望能当一名消防队员，但是，我身体不好，可能考不上。"母亲微笑着说："让我来想想办法，看能不能让你的愿望成真。"当天下午，她去了小城的消防队，找到了消防队队长刘安。这位母亲向他说明了儿子的心愿，并问是否能让他坐上消防车在街上转几圈。刘安爽快地说："我们很愿意这样做。哦，不只是这样，我们还可以做得更多。如果你能在下个星期一早上七点把你儿子带到这里来，我们会让他当一整天的荣誉消防队员。他可以到消防队来，和我们一起吃饭，一起出勤。对了，请你把他的尺寸给我，我们还可以帮他订做一套真正的消防员制服，还有一顶真的防火帽，不是玩具帽，上面会有我们消防队的徽章，印着我们穿的黄色防水衣和橡胶靴。这些东西都是在本市制造的，所以可以很快拿到。"

三天后，消防队长刘安来到医院，帮小西穿上消防制服，护送他从医院的病床来到消防车上。小西坐在车子后面，刘安带着他回到了消防队，小西高兴得仿佛置身于天堂。当天小城有三起火警，小西每次都得出任务。他乘坐了不同的消防车，还有救护车，甚至还坐了一下消防队长的车。他还接受了记者的采访，为当地的新闻节目拍了录影带。

小西的心情好多了，他的脸上重新出现了天真快乐的笑容。他对妈妈说："妈妈，我一定会加油的，等我病好了以后一定要当消防员！"小西的手术成

功了，当他苏醒过来，妈妈打电话把这个好消息告诉了队长。队长说："我们几个人明天休假，我们想为小西做点儿什么。明天下午三点钟，请你打开他房间的窗户，谢谢！"

第二天，当妈妈如约打开病房的窗户时，一辆消防车抵达医院，一架云梯伸到了三楼小西的窗前，四位男消防队员和两位女消防队员爬上云梯进入了小西的房间。经过小西母亲的同意，他们拥抱他、握他的手。小西看着消防队长说："队长，我现在能算是真正的消防队员吗？""算，当然算！小西，你是我们消防队最好的队员。"队长代表大家送给小西一张荣誉证书，上面写着"我们城市最年轻的消防队员"。

新 汉 语 水 平 考 试
HSK（六级）
全真模拟试题
（第6套）

一、**HSK**（六级）分三部分：

    1. 听力（50 题，约 35 分钟）

    2. 阅读（50 题，50 分钟）

    3. 书写（1 题，45 分钟）

三、全部考试约 140 分钟（含考生填写个人信息时间 5 分钟）。

中国　北京　　　　　　　　××××/×××××× 编制

一、听　力

第　一　部　分

第1—15题：请选出与所听内容一致的一项。

1. A 父亲讽刺了儿子
   B 父亲给儿子送车
   C 儿子瞧不起穷人
   D 儿子买了豪华车

2. A 下大雨之后会形成沼泽
   B 沼泽里的植物都可入药
   C 沼泽有利于鸟类的繁殖
   D 人们应该保护沼泽环境

3. A 饭后半小时喝茶不影响健康
   B 边吃饭边喝茶影响营养吸收
   C 喝茶可以很好地补充铁元素
   D 饭后喝茶是中国的传统礼节

4. A 这群人追求豪华的生活
   B 这群人更重视精神乐趣
   C 这群人消费时非常吝啬
   D 这群人有着特殊的经历

5. A 这个学生对环保有兴趣
   B 老师很赞同学生的想法
   C 教师是非常高尚的职业
   D 对成功的理解不应狭隘

6. A 皮肤不应长期暴露在阳光下
   B 坐在窗户边有利于保养皮肤
   C 人出门时必须注意防止晒伤
   D 长出皱纹会使人看起来衰老

7. A 人们自己做彩色的灯笼
   B 迎花灯的风俗历史悠久
   C 只有汉族人有这个传统
   D 元宵节的活动丰富多彩

8. A 一名男子昨夜迷路了
   B 汽车发生了机械故障
   C 酒后驾车引起了事故
   D 他一共喝了十杯白酒

9. A 这名女子喜欢跟动物交朋友
   B 女子很镇定地用水果喂黑熊
   C 看到危险的动物要马上逃走
   D 扔水果可以转移动物注意力

10. A 男孩很聪明
    B 老板很小气
    C 妈妈很慷慨
    D 糖果很昂贵

11. A 船上的考古资料极其珍贵
    B 考古界并不重视这些发现
    C 船上的文物大部分是丝绸
    D 以往的文献提到过这艘船

12. A 春节时要给长辈压岁钱
    B 压岁钱必须放在卧室里
    C 压岁钱至少要给一百块
    D 压岁钱表示了一种祝福

13. **A** 地铁里面发生了交通事故
    B 地铁故障影响了旅客出行
    C 飞机和火车也发生了晚点
    D 乘客们都改乘汽车离开了

14. **A** 英语专业的课程相当丰富
    B 中国的文史知识非常深奥
    C 应培养学生综合文化素质
    D 大学生的文化知识很贫乏

15. **A** 冬季也应该加强锻炼
    B 冬季洗澡不要太频繁
    C 用较烫的水洗澡舒服
    D 不清洁会使皮肤敏感

第 二 部 分

第 16—30 题：请选出正确答案。

16. A 景、品、城
    B 景、品、人
    C 情、品、人
    D 景、音、人

17. A 颜色更加丰富、耀眼
    B 颜色限于黑白灰三色
    C 颜色有现代主义特点
    D 只使用最自然的颜色

18. A 是画家设计出来的
    B 代表了西班牙传统
    C 用了植物的自然色
    D 颜色明亮而又鲜艳

19. A 非常深奥
    B 十分实用
    C 原理复杂
    D 不受重视

20. A 快餐店一般多用冷色
    B 办公室应主要用暖色
    C 菜肴颜色要比较统一
    D 流行色体现社会心理

21. A 很震惊
    B 很谦逊
    C 很狼狈
    D 很欣慰

22. A 对数字比较敏感
    B 跟下属关系密切
    C 处理问题更果断
    D 有点儿感情用事

23. A 主持人
    B 制片人
    C 公司老板
    D 股票专家

24. A 丈夫在国外工作
    B 事业上遇到挫折
    C 想自己创立公司
    D 希望能开阔视野

25. A 有时候要学会放弃
    B 适当改变思维方式
    C 对成败不要太在乎
    D 对理想要非常坚定

26. A 让人非常痛苦
    B 不应感到畏惧
    C 是客观存在的
    D 是创作的动力

27. A 曾在政府机关工作
    B 曾是国画院的画家
    C 曾长时间失业在家
    D 曾在大学担任教师

28. A 兴趣爱好
    B 人生回顾
    C 生存方式
    D 精神支柱

29. A 进入创作的高峰
    B 按设想从容写作
    C 经常有好的灵感
    D 写作上永不停步

30. A 是男的最新的作品
    B 是男的最喜爱的书
    C 是关于美国当代史的
    D 是一部网络文学作品

第 三 部 分

第 31—50 题：请选出正确答案。

31. A 惊奇
    B 和气
    C 迟疑
    D 冷淡

32. A 他几分钟就解出了这道题
    B 他做什么都没有思想负担
    C 他发现了数学家们的错误
    D 他攻克了一道著名的难题

33. A 发现了事情的真相
    B 受到了老师的指导
    C 没有什么顾虑和恐惧
    D 信心和勇气超过常人

34. A 智商很高
    B 比较自信
    C 很有成就
    D 极有毅力

35. A 半个圆
    B 两个圆
    C 一个完整的圆
    D 一个有缺口的圆

36. A 自己的经营智慧
    B 兢兢业业的态度
    C 职员之间的团结
    D 全公司人的努力

37. A 客人的名单
    B 客人的座位
    C 合适的饭店
    D 请客的预算

38. A 让客人点
    B 让老板点
    C 事先点好
    D 问服务员

39. A 要尽量拒绝点菜
    B 考虑别人的口味
    C 应表现得主动些
    D 最好选择便宜的

40. A 帮人释放压力
    B 让人珍惜现在
    C 使人思维活跃
    D 教人处理危机

41. A 乐趣
    B 刺激
    C 经验
    D 激情

42. A 很虚假的
    B 很可笑的
    C 有威胁的
    D 很安全的

43. A 有当皇帝的野心
    B 对国家非常忠诚
    C 深受大臣们崇敬
    D 脾气非常的古怪

44. A 想知道皇帝的辨别力
    B 看看哪些大臣服从他
    C 展示自己丰富的知识
    D 嘲笑那些地位低的人

45. A 觉得很疑惑
    B 很有正义感
    C 想巴结赵高
    D 心里很胆怯

46. A 不屑一顾
    B 颠倒是非
    C 莫名其妙
    D 轻而易举

47. A 嫉妒
    B 忧郁
    C 愤怒
    D 自卑

48. A 收藏好自己的秘密和隐私
    B 恰到好处地处理人际关系
    C 把所有不良情绪都放进心里
    D 在不同场合扮演不同的角色

49. A 用积极的态度处理问题
    B 想办法获得别人的同情
    C 独立思考之后解决问题
    D 用女性的温柔化解矛盾

50. A 在家人的面前发泄出情绪
    B 比较完美地处理各种家务
    C 展现女性温柔体贴的一面
    D 好好地思考工作上的问题

二、阅 读

第 一 部 分

第 51—60 题：请选出有语病的一项。

51. A 双方经过协商，正式签订了具有法律约束力的备忘录。
    B 本月全省蔬菜价格上涨 51%，较上月增加 25 个百分点。
    C 这个金奖巩固了该系列产品在业界的领先地位和发展前景。
    D 这个民族工业品牌已成为国际名牌，在工程机械市场纵横天下。

52. A 我们应看到不足，同时也要将环保措施继续贯彻下来。
    B 夕阳把天边的云霞、远处的山、近处的树木全都染成了金色。
    C 体育比赛应该是非常神圣的，不应用任何卑鄙的方法取得胜利。
    D 通过设定程序，人们可以用这种微波炉在家做出各种美味佳肴。

53. A 放射疗法能杀死癌细胞，但也存在一定的危险。
    B 昨日，"业余公路自行车挑战赛"在杭州西子湖畔鸣枪开赛。
    C 随着该地区煤炭开采量的下降，地质勘探工作难度进一步加大。
    D 这位科学家固执的精神令所有参与实验的工作人员崇敬。

54. A 室外木制设施的最大弱点就是时间长了容易腐烂。
    B 腹部是最容易堆积脂肪的部位，而且减起肥来也非常困难。
    C 生活让很多人疲惫不堪，他们只是很麻麻木木地重复着单调的生活。
    D 短短 5 年间，"7 天"连锁酒店在全国 70 个城市开设了超过 600 家分店。

55. A 有的动物会在哀悼完死去的同伴后，用树叶与泥土将它埋葬。
    B 他一冲动就想站起来发言，可是身边的妻子却制止了数次他。
    C 很多同学不时偷偷地朝我坏笑，我后来才发现衣服扣错了纽扣。
    D 希望我们球队能够推动足球事业的发展，成为中国足球的一面旗帜。

56. A 由于遭遇恶劣天气，十一位渔民被困海上，现急需救助。
   B 苏州人对自己城市的景观，尤其是园林文化，充满了自信。
   C 来自中国和韩国的五位歌手共同演绎了广州亚运会的主题歌。
   D 大象是陆地上最庞大的动物，况且大象如果落水，很快就会被水中"杀手"——鳄鱼分食。

57. A 新车磨合是每个司机都不得不面对的一个重要问题。
   B 最近，几位演员因为不小心而让牵扯进了盗用信用卡的案件。
   C 上千名中小学师生到历史名人雕塑公园瞻仰了历史名人的雕像。
   D 我们可以对传统产业进行改造，而不一定要完全脱离现有的产业另起炉灶。

58. A 警方在慎重调查之后已经排斥了他泄露机密的嫌疑。
   B 本次会议的召开符合公司章程的有关规定，因此会议合法有效。
   C 社区卫生服务站二楼的特色中医门诊内，前来看病的居民排起了队。
   D 中国人近几百年来闯关东、下南洋，背井离乡，无法舍弃的就是一口母语乡音。

59. A 受北方冷空气影响，我省南方盆地将有一次明显的降温降水过程。
   B 这次会议的召开成为高校翻译专业发展过程中具有里程碑意义的事件。
   C 他突然辞职，令人非常震惊，因为之前几乎没有人看不出他有要离开的迹象。
   D 这是一个即将在午夜时分播出的全新评论栏目，期待得到大家的关注与支持。

60. A 北京在细雨中迎来了黎明，昨夜的降水使 8 月的第一个早晨透着丝丝凉意。
   B 媒体如果把这个问题不澄清，我市市民就无法解除对城建部门相关政策的误会。
   C 在干燥的地面上跑动，只会带起少量灰尘；在沙漠中跑动，则会带起较多的尘土。
   D 近日，25 家媒体、广告公司成立了广告发展联盟，这是中国首个广告行业的联合体。

第 二 部 分

第 61—70 题：选词填空。

61. 商场里卖的葡萄酒，_____好一些的就要几十元甚至上百元一瓶，而相比之下，自制的葡萄酒_____低，酒精度低，而且口感更清甜。很多市民爱上自制葡萄酒，就是因为又好喝又_____。

A 品质	成本	实惠	**B** 品行	成分	实在
C 质量	成果	实际	**D** 素质	成效	实用

62. 民间习惯把"立冬"这个节气作为冬季的开始，也常用立冬当天的天气_____整个冬天的天气。当然，这个日期不是进入冬天的_____日期。各地的冬季并不都是于立冬日同时开始的，不同的_____进入冬天的时间有所不同。

A 测量	确实	界限	**B** 预料	明确	地区
C 计算	精确	局部	**D** 推测	准确	区域

63. 残疾人开车如今不再是一种_____。日前，公安部门_____了新的管理办法，放宽了残疾人申领驾照的条件。残疾人所驾驶的为特殊车辆，_____装备都设在方向盘上。

A 想象	宣布	协助	**B** 空想	颁布	辅助
C 意向	发布	救助	**D** 梦想	公布	借助

64. 舔嘴唇并不能使嘴唇湿润，反而会因为水分_____使嘴唇更感干燥。我们都体会过越干越舔、越舔越干的恶性_____。其实，_____唇部皮肤的最好办法是涂润唇油，薄薄的一层就_____防止水分的流失。

A 呈现	趋势	保持	确保
B 储存	后果	保守	证实
C 蒸发	循环	保养	足以
D 分泌	结局	保卫	主导

65. 人与自然之间是互相_____、不可分割的关系。因此经济发展不应造成资源的_____，人们_____要重视生态平衡和可持续发展，_____我们的美好家园。

   A 依托 枯竭 务必 捍卫
   B 依靠 衰退 必须 保卫
   C 依据 瘫痪 绝对 防守
   D 依赖 瓦解 必定 保障

66. 蒙古族人非常_____，进了蒙古包，他们会拿出大块炖肉请你_____。有趣的是，当我吃完一块羊尾巴后，蒙古族的阿姨对我说："女孩吃了羊尾巴，结婚那天就会从马上摔下来，太_____了。"我回答说："_____我结婚那天骑自行车好了。"大家听后都笑了起来。

   A 热情 欣赏 微不足道 怪不得
   B 诚挚 评论 无忧无虑 来不及
   C 好客 品尝 得不偿失 大不了
   D 豪迈 判断 雪上加霜 差不多

67. 我们生活在同一个地球上，请_____以为地球的气候问题只是环保_____的事情。_____有心，每个人都可以为环保做出_____贡献。

   A 勿 机构 倘若 一定
   B 未 机关 宁肯 若干
   C 非 组织 假使 某种
   D 否 团体 即使 相当

68. _____新生命，对女性来说可谓人生中不可缺少的重要_____，标志着她的人生进入了新的阶段。她们在小宝贝来到_____之前，会度过幸福快乐中_____着紧张与辛苦的十个月。

   A 生育 阶段 人家 包含
   B 孕育 环节 人间 夹杂

C 怀孕　　　细节　　　社会　　　间隔
D 抚养　　　程序　　　世界　　　混合

69. 在动画创作中，"童心"是最_____的。_____画家在云朵上画一个城堡，孩子会觉得很_____，很开心；成年人则会说云朵不可能_____房子的重量，因为他们的童心在成长过程中已经消失了。

A 当务之急　　　例如　　　惊奇　　　担保
B 难能可贵　　　譬如　　　奇妙　　　支撑
C 恰到好处　　　仿佛　　　美妙　　　承受
D 实事求是　　　相似　　　优美　　　容纳

70. 北京城方方正正的，既利于管理，也易于_____东西南北，判定_____。北京这座古城的_____吸取了历代帝都的建造经验，经过了精心_____，体现了中国城市建造的传统_____。

A 分别　　　位置　　　分布　　　策划　　　特点
B 分析　　　地点　　　布置　　　计划　　　特征
C 辨认　　　方向　　　安置　　　规定　　　特长
D 分辨　　　方位　　　布局　　　规划　　　特色

第 三 部 分

第71—80题：选句填空。

71—75.

名医扁鹊医术高明，他总结前人经验，创立了
"望、闻、问、切"的"四诊法"，（71）_____，
人们称他为"医祖"。有一天，魏文王问扁鹊："听说
你们家兄弟三人都是大夫，（72）_____?"扁鹊
回答说："大哥医术最精湛，其次是二哥，我排在最
后。"（73）_____，于是又问："那为什么你的名
声最响呢?"扁鹊回答说："我大哥在人们发病之前就能
看出症状，并且治愈它。而一般人不知道他能够在病情发作前控制并治愈疾
病，（74）_____，只有我们家里的人才知道他的水平。我二哥治病，常
在病人发病的初期就彻底治愈疾病，一般人就以为他只会治疗轻微的小病，所以
他的名气只限于本地。而我治病呢，常常是在病人病情最严重时，一般人总看到
我做大手术，以为我的医术最高明，（75）_____。"

A 到底哪一位最杰出呢
B 所以名声无法传播出去
C 对后世的中医学影响巨大
D 名声也因此而传遍了全国
E 文王对这个回答感到纳闷

76—80.

当旱季来临时，饮水成了所有动物最艰难的事情。食草动物和食肉动物都在四处寻觅着水源，终于，动物们找到了一个小小的湖。狮子最先赶到这里，喝完水后就离开了。斑马、羚羊、跳羚、猴子等陆续来到此地，(76)_____：湖中藏着许多鳄鱼，它们不敢袭击凶猛的狮子，但是别的动物都不是它们的对手。

岸上的动物又想喝水，又不敢轻易靠近。最先冒险的是勇敢的斑马，领头的一只试探着靠近湖水，(77)_____，然后抬起头观察一下，再低头喝。接着其他斑马也鼓足勇气相继靠近，低头，饮水。突然，一只体格较弱的斑马被鳄鱼咬住了……

看着鳄鱼把那只斑马撕成了碎片，动物们惊恐万分，但是为了生存，它们却只能选择冒险。于是，羚羊、跳羚、角马等不间断地先后试探着靠近湖水。这是一场进攻与脱险的游戏，(78)_____。

与此相反，猴子并不轻举妄动。原来，它们"探索"出了一种巧妙的方式：在离湖不远的岸边沙地上挖出一个洞穴，(79)_____，这些水足以让猴子们活下去。

猴子饮水的巧妙方式给我们这样一个启示：(80)_____，而巧妙地解决问题、减少损失的智慧才能最终取胜。

A 同时也是生与死的较量
B 勇敢地冒险有时并不明智
C 低下头小心翼翼地喝了几口
D 可严峻的现实摆在它们面前
E 让湖水从地下慢慢渗透过来

第 四 部 分

第81—100题：请选出正确答案。

81—84.

如果要外出旅行，启程之前应该准
备些什么呢？旅游杂志的资深编辑提出
了如下建议：

如果旅游目的地是国际化的大都市，
比如上海、香港、新加坡等，那么旅游
会以购物、娱乐为主要内容，携带之物
不必过多，服装可与平日无异，鞋可以
选择休闲鞋，一把折叠雨伞是必备之物。

许多海滨一年四季都适合旅游度假，因而吸引了为数众多的游客。去海边
时，最好带上沙滩鞋和旅游鞋；服装要选择颜色鲜艳的，以便拍出漂亮的照
片；泳衣一定要自己购买或事先准备好，不宜在当地租用；其他必备用品还包
括折叠伞、墨镜、防晒用品和遮阳帽等。

旅游探险也渐渐成为一种时尚，这种旅游几乎一切都要靠自己。鞋呢，高
帮的旅游鞋是最佳选择；服装呢，首选专业品牌的户外服装，这种服装不但保
暖性强，而且兼具雨衣功能，能够大大方便旅游者，因为不难想象在大雨中打
着伞走山路会多么狼狈；双肩背包是不错的帮手，最好再带一个腰包，穿件有
许多衣兜的马甲；高热量的食物也应准备得充足一些，最好是密封的，不易变
质。如果是去高原，用来烧开水和烹饪食物的专业火炉必不可少。如果去比较
闭塞、落后的地区，必须带上一个卫星电话，在遭遇危险时可以与外界联络。
如果只是去体验一下野营生活，那么带上帐篷、睡袋、防潮垫、火源、水壶等
物品就足够了。

81. 如果去大都市旅游，不必：
    A 停留过长的时间　　　　　B 购买当地的服装
    C 参加一个旅行团　　　　　D 准备太多的物品

82. 去海滨旅游，应该：

A 在当地购买泳衣　　　　　　　B 带昂贵的照相机

C 注意防晒的问题　　　　　　　D 准备专业沙滩鞋

83. 专业品牌的户外服装：

A 引人注目　　　　　　　　　　B 非常实用

C 衣兜很多　　　　　　　　　　D 显得时髦

84. 旅游杂志编辑的建议是关于哪方面的？

A 旅游时携带哪些物品　　　　　B 哪种类型的旅游最合算

C 什么地方最适宜旅游　　　　　D 什么旅游路线最受欢迎

85—88.

江文在学校苦干了六年，却一直得不到领导的重视。他觉得这个学校埋没了自己的才能，对自己的前途感到悲观，所以工作态度也变得越来越消极。

一天，他实在忍不住了，对妻子说："我要离开这个蔑视我的学校，我恨这里的一切！"妻子想了想，建议道："你勤勤恳恳地干了六年，学校却这样亏待你，真是岂有此理！但是我认为现在离开并不是最好的时机。"江文迷惑地看着妻子，妻子接着说道："学校这样对待你，你应该给他们点儿颜色看看。但是如果你现在离开，未免太便宜他们了。你应该多待一年，趁着在学校的机会，表现出积极肯干的姿态，拼命去提高自己的教学水平，成为学校最优秀的老师，那个时候再离开，不但能痛快地报复学校，而且也使你在这个行业内更有竞争力，这不是一举两得的事情吗？"

江文觉得妻子的建议很英明，就同意了。因为有了这个动力，他更加努力地工作，渐渐打开了工作局面，在教学水平上有了很大的进步，学生也越来越喜欢他。江文整天忙忙碌碌，精神上非常充实，他再也不提离开学校的事情了。一年之后，校长任命江文为学校的行政助理。江文把好消息告诉妻子时，妻子的脸上露出了欣慰的笑容。江文终于明白了妻子的苦心，不禁感到惭愧："谢谢你设下的这个'圈套'，让我真正懂得了应该如何看待自己以及自己的工作。"

一个人的工作，只有付出大于获得，让别人真正看到你的能力大于现在的位置，能够创造出比现在更多的财富，别人才会给你更多的机会。

85. 在学校工作六年后，江文：
    A 对前途充满信心　　　　　　B 对学校多有埋怨
    C 对工作感到厌倦　　　　　　D 对领导十分信赖

86. 妻子建议江文：
    A 与校长进行沟通　　　　　　B 立即展开报复
    C 先取得一些进步　　　　　　D 马上提出辞职

87. 第2段中画线短语"给他们点儿颜色看看"的意思是：
    A 给他们一点儿教训　　　　　B 不给他们好脸色看
    C 为他们做精彩表演　　　　　D 让生活更加有意义

88. 本文主要想告诉我们：
    A 应该尊重家人的意见　　　　B 如何处理与领导的关系
    C 坚持下去会获得胜利　　　　D 努力工作一定会有回报

89—92.

中国人办喜事时，都要在门窗上或者物品上贴上"囍"字，以此祝愿婚姻吉祥如意，也可以使气氛显得更加喜庆。"喜"字早就有了，但这个"囍"字是怎么来的呢？据说这一习俗与宋代的王安石有关。

王安石20岁时去京城赶考，路过马家镇时，偶然见到马员外家外面挂着一盏走马灯，上面写着一副对联的上联："走马灯，灯走马，灯熄马停步"，但是没有下联。王安石看了以后说："真是好联啊！"不过，下联怎么对呢？王安石一时也想不出来，他想等考完试回来再对。

王安石的考试成绩非常突出，因此主考官让他参加面试。王安石礼貌地拜见了主考官，不料主考官指着厅前插着的飞虎旗出了个上联："飞虎旗，旗飞虎，旗卷虎藏身。"王安石想起了先前在马员外家门外看过的对子，就非常沉着地回答："走马灯，灯走马，灯熄马停步。"考官没想到他对得又快又好，对他的才能赞叹不已。

回到马家镇，王安石想到走马灯上的上联对他的帮助，就到马员外家拜访。马员外取出笔和纸，请他对下联。王安石已有现成的答案，就从容不迫地写道："飞虎旗，旗飞虎，旗卷虎藏身。"马员外说："你毫不费力就对出了这么难的对子，真了不起啊！"王安石笑着摇摇头说："您误会了，这只是巧合而已。"接着，他就简要地把事情的经过说了一遍。员外听了，赞叹道："你真是个诚实的人。"此时马小姐正躲在帘子后面偷看王安石，她见王安石人品很好，心里非常满意。马夫人看王安石模样很端正，也觉得合适。马员外告诉王安石，这个对联是女儿出的，目的就是选出合适的丈夫，于是他提出将女儿嫁给王安石的建议，王安石也爽快地答应了。

结婚当天，正在举行婚礼时，有人传来消息："王先生在考试中得到了很高的名次。"王安石喜上加喜，就在红纸上挥笔写了一个双喜字贴在门上。

从此这一习俗便流传开了，人们办喜事都要贴大红"囍"字。"囍"是两个"喜"字的结合，含有夫妻恩爱、天长地久之意，当然受到人们的欢迎了。

89. 王安石在马家镇看到了：
   A 一副好对联　　　　　　　　B 对联的上联
   C 很多走马灯　　　　　　　　D 漂亮的姑娘

90. 主考官觉得王安石：
   A 很有才干　　　　　　　　　B 很有礼貌
   C 遇事沉着　　　　　　　　　D 为人爽快

91. 王安石能对出主考官的对联是因为：
   A 他很擅长对对联　　　　　　B 他准备得很充分
   C 他的反应非常快　　　　　　D 他的运气非常好

92. 马小姐看中了王安石的：

    A 品德　　　　　　　　　　**B** 模样

    C 个性　　　　　　　　　　**D** 地位

93—96.

景德镇位于江西省东北部，全市面积 5256 平方公里，总人口 150.8 万，是国务院首批公布的 24 座历史文化名城之一。

瓷器是中国人的伟大发明，而景德镇是闻名世界的陶瓷之都。早在 1700 年前的东汉晚期，这里的陶瓷业生产就有了一定的规模。宋朝景德年间（公元 1004 年），这里所制瓷器受到了皇帝的喜爱，皇帝用自己的年号"景德"来为这个小镇命名，从此这里改称"景德镇"。元朝时在景德镇设立"浮梁瓷局"，明朝时在景德镇设立御用瓷器厂，专门从事皇家用瓷的烧造。随着御用瓷器厂的设立，"工匠八方来，器成天下走"，景德镇迅速成为全国制瓷业的中心。无数精美的瓷器从景德镇运送到全国各地，甚至是外国，也因此出现了运输陶瓷的"海上丝绸之路"。

作为中国历史上最著名的陶瓷制作中心，景德镇创造了光辉灿烂的陶瓷文化。在今天的城市转型过程中，景德镇的目标是推进国际陶瓷文化艺术交流中心、国家艺术陶瓷工艺重点实验室等一批重大文化创意产业项目，建设全球独具特色的创意经济城市。2009 年，江西首家文化产业创意基地——景德镇陶瓷文化创意产业基地举行了落成典礼，景德镇由此拉开了陶瓷产业转型的大幕。景德镇市目前计划尽快建设国际陶艺村，力图进一步推动艺术陶瓷和文化创意产业的发展。

目前，景德镇拥有 23 位中国工艺美术大师、9 位中国陶瓷艺术大师，还有上千名具有高级职称的陶瓷艺术专业人才，以及近万名陶瓷艺术专业工作者。

近年来，景德镇也向全世界的陶瓷艺术家敞开了大门，来自澳大利亚、法国、日本、瑞士、意大利等 27 个国家和地区的陶艺家在景德镇建立起了自己的陶瓷工作室。他们与中国的陶瓷工作者一起构思，一起创作，他们将共同描绘景德镇的美好未来。

93. "景德镇"这个名称是怎么来的？
    A 因地理位置而命名　　　　　B 从古老传说里来的
    C 是陶瓷工厂的名字　　　　　D 是宋朝皇帝的年号

94. 景德镇的陶瓷制品：
    A 全部属于皇帝　　　　　　　B 只在国内流通
    C 基本出口国外　　　　　　　D 制作非常精美

95. 景德镇现在的目标是：
    A 陶瓷产量世界第一　　　　　B 陶瓷产品最受欢迎
    C 成为创意经济城市　　　　　D 成为艺术家集中地

96. 在景德镇，陶瓷艺术家们：
    A 经常沟通与交流　　　　　　B 都经过严格选拔
    C 纷纷到国外留学　　　　　　D 受到市民的尊敬

97—100.

"宁愿终身不饮酒，不可三餐不饮茶。"茶文化在中国历史悠久，喝茶一直是中国人重要的养生之道。但喝茶也必须适量，否则不仅对健康不利，久而久之甚至可能出现"醉茶"的症状。

据广东省中医院的黄平主任介绍，唐代陆羽的《茶经》是世界上第一部有关茶的专业著作。书中说，绿茶能够清热利尿，因此凉性体质的人不宜多喝；红茶能够提神醒脑，降低血脂的功能较强；花茶对理气解郁有帮助，适宜心情忧郁时饮用；乌龙茶有消脂减肥的功效，想减肥瘦身的人可以多喝。

喝茶对保健养生方面的好处，其实已经超过了茶叶的作用本身，因为品茶在中国已经成为一种艺术，人们在风景优美的地方喝茶，"水滚茶香"，天南海北地闲聊，可以减轻压力，也可将心中郁闷之气排出，是很好的"心理疗法"。在喝茶过程中形成的一套规矩与程序，经过许多朝代的变迁沿用至今，其中包含着深厚的传统文化底蕴，因此品茶能陶冶情操，修心养性。

广州市第一军医大学张辉医生说，空腹饮浓茶或者吃了素食后饮浓茶，以及不常喝茶的人忽然喝了浓茶，都可能引起"醉茶"。醉茶后的症状是头晕、四肢无力，甚至站立不稳、走路摇晃、胃肠不适、感到饥饿等等。

就茶叶的品种而言，高级的乌龙茶比较容易引起醉茶；就饮茶的方式来说，喝大量浓浓的"工夫茶"容易引起醉茶；从身体素质上看，肾虚体弱者更容易醉茶。假如经常醉茶，会造成身体内维生素 B_1 的缺乏，使人食欲不振，体质下降。张医生建议，醉茶后应马上吃饭菜或糖果、水果来缓解症状。

此外，茶不能太浓，因为茶叶中含有咖啡因，喝多了会刺激脑部，那些睡眠不好的人更应该注意。同时，产妇、易便秘的人、神经功能症患者都不应喝茶，吃中药补品时也不宜喝茶。

喝茶也要挑时间，饭后和午间较好，而饭前和睡前则不适合饮茶。喝茶时最好不要空腹，应吃一些点心垫底。茶泡好后放置时间不宜过长，现泡现喝最好。放的时间长了，不但香味及营养成分会流失，细菌还会在里面繁殖。

97. 《茶经》是：
   A 首部关于茶的著作　　　　　B 教授茶叶种植方法的书
   C 新出版的茶叶图册　　　　　D 向外国人介绍茶的作品

98. 关于绿茶，可以知道什么？
   A 可以让头脑变清醒　　　　　B 是中国人最爱喝的
   C 喝了能够解除烦恼　　　　　D 不是所有人都适合

99. "醉茶"的症状有：
   A 失眠　　　　　　　　　　　B 厌食
   C 头晕　　　　　　　　　　　D 便秘

100. 容易引起"醉茶"的情况是：
   A 吃中药后喝茶　　　　　　　B 喝非常浓的茶
   C 喝比较烫的茶　　　　　　　D 喝最高级的茶

三、书　写

第 101 题：缩写。

（1）仔细阅读下面这篇文章，时间为 10 分钟，阅读时不能抄写、记录。
（2）10 分钟后，监考收回阅读材料，请你将这篇文章缩写成一篇短文，
　　　时间为 35 分钟。
（3）标题自拟。只需复述文章内容，不需加入自己的观点。
（4）字数为 400 左右。
（5）请把作文直接写在答题卡上。

　　从小父亲就十分疼爱我。十岁那年的冬天，我发了高烧，躺在病床上，突
然想吃冰棍。此时，整个县城只有一家冷饮厂还有冰棍，但是那个冷饮厂离医
院足足有三里路，父亲借不到自行车，只好步行去。过了好半天，父亲气喘吁
吁、满头大汗地跑回来，一进屋，便急忙解开衣襟，从怀里掏出一根融化了一
大半的冰棍塞给我。他很难过地对我说："我也不知道为什么冰棍会融化，我
看人家卖冰棍的不是都用棉被裹着吗？"
　　初二那年，我的作文得了全省中学生作文竞赛一等奖。这在小镇上可是第
一次。学校为此专门召开了大会给我发奖，还特地通知父母届时参加，跟着我
一起光荣光荣。那天，父亲一大早便忙开了，特地找出一件不常穿的中山装换
上。可当父亲跨出家门时，我的虚荣和任性却大大地伤害了父亲。因为父亲是
一名普通的工厂机修工，他的手又粗又黑，指甲里还有黑黑的油泥，所以我对
父亲说："爸，你虽然穿了新衣服，可是别人一看你的手，就知道你是个修理
工。"父亲充满喜悦的脸一下子凝固了，那表情就像小孩子欢欢喜喜跟着大人
去看电影却被拦在了门外一般，难过而又绝望。父亲沉默了片刻，声音有些颤
抖地说："爸这次就不去了。"可是，发奖大会完毕后，有一个同学告诉我：
"你和你妈妈高高兴兴地坐在讲台上接受校领导颁奖和全校师生羡慕的眼光时，
你爸却坐在学校操场一角的大树下，自始至终注视着你呢！"顿时，我的心里
涌上一阵悔恨……
　　最让我感动的是我十七岁初入大学的那年。那时，宿舍里住了四个同学，
其他人都有收录机，听听节目，学学英语，很让人眼馋。后来，与其说是出于
对别人的羡慕，还不如说是为了维护自己的自尊，我走了六十里地回到家，眼
泪汪汪地跟父母说："我要一台收录机。"父亲听了，一个劲儿地叹气。母亲

则转过头去擦眼泪。我心头一软，不好意思再提，连夜赶回了学校。过了一段时间，父亲到学校找到我，将我叫到一片树林里，说："孩子，你不要和人家比生活条件，一个人活的是志气。记住，不喝牛奶的孩子也一样长大。"我正咀嚼着父亲这句话，父亲已从怀里掏出一样东西放在我手上，那正是一台我渴望已久的收录机。事后我才知道，父亲卖掉了他最喜欢的手表。

"不喝牛奶的孩子也一样长大！"就是父亲这句话，让我在以后的日子里无论面对什么样的困境，都一次又一次地找回了做人的自尊，也让我能够活得像一个真正的男人。

新 汉 语 水 平 考 试
HSK（六级）
全真模拟试题
（第 7 套）

一、**HSK**（六级）分三部分：

1. 听力（50 题，约 35 分钟）

2. 阅读（50 题，50 分钟）

3. 书写（1 题，45 分钟）

三、全部考试约 140 分钟（含考生填写个人信息时间 5 分钟）。

中国　北京　　　　　　　　　××××/×××××××　编制

一、听　力

第　一　部　分

第1—15题：请选出与所听内容一致的一项。

1. **A** 女生对他有好感
   B 男生成绩非常差
   C 他们俩是好朋友
   D 他们以前不认识

2. **A** 黄果树瀑布群世界最大
   B 贵州省的瀑布数量最多
   C 那里的自然环境很恶劣
   D 那里有很多奇特的植物

3. **A** 吃火锅对身体非常有益
   B 很多食物都含有害物质
   C 中老年人不应吃得太烫
   D 火锅煮的时间不宜过长

4. **A** 京剧表演的门票十分昂贵
   B 青少年对京剧知识不了解
   C 音乐课不应该教京剧知识
   D 现在的中学都有京剧课程

5. **A** 应该批判奢侈的生活
   B 买名牌是在挥霍金钱
   C 有的富人生活很节俭
   D 不需要过分讲究衣着

6. **A** 心血管疾病要引起重视
   B 适度发发牢骚有益健康
   C 表达愤怒应该注意方式
   D 做事情不要有太多顾虑

7. **A** 应该科学地运用"风水学"
   B 必须指出"风水学"的错误
   C "风水学"其实是一种迷信
   D "风水学"来自现代建筑学

8. **A** 小区内发生了事故
   B 养鱼时要注意安全
   C 看见火灾应该立刻报警
   D 有人误以为发生了火灾

9. **A** 不要故意为难别人
   B 应变能力很难培养
   C 机智的人更受欢迎
   D 遇到危险应该镇定

10. **A** 单身者经济压力较小
    B 单身者更加轻松愉快
    C 单身者往往要求太高
    D 单身者有自己的烦恼

11. **A** 应加快城市改造
    B 某地发现了化石
    C 历史文物很珍贵
    D 老地名应受保护

12. **A** 学语言的人要尽量多读书
    B 背诵一本书有助于学语言
    C 学习语法和词汇需要耐心
    D 读书时应注意作者的观点

13. A "吹牛"就是指说大话
    B 牛是牧民最重视的财产
    C 人们难免会说一些假话
    D 人们不信任爱吹牛的人

14. A 姑娘是公司的秘书
    B 经理马上聘用了她
    C 经济危机的影响不大
    D 姑娘误解了经理的话

15. A 中医有时候用火治病
    B 身体太热时容易生病
    C 喝绿茶可以帮助去火
    D 辣的食品对皮肤有害

第 二 部 分

第 16—30 题：请选出正确答案。

16. A 作家
    B 老板
    C 主持人
    D 高中生

17. A 十大慈善人物
    B 十大优秀学生
    C 十大著名作家
    D 十大成功商人

18. A 一位父亲拜托过她
    B 她拥有大量的财产
    C 她曾得到别人的帮助
    D 父母的行为影响了她

19. A 倡议大家去献血
    B 拿出自己的存款
    C 去灾区当志愿者
    D 捐出了卖书的钱

20. A 学习更多的专业知识
    B 拥有自己的慈善机构
    C 写出非常优秀的作品
    D 生活得更加健康快乐

21. A 裁判
    B 解说员
    C 运动员
    D 体育老师

22. A 选拔出优秀的选手
    B 积极参加国际比赛
    C 补充各种专业知识
    D 与运动员进行沟通

23. A 得冠军的比赛
    B 失败了的比赛
    C 很激烈的比赛
    D 很顺利的比赛

24. A 已达到了人体的极限
    B 高水平选手越来越多
    C 评分的规则变化很大
    D 逐渐受到人们的欢迎

25. A 收获很多的金牌
    B 看到自身的不足
    C 与别的教练交流
    D 锻炼年轻的选手

26. A 具有中国特色
    B 有科学的依据
    C 没有什么道理
    D 只是一种偏见

27. A 让孩子觉得舒适
    B 让孩子得到休息
    C 让孩子享受安宁
    D 让孩子有安全感

28. **A** 充分的营养
    B 科学的教育
    C 母亲的陪伴
    D 朋友的关怀

29. **A** 以为做错事了
    B 感到非常恐惧
    C 充满了好奇心
    D 变得更加独立

30. **A** 注意力不太集中
    B 对环境过于挑剔
    C 人际关系不融洽
    D 不愿意组织家庭

第 31—50 题：请选出正确答案。

31. A 认为自己非常出色
    B 很重视职员的意见
    C 非常热爱自己的工作
    D 希望别人觉得他完美

32. A 激烈地去反驳
    B 尽量迁就别人
    C 假装没有听到
    D 坚持原有想法

33. A 习惯
    B 否认
    C 接受
    D 忘记

34. A 人们都喜欢吃
    B 牛肉价格便宜
    C 他家非常贫困
    D 当地比较寒冷

35. A 永远不会涨价
    B 免费送一碗汤
    C 不满意不付钱
    D 保证面的质量

36. A 在中国知名度很高
    B 有几百年的历史了
    C 只有兰州人喜欢吃
    D 有各种各样的味道

37. A 叹气
    B 发呆
    C 哆嗦
    D 寒暄

38. A 健康状况不好
    B 呼吸出现问题
    C 大脑感到混乱
    D 身体自行调节

39. A 精神紧张
    B 身体僵硬
    C 体温过低
    D 血压太高

40. A 挺快活的
    B 非常悲惨
    C 比较平凡
    D 有些空虚

41. A 摘一些樱桃
    B 跟孩子玩儿
    C 挣点儿钱
    D 结束生命

42. A 人应该尝试去改变命运
    B 人可以左右自己的心情
    C 孩子的世界简单而天真
    D 坚持下去就有可能成功

43. A 无法精确测量出来
    B 跟人的承受力有关
    C 与一杯水重量相似
    D 基本上感觉不出来

44. A 当时的心情怎样
    B 身体的健康情况
    C 杯子里水的重量
    D 举着杯子的时间

45. A 坚持到底就能够胜利
    B 看起来容易做起来难
    C 不应长期背负不良情绪
    D 人人都会承受一些压力

46. A 主动寻求帮助
    B 及时地清理掉
    C 辩证地看待它
    D 不要急功近利

47. A 观鸟
    B 捕鸟
    C 喂鸟
    D 养鸟

48. A 网上放着食物
    B 对网非常好奇
    C 试图救出小鸟
    D 想要休息片刻

49. A 用尽力气撕碎大网
    B 在网边嘈杂地叫着
    C 在森林里飞来飞去
    D 掩护那两只鸟逃走

50. A 那几个人都受伤了
    B 那几个人收获很大
    C 鸟儿因为争斗而死亡
    D 鸟儿重新获得了自由

二、阅　读

第　一　部　分

第 51—60 题：请选出有语病的一项。

51. A 法律严格禁止这种操纵市场和利益的行为。
    B 称岳父为"泰山"是极具中国传统文化特色的方式。
    C 现有的招投标公证对于监督规范招投标行为是很有用处的。
    D 这次会议提供了一个让两国元首坐下来展开讨论的机会。

52. A 该集团计划将 1600 名机关工作人员精减至一半左右。
    B 理财投资观念的养成关于年轻人来说是决不能含糊的。
    C 化肥使用量的上升并不一定能带来农作物产量的增长。
    D 从城中的古老建筑与城市雕塑上，依旧看得出它曾经经历过的繁华。

53. A 有人把简体字定义为现代文字改革的产物，这并不太准确。
    B 这个 17 岁的男孩从小就喜欢收集各种飞机模型，是个航空迷。
    C 冬季人们不仅食量大，而且会把营养物质储存于体内，极易长胖。
    D 市长向记者表示，这一事件的处理结果是第一时间反馈给的他。

54. A 要特别注意高层建筑，尤其是高层民用建筑的火灾隐患。
    B 困难和挫折也许会使我们跌倒，但是我们必须重新站上来。
    C 实现了种族平等和性别平等的社会才算是一个高度文明的社会。
    D 我们的身体隐藏了什么疾病，都会从我们嘴唇的情况反映出来。

55. A 在环境保护方面，环保部门的功能并没有得到完全发挥。
    B 家长只有尊重子女的心理和生理发展规律，才能培养好孩子。
    C 住址、电话等信息变更须及时通知银行，以免文件不会被他人盗用。
    D 立交桥既不会破坏地面上的景观，又能很有效地解决交通堵塞的问题。

56. A 大钟寺建于 1733 年，因寺中拥有明朝时铸造的大钟而得名。

B 如何落实本次会议纪要确定的各项要求是目前市民最为关注的问题。

C 近期柴油资源紧张，部分加油站只得将每次加油量限制在 50 升之内。

D 他认为大多数人对攀登高山会有所恐惧，无非你拥有充分的体能储备，而且意志力坚定。

57. A 这本书的作者是一位心态平和，同时又非常幽默风趣的老人。

B 小树不必和小草比谁长得更快，小狮子也不必和大狗比谁极其威风。

C 故宫博物院是北京的城市名片，它同时也是世界最大的古典宫殿建筑群。

D 一种被称为"儿童睡眠保姆"的提醒器可以在孩子蹬掉被子时及时提醒爸爸妈妈。

58. A 划船比赛中，速度的快慢不在于桨划得快慢，而在于动作是否协调。

B 在中国，女性有食用珍珠粉的传统，据说珍珠粉在防止皮肤衰老方面作用非常明显。

C 这种家用照片打印机拥有彩色屏幕和简洁的操控面板，让相纸打印十足乐趣。

D "法人"是独立享有民事权利并承担民事义务的组织。

59. A 献血不会削弱体质，头晕多为心理作用，市民被专家呼吁踊跃献血，救助生命。

B 这座建筑采用了花瓣造型，不但考虑了使用上的合理性，而且也与环境很和谐。

C 相信"棍棒教育"的家长只重视孩子的智力教育，忽略了对其健康心理的培养。

D 电脑遥控器改变了传统的键盘和鼠标操作模式，正掀起一场电脑操作方式的革命。

60. A 一个个穿着橙色救生服的身影不停地穿行在大雨中，为受灾群众带来了希望。

B 如果我们在保存电脑文档时能够再保留一个备份的话，无疑会使文档保险许多。

C 比赛的失利抹杀得不了他今天在场上的精彩表现，他六次有威胁的助攻给对手造成了巨大的压力。

D 面对别人遗失的、里面装着厚厚的钞票的钱包时，他没有丝毫的犹豫，立即把钱包上交到附近的派出所。

第 二 部 分

第 61—70 题：选词填空。

61. 在中国这样一个人口＿＿＿＿很高的国家，应该＿＿＿＿起多建微型房的
    概念，特别是在经济发达地区。这样会使房价变得容易承受一些，也
    ＿＿＿＿环保的需要。

    A 程度　　建立　　配合　　　　B 进度　　成立　　合并
    C 高度　　确立　　适合　　　　D 密度　　树立　　合乎

62. 人们崇拜那些英雄，他们身上体现出的美德和＿＿＿＿是社会迫切需要
    的，他们的＿＿＿＿感动了一代又一代的人，成为很多人精神力量
    的＿＿＿＿。

    A 正义　　事项　　来源　　　　B 正气　　事迹　　源泉
    C 气概　　事态　　起源　　　　D 气魄　　事务　　源头

63. 《红楼梦》是中国四大名著之一，它批判了一个封建大家族的＿＿＿＿生
    活，也描写了青年男女之间纯洁的爱情，它＿＿＿＿众多，有可能是中国
    有史以来＿＿＿＿量最大的小说作品。

    A 虚伪　　情节　　引用　　　　B 无耻　　成员　　销售
    C 堕落　　标题　　转让　　　　D 腐朽　　版本　　发行

64. 谈判是一种艺术，＿＿＿＿需要技巧。在牢牢地把握住原则的基础上，
    要控制好＿＿＿＿＿，即在容易引起矛盾之处，所有的语句都要反复
    ＿＿＿＿，因为任何微小的失误都可能＿＿＿＿谈判失败。

    A 更　　时机　　评估　　造成
    B 极　　等级　　演习　　导致
    C 颇　　分寸　　斟酌　　致使
    D 皆　　格式　　提炼　　引导

65. 人类的"爱美之心"几乎是天生的。对于样子_____的东西，人们自然会觉得_____。但是如果只凭借一个人的外表来_____他的善恶，这显然是一种偏见。_____，"爱美之心"的重点不在对象，而在于这个"爱"字。

A 奇特　　荒谬　　判断　　名副其实
B 罕见　　生疏　　确定　　迄今为止
C 丑恶　　反感　　断定　　归根结底
D 可笑　　别扭　　划分　　理所当然

66. 结婚多年后，_____的热情会逐渐变得平淡，彼此之间也可能会出现种种_____，所以有人说："婚姻就像一场_____，没有人知道结局如何。"其实，婚姻更像漫长的旅途，不可能时刻充满惊喜，所以要学会珍惜平时点点滴滴的关怀与感动，懂得_____。

A 当初　　分歧　　赌博　　知足常乐
B 当时　　矛盾　　把戏　　饱经沧桑
C 最初　　变故　　风暴　　津津有味
D 眼下　　动荡　　竞赛　　再接再厉

67. 宋代的包拯做官时一直严格要求自己，从不接受任何_____。有一次，当他坐船离开端州时，发现家人_____收下了一块端砚。此刻船在江上，这块端砚已经无法归还，于是他就将砚丢进了江中。人们赞叹道："真_____是一位廉洁的好官啊！"他这种精神令世世代代的人_____。

A 包庇　　额外　　不仅　　鼓动
B 贿赂　　私自　　不愧　　歌颂
C 报酬　　非法　　不妨　　模仿
D 吹捧　　破例　　不止　　勉励

68. 街头烧烤食物的营养价值究竟怎样_____不谈，在安全性方面它已经备受_____，因为蛋、肉在煎炸过程中会产生一些毒素，食用后会_____在体内，_____影响健康。

A	暂且	批判	保存	因而
B	并且	怀疑	冻结	反而
C	姑且	谴责	遗留	进而
D	况且	否认	扩散	从而

69. 电子邮件在人际交流中所占的_____越来越大。电子邮件虽然方便，但这种方式可能会_____人们的懒惰心理。要知道，和朋友面对面地进行交流与沟通，永远比发电子邮件给人的感觉更_____。而且，如果操作不当，可能会泄露秘密，走漏消息，令自己或别人_____。

A	比重	滋长	真挚	遭殃
B	比例	增长	活跃	倒霉
C	位置	成长	诚恳	羞耻
D	地位	生长	恭敬	冤枉

70. 酒给人们的生活增加了_____。中国古人将酒的作用_____为三类：酒以治病，酒以养老，酒以成礼。酒很奇妙，痛苦时，喝点儿酒可以_____自己；快乐时，喝点儿酒，也就_____容易感到快乐。

A	色彩	总结	保重	并
B	意义	推论	遏制	且
C	福气	扩充	鼓动	亦
D	趣味	归纳	麻醉	愈

第 三 部 分

第71—80题：选句填空。

71—75.

　　科学家在观察中发现，在蚁群中，大部分蚂蚁都会争先恐后地寻找食物、搬运食物，可以说相当勤劳。但也总会有少数蚂蚁似乎不爱干活儿，（71）＿＿＿＿＿＿，它们被科学家称为"懒蚂蚁"。

　　为了深入研究这些"懒蚂蚁"在蚁群中如何生存，科学家做了下面的实验：他们首先在这些"懒蚂蚁"身上做上标记，（72）＿＿＿＿＿＿，并破坏掉蚂蚁的窝。在随后的观察中，科学家发现那些勤快的蚂蚁都不知所措，而"懒蚂蚁"却挺身而出，带领伙伴们向自己侦察到的新食物方向转移，并顺利地建起新的蚁窝。接着，科学家把这些"懒蚂蚁"抓走，结果剩下的蚂蚁都停止了工作，乱作一团。而把"懒蚂蚁"放回去之后，（73）＿＿＿＿＿＿。

　　因此，科学家认为，"勤劳的蚂蚁"和"懒蚂蚁"在蚁群中都有自己的生存规则，（74）＿＿＿＿＿＿。但是相比之下，蚁群中的"懒蚂蚁"要比只知低头干活儿、不会抬头看路的勤快蚂蚁重要得多，因为"懒蚂蚁"能看到蚁群面临的问题和解决问题的办法，（75）＿＿＿＿＿＿。

A 充当着指挥员的角色

B 整天都东张西望的

C 勤与懒是缺一不可的

D 蚁群才恢复了原有的状态

E 然后断绝蚁群的食物来源

一位富豪给自己的儿子写了一封信。信是这样写的：

亲爱的儿子，我想对你说：作为一个富家子弟，（76）＿＿＿＿＿＿，因此很少有机会去学习和发展生存所需的技巧。而贫穷家庭出身的人因为迫切需要解救自身，便会更加积极地去增强能力、发挥创意，会珍惜、抓住各种机会，所以往往能够取得比富家子弟更大的成就。

因此，在你和你的姐姐们很小的时候，我就有意识地不让你们知道你们的父亲是个富人。平时我向你们灌输最多的就是诸如节俭、个人奋斗等价值观念，因为我知道如果想伤害一个人，（77）＿＿＿＿＿＿。因为金钱可以让一个人得意忘形，不可一世，从而失去判断力，甚至有可能堕落。因此，（78）＿＿＿＿＿＿，愚蠢地让你们成为不思进取、只知依赖父母成功果实的无能者。

我期待你们都能过上高贵快乐的生活，这与高贵的血统无关，与高贵的生活方式也无关。高贵快乐的生活应该来自一个人高贵的品格——自立精神。看看那些赢得世人尊重、处处施展魅力的高贵的人，（79）＿＿＿＿＿＿。

亲爱的孩子，你的每一个举动都会成为我最关注的事。但与这种挂念相比，我更对你充满信心，相信你优异的品行，它比世界上任何财富都更有价值，（80）＿＿＿＿＿＿，拥有成功而又充实的人生。

A 最快捷的途径就是给钱

B 你们就会知道自立的可贵

C 将帮助你创造出美好的前程

D 你一出生就具备了一定的优势

E 我不能用财富埋葬我心爱的孩子

第 四 部 分

第81—100题：请选出正确答案。

81—84.

流行于上个世纪 20 年代的旗袍，起源于清代满族妇女的服装。从 20 年代至 40 年代末，旗袍流行了 20 多年。它既保持了传统旗袍的基本样式，也不断吸收西洋服装的因素进行改进。古典与时尚并存成为旗袍的一大特点。最受当时女学生欢迎的是青布旗袍，穿上之后显得十分斯文，也显得身材挺拔，一时间引起了全国女性的模仿，成为 20 年代后期中国新女性最典型的装扮。而自 30 年代起，各种旗袍几乎成了中国妇女的标准服装。

当时并没有专业服装研究中心和服装设计师，但是旗袍的式样却依旧在时代风尚的影响下千变万化。领子的高低、袖子的长短、开衩的高矮、图案的对称或不对称，这些变化改变了旗袍以往给人留下的保守陈旧的印象，合身剪裁的旗袍可以让女性的体态和曲线美充分显示出来，为女性解放立了一功。当时，无论是领导服装潮流的时尚女性和电影明星，还是学生、职员、工人、家庭妇女，无不穿着旗袍。旗袍甚至成了交际场合和外交活动的礼服。后来，旗袍还传至国外，使很多国家的女性为之着迷。近百年过去了，直到现在，旗袍还依旧是婚礼上新娘经常选择的礼服之一。

81. 现代旗袍的样式：
    A 既保守又陈旧   **B** 古典而又时尚
    C 变化并不太大   **D** 以校服为基础

82. 女性穿上旗袍会显得：
    A 身材挺拔   **B** 非常时髦
    C 更加年轻   **D** 比较随意

83. 关于旗袍，可以知道：
   A 是专业设计师的作品　　　　B 对身材的要求非常高
   C 一般在正式场合才穿　　　　D 适合各个阶层的女性

84. 现在，旗袍依旧是：
   A 中国女性的日常服装　　　　B 送给外国人的好礼物
   C 新娘在婚礼上的礼服　　　　D 女学生最喜爱的服装

85—88.

东晋时，武陵县有一个渔民划着船去捕鱼。下游的鱼很少，他只好努力向上游划去。波浪将他带到了一片桃花林旁。在桃花林的尽头有一座山，山上有个小洞，他发觉洞里好像有隐隐约约的亮光。他把船停泊在洞口，然后钻进洞去。起初路很狭窄，只能让一个人通过，又走了几十步，突然变得宽阔明亮起来。那里土地平坦宽广，美丽的池塘点缀在黑油油的土地上，青年男女在耕种劳作，老人和孩子个个都安闲快乐。渔民站在那里，看得出了神……

这时，有几个人迎面走过来，他们看着那个渔民，脸上带着好奇的神情。听说渔民是从外面来的，他们就准备了食物招待他，其余的村民也都来向他打听消息。原来，他们的祖先昔日为了躲避秦时的战乱，带领妻子儿女和同乡迁徙到了这个与世隔绝的桃花源。这里的自然条件得天独厚，土地肥沃，连年丰收。岁月流逝，他们的后代也都甘心留在这里，不再跟桃花源以外的人来往，所以这些村民不知道现在是什么朝代。渔民把自己知道的事一一详细地告诉了他们。村民们让那个渔民不要拘束，在这里多住一阵子。过了几天，渔民思念家人，向村民们告辞，村民们叮嘱他道："请不要对外边的人说起这个地方。"

渔民从原路出来，找到自己的船，划船赶回故乡去，但是他一路上都做了记号。回去后，渔民忍不住到处宣扬自己的奇特经历。当地的官员听说后，立即派人跟他划船前往，寻找桃花源。可是即使沿着以前所做的记号前进，他们最终还是迷失了方向，再也找不到那个地方了。

85. 这个渔民去上游的目的是：
   A 寻找那片桃花林   B 看望一些老朋友
   C 捕捉到更多的鱼   D 找人打听些消息

86. 渔民遇到的那些人：
   A 热情地招待了他   B 对他有一些怀疑
   C 似乎有许多秘密   D 最近刚刚搬过来

87. 第2段中画线词语"得天独厚"的意思是：
   A 风景十分优美   B 植物极其茂盛
   C 风俗独一无二   D 条件非常优越

88. 渔民再次去寻找那个地方是因为：
   A 家人想去游览   B 官员命令他去
   C 他想搬到那里   D 他很思念老友

89—92.

一艘装满了货物的轮船在大海中航行，船摇晃得厉害，一个在船尾干活儿的年轻人不小心跌进了海里。年轻人大吼救命，可无奈波涛汹涌，船上的人谁也没有听见。他眼睁睁地看着轮船离他越来越远……求生的本能使年轻人在冰冷的海水里拼命地游。他用力挥动着瘦小的双臂，努力

使头伸出水面，睁大眼睛盯着轮船远去的方向。可是，船越来越远，船身越来越小，到后来，什么都看不见了，只剩下一望无际的大海。年轻人的喉咙哑得发不出声音了，身体也冷得几乎失去了知觉。他觉得自己要沉下去了，就对自己说："放弃吧。"这时候，他想起了仁慈友善的老船长。他想：如果船长知道我掉进海里，一定会带人来救我的！想到这里，年轻人鼓励自己不要泄气，要坚持到老船长来救他。

过了将近一个小时，终于有人发现那个年轻人失踪了，此事惊动了老船长。当他断定年轻人肯定是掉进了海里后，下令返回去找他。这时，有人劝

他:"这么长时间了,就算没有被淹死,也让鲨鱼吃了。"还有人说:"我们要抓紧时间赶往下一个港口,如果晚了,经济上的损失怎么办?"船员们都看老船长如何表态。老船长有些犹豫,心里进行着激烈的思想斗争,但最后还是吩咐大家掉转船头。老船长说:"没有什么比人的性命更重要,现在的当务之急是回去救人。"

终于,他们发现了漂浮在海上的年轻人,把他救了上来。当年轻人苏醒过来之后,跪在地上感谢老船长的救命之恩。老船长扶起他,问:"孩子,你怎么可能坚持这么长的时间?"年轻人回答:"我知道您不会放弃我的,您一定会来救我的,一定会的!"听到这里,白发苍苍的船长流下了眼泪:"孩子,谢谢你的信赖。其实,不是我救了你,而是你救了我啊!如果我没有下令回头,我的良心一辈子都会不安的。"

89. 那个年轻人:
    A 干活儿很认真   B 不幸掉进海里
    C 深受船员喜爱   D 性格非常天真

90. 在危难中,支撑着那个年轻人的是:
    A 对船长的信赖   B 对自己的信心
    C 对未来的希望   D 对家人的热爱

91. 当发现年轻人失踪时,有些人:
    A 感到伤心难过   B 不相信是真的
    C 反对回去救他   D 不愿服从船长

92. 当年轻人向老船长表达感激时,老船长:
    A 兴高采烈   B 十分欣慰
    C 非常自豪   D 有些惭愧

93—96.

"西湖"的名称最早始于唐朝,唐朝之前,西湖有"武林水""金牛湖""龙川""钱源""西子湖"等名称。西湖的美不仅在湖,也在于山。西湖地势较低，四周的群山包围着西湖，像众星拱月一样，捧出西湖这颗明珠。西湖最美的景色被称为"西湖十景"，天下闻名，有"苏堤春晓、平湖秋月、花港观鱼"等等。西湖十景各有各的特色，组合在一起又能代表西湖最美的景色。

西湖不但具有山水秀丽之美，而且还有丰富的文物古迹，拥有国家重点文物保护单位 5 处、省级文物保护单位 35 处、市级文物保护单位 25 处，还有各类专题博物馆点缀其中，为之增色。此外，还有许多关于西湖的神话传说，众多诗人也为西湖留下了著名的诗句，这些故事与诗歌表达了人们对西湖深厚的感情。

西湖将自然、人文、历史、艺术巧妙地融合在一起，像一幅色彩柔和的天然图画。当人们坐在西湖边的亭子里，喝上一杯清香的西湖龙井茶，倾听着雨声与湖水声时，时间似乎也停顿了下来，人们体会到了古老的诗意。城市发展日新月异，唯独西湖千百年来景色依旧。无论谁来到这里，西湖都会敞开它的怀抱，给人带来宁静的愉悦。

93. 西湖的地理位置是怎样的？
   A 地势很高
   B 四周环山
   C 地处偏僻
   D 在平原上

94. "西湖十景"是指：
   A 西湖最有名的诗
   B 西湖最美的传说
   C 西湖美景的精华
   D 西湖附近的建筑

95. 关于西湖，可以知道：
   A 文物古迹很多
   B 住着许多诗人
   C 显得十分神秘
   D 适合恋人旅游

96. 千百年过去了，西湖：
   A 变化惊人
   B 日新月异
   C 美丽依旧
   D 逐渐缩小

吃完午饭总爱犯困，小睡一会儿不但可以让紧张的大脑放松下来，而且能提高下午的学习和工作效率。有人习惯午睡片刻，但是由于条件的限制，只能坐在沙发或椅子上小睡一会儿。醒来时，常常会头晕、耳鸣、腿软或面色发白，需要过一段时间才能逐渐恢复，这种现象是由"脑贫血"引起的。

当人们熟睡后，血液的流动会相对减慢。特别是午饭后，较多的血液会进入胃肠系统帮助消化。人们坐在椅子上打盹时，不可能像上班时那样保持良好的坐姿，上身难免会失去平衡，身体弯曲、斜靠或低头趴在桌子上午休等错误姿势都会不同程度地影响流入脑部的血液，久而久之，就会引起头部供血不足，导致上面所说的症状。

有很多人喜欢趴在桌上睡觉，这种姿势不但会影响手臂正常的血液循环，引起双臂、双手发麻、疼痛等不适症状，还会让身体弯曲度增加，压迫胸部，让人觉得呼吸不顺畅。另外，这种睡觉姿势也会压迫眼球，这正是有些人午睡后出现暂时性视力模糊的原因。长期如此，还会引发眼病，高度近视的人尤其要注意。

专家提醒，如果午睡时间短，可以养成不睡午觉的习惯。如果要午睡，千万不要随便凑合，应该尽量采取躺着的姿势休息，保证有足够的血液进入脑组织，这样醒来时不仅头脑清醒，面色红润，而且也有利于健康。此外，专家还建议午休时要做好保暖工作，盖好衣被，因为人在入睡后，体温相对较低，入睡和清醒时的冷热不均容易引发感冒等疾病。

目前，市面上出现了一些午睡枕，它们是根据人体工程学的原理设计的，使用起来也很方便，用嘴轻轻一吹就可以充气，并且可以根据自己的需要来调节枕头的高度。使用时，把午睡枕放在桌子上，脸放在枕头中间的圆洞上，双臂自然弯曲抱住枕头两边，以免对双臂、眼球及面部形成压迫。午睡枕虽然改善了午睡质量，但也并非人人都适合使用。血压过低、血液循环系统有严重障碍、因脑血管变窄而常出现头晕的人，即使有午睡枕帮忙，也不要坐着睡，否则容易出现大脑暂时性供血不足，引发各种疾病。同时，坐着午睡的时间不要过长，以 15～30 分钟为宜，醒后可以活动一下颈部及四肢，增加大脑氧气，以更充沛的精力开始下午的工作。

97. "脑贫血"会引起：

    A 晕车   **B** 疲倦

    C 失明   **D** 头晕

98. 坐着睡会引起什么问题？

    A 四肢感到麻木   **B** 眼部受到压迫

    C 食物难以消化   **D** 脑部供血不足

99. 专家建议：

    A 尽量养成午睡习惯   **B** 午睡时要注意保暖

    C 睡午觉时最好趴着   **D** 午睡时间可以长些

100. 关于"午睡枕"，可以知道：

    A 它的高度是固定的   **B** 让人醒来时很清醒

    C 有些人不适合使用   **D** 常用于躺着午睡时

三、书　写

第 101 题：缩写。

（1）仔细阅读下面这篇文章，时间为 10 分钟，阅读时不能抄写、记录。
（2）10 分钟后，监考收回阅读材料，请你将这篇文章缩写成一篇短文，时间为 35 分钟。
（3）标题自拟。只需复述文章内容，不需加入自己的观点。
（4）字数为 400 左右。
（5）请把作文直接写在答题卡上。

　　林子即将大学毕业，找一份好工作就成了她生活的核心。这天，有同学在报上看到了凤凰公司的招聘启事。能到这家大公司工作是大学生们的梦想，林子也去报了名。报名应聘者有几百名，但是只招一个。经过层层选拔，最后只留下十名应聘者，林子是其中之一。经理对他们说："你们回去好好准备，等王总从国外回来，他要亲自面试。他还让我转告你们，面试的话题就是讲一件自己最难忘的事。"

　　一周后，王总从国外回来了。这是一位慈祥的长者。人事部长安排十名入围者依次进入王总的办公室。大学生们个个精心打扮，在面试时流利地讲述了自己的故事。每个故事都是在展示自己最美好的一面，都在向总裁表明自己会是一名最出色的员工。王总面带微笑地听着，却一直不动声色，似乎还没有哪个应聘者的故事能打动他。

　　最后进来的是衣着朴素的林子，林子说，在她很小的时候，爸爸就瘫痪了，妈妈到处打工挣钱。给人家带孩子，洗衣做饭，打扫卫生，在医院里看护病人，甚至还给医院冲洗过厕所，常常一个人干几份工作，但即使这样，一个月也只能挣几百块钱，所以每个月家里用钱都要精打细算。妈妈把全部的希望都寄托在她身上，盼望她好好学习，将来能有出息。

　　看到妈妈这么辛苦，林子总是比别人多下几倍的工夫，她的学习成绩一直在班级前列。同学们怕的是考试，可她怕的是学校收钱。高三的最后一个学期，林子刚刚交完各种费用，学校又要交 50 元的补课费。回到家里，看着已经满头白发的妈妈，林子怎么也开不了口。林子家离学校远，中午不回去，都是在学校外面的小摊上买个煎饼吃。卖煎饼的夫妻俩在路边摆了个小摊子，女的做煎饼，男的收钱，收的钱就放在一个纸盒里。那天，买煎饼的学生很多，轮到她时，她看见纸盒里有一张50元钱。这时，没有人注意她，她竟然把那张钱抓到了手里，然后拿着做好的煎饼匆匆离开了。后来，她把50元钱交给了班主任，但整个下午老师讲的课，她一句也没听进去。放学经过煎饼摊时，她看见那个女的一面干活儿，一面掉着眼泪埋怨男的说："要干多少天才能挣50块钱啊！"

说到这儿，林子不禁流下泪来，她说："当时我心里痛苦极了。从那以后，每当路过那个小摊子，我就有一种深深的罪恶感。那时我就想，等将来有了工作，一定要把第一个月的薪水全部交给这夫妻俩。我要向他们说清楚一切，求他们原谅。"

听完林子的故事，王总对她说："等你下个月拿到工资，我同你一块儿去见那夫妻俩！"

新 汉 语 水 平 考 试
HSK（六级）
全真模拟试题
（第 8 套）

一、**HSK**（六级）分三部分：

1. 听力（50 题，约 35 分钟）

2. 阅读（50 题，50 分钟）

3. 书写（1 题，45 分钟）

三、全部考试约 140 分钟（含考生填写个人信息时间 5 分钟）。

中国　北京 　　　　　　　　　××××/×××××× 　编制

一、听 力

第 一 部 分

第1—15题：请选出与所听内容一致的一项。

1. A 她想申请工作
   B 她记忆力很差
   C 表格的栏目很特别
   D 她很喜欢这所学校

2. A 海南岛天气非常热
   B 海南岛上梨子很多
   C 海南岛上鲜花很多
   D 海南岛是温带地区

3. A 善于倾听也非常重要
   B 讲话不停顿让人佩服
   C 口头表达能力难培养
   D "滔滔不绝"是贬义

4. A 买奢侈品就是浪费
   B 奢侈品特别容易坏
   C 新式奢侈品价格低
   D 新式奢侈品较环保

5. A 恋爱时摩擦会很大
   B 婚姻让人变得软弱
   C 婚前不能看到缺点
   D 夫妻间要互相体谅

6. A 捆绑销售让人很讨厌
   B 捆绑销售方式不灵活
   C 获得赠品就没有折扣
   D 每件商品都得付运费

7. A 蛋白质的种类不太多
   B 各种蛋白质功能不同
   C 蛋白质不是人必需的
   D 细胞比蛋白质更重要

8. A 兼职的收入都非常高
   B 兼职非常不容易找到
   C 兼职肯定会有好心态
   D 兼职可能会影响工作

9. A 他获得了七项冠军
   B 他的纪录空前绝后
   C 他仍然在当运动员
   D 他用"王子"做商标

10. A 儿子考试没及格
    B 儿子今天旷课了
    C 儿子故意骗老师
    D 试卷不敢给家长

11. A 年轻父母爱打扮
    B 学校常开家长会
    C 上网可查询学校活动
    D 家长没办法参与讨论

12. A 现在还在下雨
    B 气温还是很低
    C 下一周晴天多
    D 外出的人很少

13. A 寓言是给儿童看的
    B 寓言很有教育意义
    C 寓言是名人说的话
    D 寓言只有贵族知道

14. A 传统寒暄注重经济
    B 现代寒暄注重工作
    C 共同话题有利寒暄
    D 寒暄是为了做生意

15. A 老人旅游前要吃药
    B 经常旅游能够治病
    C 老年旅游尽量轻松
    D 老人要吃营养食品

第 二 部 分

第 16—30 题：请选出正确答案。

16. A 孩子的学习压力
    B 家长的教育观念
    C 国家的教育改革
    D 课外的等级考试

17. A 普通父亲
    B 儿科医生
    C 教育专家
    D 小学老师

18. A 过于重视成绩
    B 拒绝开家长会
    C 喜欢惩罚孩子
    D 缺乏科学理论

19. A 思考问题很复杂
    B 不善于跟人交际
    C 学习目标很明确
    D 生活内容不丰富

20. A 向孩子传播知识
    B 完善孩子的人格
    C 让孩子学会让步
    D 改变孩子的出身

21. A 代表了作家的水平
    B 能显示所做的贡献
    C 不值得自己去关注
    D 只是用于娱乐自己

22. A 农民
    B 军人
    C 工人
    D 皇帝

23. A 苦尽甘来
    B 特别平淡
    C 充满孤独
    D 一帆风顺

24. A 抽烟
    B 喝茶
    C 出去散散步
    D 用冷水洗脸

25. A 在乎别人的看法
    B 曾穿越过大沙漠
    C 对目标锲而不舍
    D 是个写作的天才

26. A 董事长
    B 开发商
    C 建筑师
    D 推销员

27. A 肯定会亏损
    B 不容易管理
    C 环境受限制
    D 资金不充足

28. **A** 买不起太贵的产品
    B 会给企业造成压力
    C 与厂家有很多的冲突
    D 能推动太阳能的安装

30. **A** 能让设计更漂亮
    B 会导致公司破产
    C 能促进相互理解
    D 会妨碍环保事业

29. **A** 面积不太大
    B 前景不太好
    C 已经开始招标了
    D 运用了太阳能技术

第 三 部 分

第 31—50 题：请选出正确答案。

31. A 男的贷款开小店
    B 女的单位倒闭了
    C 他们有家大公司
    D 他们进货种类多

32. A 特殊的进货渠道
    B 有效的销售策略
    C 大公司成功的关键
    D 吸引顾客的好办法

33. A 规模庞大
    B 还在规划
    C 前景暗淡
    D 仓库很多

34. A 去外地授课
    B 去学习捕鱼
    C 去竞选国王
    D 去国外洽谈

35. A 嘲笑
    B 称赞
    C 崇敬
    D 羡慕

36. A 各种本领都要学
    B 看待他人要全面
    C 多看自己的长处
    D 指责别人不礼貌

37. A 拒绝
    B 批判
    C 欢迎
    D 为难

38. A 有信仰
    B 有理想
    C 缺乏自我
    D 善于改变

39. A 能服从管理
    B 有合作精神
    C 创新能力强
    D 对公司忠诚

40. A 营养不良
    B 功能退化
    C 变得干燥
    D 颜色发黑

41. A 葡萄皮
    B 葡萄肉
    C 葡萄叶
    D 葡萄籽

42. A 能让皮肤恢复
    B 能让大脑休息
    C 能让心理平衡
    D 能够保存营养

43. A 可增加商品的价值
    B 能让顾客更有面子
    C 能树立产品的形象
    D 可赚取更多的利益

44. A 不能体现时尚
    B 造成资源浪费
    C 阻碍产品销售
    D 危害企业文化

45. A 用绿色的纸来包装
    B 体现消费者的个性
    C 用木头代替纸包装
    D 尽量减少环境危害

46. A 拒绝豪华包装
    B 国际包装观念
    C 包装让人体面
    D 世界能源危机

47. A 是钢琴曲
    B 比较忧郁
    C 歌颂爱情
    D 没人知道

48. A 真挚的想念
    B 内心的悲伤
    C 绝望的爱情
    D 伟大的理想

49. A 有地域的差别
    B 运用范围狭窄
    C 不能寄托感情
    D 可以调剂精神

50. A 能促进思维能力
    B 能活跃人的情绪
    C 可培养逻辑能力
    D 蕴藏着科学知识

二、阅　读

第　一　部　分

第51—60题：请选出有语病的一项。

51. A 医院严重违反了治病救人的义务。
    B 令人振奋的是，股市延续了节前上涨的趋势。
    C 独生子女家庭结构需要健全的社会保障体系来支撑。
    D 遗传和变异是生物界普遍存在的现象，是生命活动的基本特征之一。

52. A 实验终于取得了重大的突破。
    B 机密很快泄露了，他恨得十分咬牙切齿。
    C 甜蜜的爱情在内心慢慢地滋长起来，她充满了喜悦。
    D 运动会即将开幕，历时两年的筹备工作到了最关键的时刻。

53. A 昨天总理主持召开了国务院常务会议。
    B 父母顾虑重重，担心他到国外语言不通。
    C 伴随着商标意识的觉醒，国家及时推出了商标法。
    D 我们把前三个季度决策中出现的问题应该好好归纳一下。

54. A 物价的不断上涨使群众的消费热情逐渐冷却。
    B 这种款式的女大衣一上市，就受到广大女性所欢迎。
    C 动物保护组织为动物们提供了保护，让它们不被虐待。
    D 士兵们攻克了敌人的防守，将鲜红的旗帜插在了高高的城门上。

55. A 企业的领导者确实应该具有宽广的胸怀。
    B 这些骗人的把戏虽然并不高明，但还是有人上当。
    C 两国就边境地区的自由贸易一事签署了战略合作备忘录。
    D 各大报纸关于这起令人震惊的人质事件都在显著位置做了报道。

56. **A** 公司将就这份裁员计划进一步与工会磋商。

B 除非上班地点离家不远，那就只能自备汽车了。

C 每个人身上都携带着 100 多个与癌症等疾病相关的基因。

D 作为战略导弹部队的一名工程兵，与他打交道的是荒凉的大山。

57. **A** 总裁很清醒，没有相信他散布谣言而开除我。

B 所有处理商品请一律前往一楼总服务台进行结算。

C 倒车雷达能以声音或者显示告知驾驶员周围障碍物的情况。

D 接受贿赂被曝光后，他的锦绣前程遭到了毁灭性的打击，为此他后悔不已。

58. **A** 根据地图上的经纬线，导航仪可以精确测量并告知地理位置。

B 丈夫去世后，欠下了一大笔钱，沉重的经济负担压得她喘气不过来。

C 见义勇为是一种美德，但社会更提倡机智的见义勇为，就是既能保护自己又能帮助别人。

D 怀孕后的准妈妈长期接触电脑，肯定会受到辐射，多喝绿茶可以适当降低辐射带来的危害。

59. **A** 地震后，人们在这一片废墟上重新建立起了自己的家园。

B 为了网站的发展，欢迎大家来这里反馈您对论坛的建议和意见。

C 刹那间，他就把一个大活人变没了，这让在场的观众特别诧异得不得了。

D 市场经济条件下所谓的经济杠杆就是市场的自我调节，如供给和需求的变化、价格的涨跌等。

60. **A** 由于利益分配的问题，两家大型连锁超市的联盟最终彻底解散了。

B 今年的毕业生将达到 650 万，比去年多 19 万人，就业形势依然十分严峻。

C 校内女老师居多，家庭教育中也以女性为主，这导致现在很多男孩子比较娇气，畏惧挑战。

D 比起父辈，新一代农民更少后顾之忧。虽然他们的收入中有一部分仍旧寄回农村家庭，但还有一部分会用来城市生活。

第 二 部 分

第 61—70 题：选词填空。

61. 既然_____挫折是人生必经的过程，那么我们就必须教孩子学会接受挫
折。_____一辈子替孩子遮风挡雨，不如让孩子自己去面对人生中的风
雨。挫折对于孩子来说未必是坏事，关键在于他_____挫折的态度。

    A 遭遇   与其   看待   **B** 凝聚   除非   期待
    C 监视   即使   招待   **D** 推测   假使   看望

62. 一些老人乘坐家用汽车时，因为汽车空间_____，想从椅子上开门起身
下车，有时很困难。所以，厂家专门为老人_____了一款汽车门锁，老
人起来时，可以一边用手_____门锁，一边借助门锁反弹的力量开门起
身下车。

    A 饱和   颁发   并列   **B** 宝贵   报销   操纵
    C 狭窄   配备   扭转   **D** 保守   表彰   处置

63. 过去人们在劳动中受伤时，会_____地用手按摩痛处，后来就形成了现
在的按摩医学。按摩师通过在患者_____部位推、揉、捏等动作，将按
摩转化为能量渗透进患者体内，从而_____相关系统的功能。

    A 本事   特意   消毒   **B** 本质   平常   演变
    C 本身   现成   削弱   **D** 本能   特定   修复

64. 中国国际航空股份有限公司昨日正式_____信息，称在首都机场首家推
出自助行李_____服务。这项服务_____了旅客乘机手续，为旅客出
行提供了更大便利，填补了中国此项服务的_____。

    A 发布   托运   简化   空白
    B 发行   携带   主办   专利
    C 发觉   转让   制止   预兆
    D 发扬   装备   征收   趣味

65. 没有在海滨拍的照片？没关系，只要有图片_____软件，世界上的任何一个角落都可以看到你的身影，而且不露_____。不过，这也使得一些_____的图片传播出来，有的难以_____真假，让人产生不信任感。

A 鉴定　　　级别　　　简陋　　　当选
B 化验　　　迹象　　　夹杂　　　回避
C 代理　　　威力　　　调和　　　打击
D 合成　　　痕迹　　　伪造　　　鉴别

66. 中国人认为"民以食为天"，_____爱把什么都看成吃的、说成吃的，有一种特别的"泛食主义"_____。首先，人就是"口"，叫"人口"。人既然是口，职业和工作就是"饭碗"。如果自己不工作，_____储蓄过日子，就叫"吃老本"。老本_____有"吃"完的一天，就叫"坐吃山空"。

A 以致　　　倾向　　　依靠　　　终究
B 造成　　　要素　　　响应　　　时而
C 推测　　　信念　　　索赔　　　往常
D 妄想　　　胸怀　　　贪污　　　随即

67. 郑和下西洋是指明朝初期，一位叫郑和的大臣奉皇帝的命令，七次亲自_____庞大的船队，到世界各地去访问的_____。这样的航海活动，其时间之长、规模之大、范围之广在中国古代史上都是_____的，在世界航海发展史上也占有_____的位置。

A 资助　　　事业　　　争先恐后　　　相辅相成
B 治理　　　踪迹　　　再接再厉　　　任重道远
C 率领　　　事迹　　　空前绝后　　　举足轻重
D 整顿　　　章程　　　力所能及　　　统筹兼顾

68. 人们都希望天生_____像广告中那样乌黑亮丽的头发，其实，只要做好头发的_____和护理，定期更换不同的洗发水，每天梳头10分钟，促进头部血液的循环，_____充足的睡眠，头发就会_____出健康的光彩。

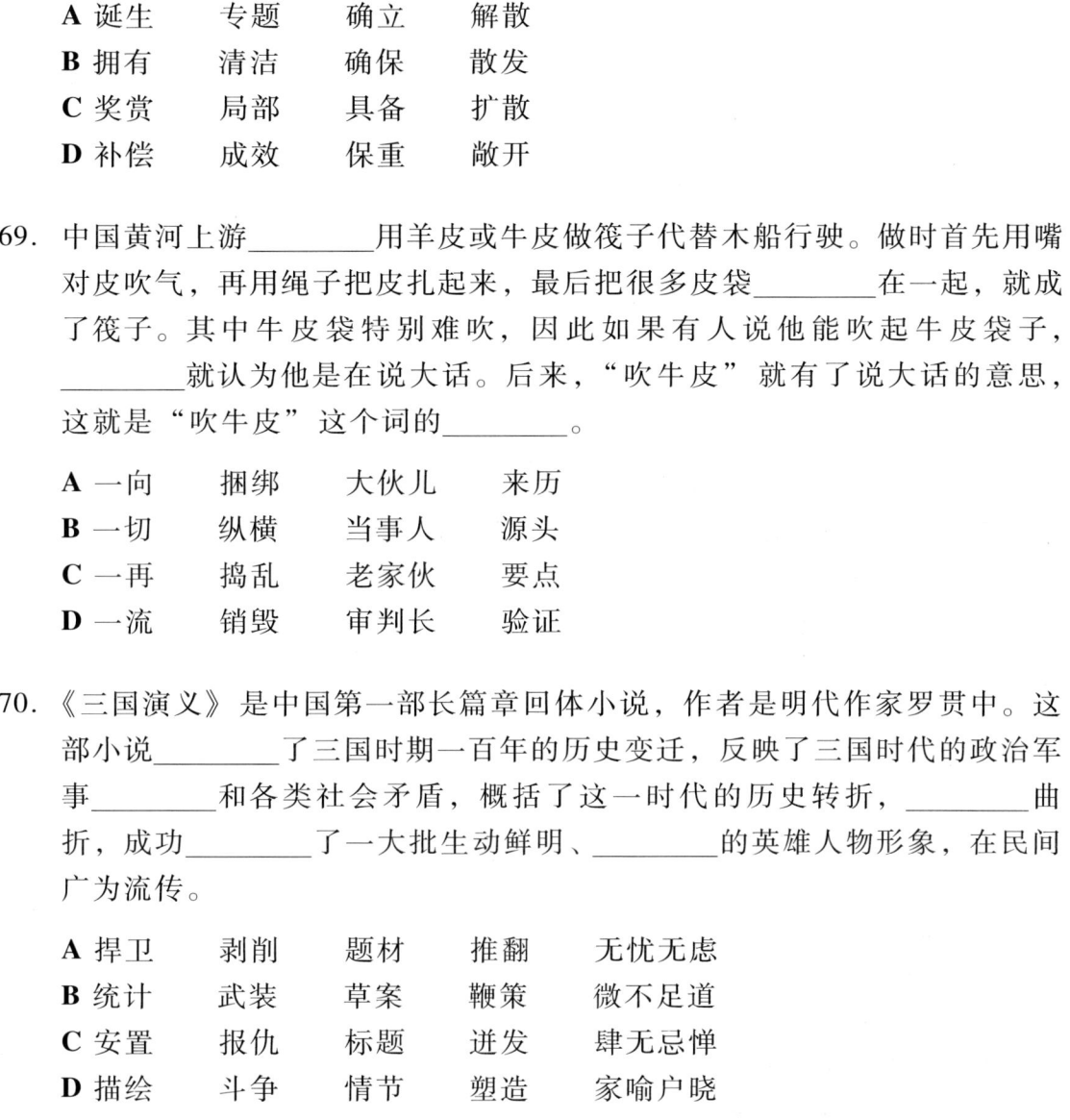

A	诞生	专题	确立	解散
B	拥有	清洁	确保	散发
C	奖赏	局部	具备	扩散
D	补偿	成效	保重	敞开

69. 中国黄河上游_____用羊皮或牛皮做筏子代替木船行驶。做时首先用嘴对皮吹气，再用绳子把皮扎起来，最后把很多皮袋_____在一起，就成了筏子。其中牛皮袋特别难吹，因此如果有人说他能吹起牛皮袋子，_____就认为他是在说大话。后来，"吹牛皮"就有了说大话的意思，这就是"吹牛皮"这个词的_____。

A	一向	捆绑	大伙儿	来历
B	一切	纵横	当事人	源头
C	一再	捣乱	老家伙	要点
D	一流	销毁	审判长	验证

70. 《三国演义》是中国第一部长篇章回体小说，作者是明代作家罗贯中。这部小说_____了三国时期一百年的历史变迁，反映了三国时代的政治军事_____和各类社会矛盾，概括了这一时代的历史转折，_____曲折，成功_____了一大批生动鲜明、_____的英雄人物形象，在民间广为流传。

A	捍卫	剥削	题材	推翻	无忧无虑
B	统计	武装	草案	鞭策	微不足道
C	安置	报仇	标题	进发	肆无忌惮
D	描绘	斗争	情节	塑造	家喻户晓

第 三 部 分

第71—80题：选句填空。

71—75.

春秋时代有一位美女名叫西施，她的美貌简直到
了倾国倾城的程度。西施只化淡妆，衣着朴素，举止
文雅，无论她走到哪里，（71）_____。

西施患有心口疼的毛病。有一天，她在河边洗衣服
的时候，老毛病又犯了。她用手按着胸口，疼得眉毛都
皱了起来，自然流露出一种温柔的女性美。当她往回走
时，大家都注视着她，（72）_____。

乡下有一个丑女子，不仅相貌难看，（73）_____。
这一天，看到西施捂着胸口、皱着双眉的样子竟得到这
么多人的欣赏，因此回去以后，（74）_____，手捂胸口，紧皱眉头，在村
里走来走去。谁知这种无病呻吟的虚伪做法使她的样子更难看了，大家看见都
赶紧远远地躲开。

这个女人只知道西施皱眉的样子很美，却不知道她为什么很美，而去简单
模仿她的样子，（75）_____。

A 而且一举一动没有修养
B 觉得她散发着一种魅力
C 结果反而被大家所讥笑
D 没有人不赞叹她的美丽
E 她也模仿起西施的样子

76—80.

有个画展征求能够表现宁静的画作，并且决定对最能表现出宁静的画家给予重奖。许多画家争先恐后地交上了画作。当评委们看完所有的画作之后，（76）_____。

其中一幅画儿画的是一汪湖水，（77）_____，湖的四周环绕着高耸入云的群山，湖上方蓝色的天空中点缀着朵朵白云。所有看过这幅画儿的人，都认为它是最能体现宁静的画儿了。

而另一幅画儿呢？上面也画着群山，但却是一些光秃秃的山。不仅如此，天空中乌云密布，还有闪电，下着大雨。在大山一侧的悬崖峭壁上，一条瀑布飞流直下，（78）_____。本来评委们都准备否决这幅画儿了，但是，当大家靠近仔细看的时候，却发现在那瀑布后面的岩石缝中有一小丛草木正蓬勃地生长着。而就在那丛草木中间，一只鸟妈妈做了一个窝。画面上，（79）_____，陪伴着几只小鸟，听着瀑布的滔滔水声，神情是那么安详。

最后，评委们选中了第二幅。他们的观点是："宁静是当我们身在嘈杂的环境或艰难的生活中时，（80）_____。"

A 根本看不出宁静

B 平静得像一面镜子

C 鸟妈妈安静地躺在窝里

D 内心却仍然保持一份安宁

E 认为只有两幅比较让人满意

第 四 部 分

第81—100题：请选出正确答案。

81—84.

眼下个性化的手机铃声正在流行。这些个性化的铃声为生活增添了色彩，但是过于个性化的铃声应注意使用场合。这就像穿衣打扮一样，分家里和家外两种。过于随意的衣服可以在家里穿，但在办公室拜访客人时就不能穿，手机铃声也是如此。现在很多年轻人喜欢选用"爸爸，来电话了""妈妈，来电话了"，还有狗叫声作为铃声。在办公室和一些严肃的场合，倘若响起这种铃声，对周围的人会是一种干扰。如果确实喜欢用，务必预先将铃声调到振动上。相对而言，个性化的铃声更适合较年轻、个性比较现代的一代人，而一些年长者或者有一定身份的人如果选择某些比较好笑的铃声，肯定会损害自己的形象。

此外，铃声不能给公众传递错误信息。曾经发生过这样一件令人哭笑不得的事。一名警察经过一辆豪华旅游车时，突然听到一阵急切的呼喊声："抓贼呀，抓贼呀，抓偷手机的贼！"警察急忙将这辆旅游车拦住，可上车一看，根本没有偷手机的贼，乘客们全都在睡觉。原来这"呼救"声是从一名熟睡的乘客的手机里传出的。可想而知，如果这样的铃声到处都是的话，公众秩序一定大乱。

还有，手机铃声要柔和，不能调得过大，以离开座位两米可以听见为宜。有些人的铃声像是"凶铃"，在大家埋头干活儿时突然刺耳地响起，让人心跳都会加快。尤其是在医院、幼儿园等场合，过大的铃声会成为一种声音污染。

81. 个性化铃声要注意：

    A 增加色彩　　　　　　　　**B** 搭配衣服
    C 使用场合　　　　　　　　**D** 传递信息

82. 在办公室时不妨把比较好笑的铃声：

    A 开到最大　　　　　　　　**B** 彻底作废
    C 转发同事　　　　　　　　**D** 调到振动

83. 第2段中画线词语"哭笑不得"的意思是：
   A 尴尬　　　　　　　　　　　　B 甘心
   C 绝望　　　　　　　　　　　　D 反感

84. 本文主要想告诉我们：
   A 礼貌地使用个性化铃声　　　　B 手机会影响别人的生活
   C 手机的功能更加丰富了　　　　D 手机可能产生环境垃圾

85—88.

现代人经常感叹，虽然工作、学习都很紧张，但时常会感到内心像被抽空了一样，空虚寂寞。空虚就是内心不充实的感觉，当社会价值多元化时，往往会导致人们产生这种空虚感。那么，怎么才能摆脱空虚呢？

空虚心态往往是在两种情况下出现的：一是没有远大的目标，二是目标不切实际，使自己因难以实现目标而失去动力。因此，摆脱空虚必须根据自己的实际情况，及时调整生活目标，从而调动自己的潜力，充实生活内容。

同时，还应该想到，我们不是孤独的，是社会的人。当一个人失意或徘徊时，特别需要有人给以力量和支持，予以同情和理解。空虚时不妨尝试向朋友或家人诉说，获得周围人的情感支持和帮助。

当然，自己的努力是最重要的。读书是填补空虚的良方。读书能使人找到解决问题的钥匙，使人从寂寞空虚中解放出来。读书越多，知识越丰富，生活也就越充实。此外，忘我地工作也是摆脱空虚的好措施。当一个人集中精力、全身心投入工作时，就会忘却空虚带来的痛苦与烦恼，并从工作中看到自身的社会价值，使人生充满希望。

最后，当某一种目标受到阻碍难以实现时，不妨进行目标转移，比如在学习或工作以外培养自己的业余爱好，如绘画、书法、打球等，使心情平静下来。当一个人有了新的乐趣之后，就会产生新的追求；有了新的追求就会逐渐完成对生活内容的调整，并从空虚的状态中解脱出来，迎接丰富多彩的新生活。

85. 下面哪种情况会导致人们产生空虚感？
    A 没有远大的目标　　　　　　B 感情生活受打击
    C 已经获得了成功　　　　　　D 业余爱好太丰富

86. 全身心地投入工作有可能会：
    A 提高报酬　　　　　　　　　B 忘却烦恼
    C 找到朋友　　　　　　　　　D 失去动力

87. 最后一段中画线短语"目标转移"指的是：
    A 离开原来公司　　　　　　　B 无法集中精力
    C 培养新的爱好　　　　　　　D 忽略主要矛盾

88. 最适合做本文标题的是：
    A 摆脱空虚　　　　　　　　　B 调整目标
    C 关心朋友　　　　　　　　　D 重视阅读

89—92.

龙井茶是中国著名的绿茶，被称为"中国第一茶"。它盛产于浙江省会杭州的西湖一带，已有 1200 余年的历史。龙井茶色泽翠绿，香味浓郁，甘醇爽口，形状犹如麻雀的舌头，有"色绿、香郁、味甘、形美"四绝的特点。

龙井茶得名于一口叫龙井的圆形泉池。龙井位于西湖边的龙井村，即使在干旱的季节也从来不会干，古人以为这口泉水与大海相通。更为奇特的是，如果搅动它，水面上就会出现一条分水线，仿佛丝一样摆来摆去，人们以为水里有龙，摆动的是龙的胡须，因此把它称为"龙井"。

龙井村一带土地肥沃，周围山峦重叠，林木茂盛，地势北高南低，既能阻挡北方的寒流，又能保留住南方的暖流，因此这一带上空常年有一片云雾。良好的地理环境和优质的水源为这一带的茶叶生产提供了独特的自然条件。

龙井村的茶之所以闻名，还要感谢清朝的一位皇帝——乾隆。传说当年乾隆皇帝到江南考察时，来到杭州龙井狮峰山下，学着采茶。刚采了一把，忽然大臣来说他的母亲病了，要他赶快回北京。乾隆赶回北京，还带回了一把已经干了的杭州狮峰山的茶叶。太后想尝尝这茶叶的味道，泡上喝了一口，双眼顿时舒服多了，喝完了茶，消化好了，精神也好了。太后高兴地说："杭州龙井的茶叶真是像神仙的药一样有效！"乾隆皇帝立即吩咐，将杭州龙井狮峰山下那十八棵茶树定为皇家茶树。

新中国成立后，龙井茶在浙江省内得到了广泛的种植，品质各不相同，其中以西湖龙井的品质最佳。一般每年3～5月份采摘和制作的茶叶称为春茶。因原料等级不同，加工技术也不尽相同，产品各有特色。特级西湖龙井茶全是手工炒制的。鲜嫩的茶芽在80℃的温度下加工，要求保持茶叶的颜色、香味和美观。炒茶每锅一次只能炒二两，一个熟练的炒茶能手，一天最多也只能炒两斤多。

89. 龙井的特点是：
    A 直接通向大海　　　　　　B 水不会枯竭
    C 水会散发香味　　　　　　D 里面有条龙

90. 龙井村的地理条件怎么样？
    A 常年有云雾　　　　　　　B 常受冷空气影响
    C 土地很干旱　　　　　　　D 附近有一片大海

91. 关于龙井茶，可以知道：
    A 是一种好药　　　　　　　B 皇帝才能喝到
    C 能治好眼病　　　　　　　D 已被广泛种植

92. 特级西湖龙井茶炒制时有什么要求？
    A 完全用手工来炒　　　　　B 只能在低温下炒
    C 对重量没有限制　　　　　D 要添加一些香料

蜜蜂是社会性昆虫，过着集体生活。一个正常的蜜蜂群体，是由一只蜂王、几万只工蜂及数百只雄蜂组成的，它们在形态、生理和职能上均有明显的区别和严格而明确的分工。

其中蜂王是雌性的母蜂，个体大，发育完善，专门负责养育后代；而雄蜂唯一的职能就是与蜂王结合，使蜂王产生后代，它们与蜂王结合后就死去了。不过，在蜂群中数量占绝大多数的是工蜂，这些工蜂都是一些发育不完全的雌性蜜蜂，它们体形较小，职能是负责采集花粉、花蜜，酿蜜，喂幼虫和蜂王，建造及清洁蜂房，调节室温以及抵抗敌人。

工蜂的头是三角形的，具有一对发达的复眼和三个单眼，能发现蜂蜜的来源。春暖花开的季节，一些做探测工作的蜜蜂就飞出去寻找蜜源。当它们在外面找到了蜜源，就吸上一点儿花蜜和花粉，很快地飞回来。回到蜂群后，它就不停地跳起舞来。你不要以为这仅仅是一种欢乐的表现，其实这舞蹈是蜜蜂用来表示蜜源的远近和方向的。蜜蜂的舞蹈一般有圆形舞和"8字舞"两种。如果找到的蜜源离自己不太远，就表演圆形舞；如果蜜源离得比较远，就表演8字舞。跳舞时如果头向着上面，那么蜜源就是在对着太阳的方向；要是头向着下面，蜜源就是在背着太阳的方向。

蜂箱里的工蜂得到了好消息，会很快按照指示的方向飞去。这些外出的蜜蜂采满花蜜飞回来后，也同样向同伴们跳舞，动员大家都去采蜜。这样一传十，十传百，越来越多的蜜蜂都飞向蜜源进行采集。一只蜜蜂大约要采集1000朵花，才能装满自己的嗉囊，装满后回家倒空，又去采集新的花粉。这样，它每天都要飞出去约10次。要酿造1千克蜂蜜，大约需要6万只蜜蜂整整采集一天。

93. 蜂王的职能是：
    A 孕育后代　　　　　　　B 寻觅食物
    C 抵挡敌人　　　　　　　D 收拾蜂房

94. 根据本文，下列哪项正确？
    A 工蜂是雄性的   B 蜂群分工明确
    C 雄蜂寿命很长   D 蜂王战斗力强

95. "8字舞" 表示：
    A 发现了敌人   B 心情很快乐
    C 蜜源离得远   D 向蜂王挑衅

96. 本文主要介绍了：
    A 蜜蜂的家庭情况   B 蜜蜂如何采蜜
    C 蜜蜂的生育过程   D 蜜蜂的娱乐生活

97—100.

这个小镇今天仍然保存着朴实的民风和传统的建筑，因而成为一个旅游怀旧的好地方。到小镇来旅游的人越来越多，小镇的商业设施已不能满足游人的需要了。有两个年轻人发现了这一商机，分别向镇委会提出申请，要在小镇上建超市。

镇委会经过反复磋商，终于同意了两个人的要求，但却提出超市必须建在距离小镇十公里以外的地方，以免破坏小镇的格局。

两个年轻人马上分别开始建造自己的超市。其中一个姓李的年轻人曾到过大城市，了解规模的重要性，因此，他充分利用这块土地，建成了一家豪华的大超市，并尽可能使店里的货物种类更齐全。而对手呢，却只使用一半的土地建成了超市。

两家超市同一天开业，经营状况却出现了一边倒的现象。大部分游客和小镇上的人都涌进了对方的超市，而小李这边却很不景气。尽管小李使出了浑身解数，最终也未能扭转自己破产的命运。

小李决定远走他乡，在临行前，他拜访了自己的对手，并对对手说："我承认我的失败，但我想不通，我究竟输在哪里？"

对手微笑着说："我亲爱的朋友，你忽略了一个重要的问题。这里距离游客的观光地——我们的小镇还有十公里的距离，所以，他们都是驾车前来，我为他们留出一片空地作为停车场，这也就成了他们到我的超市购物的基本理由。所谓给他人方便就是给自己方便，那片空间的价值就在这里。"

97. 人们来小镇旅游是因为它：
   A 超市有特色   **B** 有传统风味
   C 充满了商机   **D** 旅游设施全

98. 小李的超市：
   A 规模很庞大   **B** 配套设施好
   C 格局很合理   **D** 服务很热情

99. 第 4 段中画线短语"使出了浑身解数"的意思是：
   A 兴高采烈   **B** 自力更生
   C 恰到好处   **D** 竭尽全力

100. 本文主要想告诉我们：
   A 扩大企业规模导致破产   **B** 旅游业发展要保持特色
   C 为别人着想让自己受益   **D** 根据实际能力创办事业

三、书　写

第 101 题：缩写。

（1）仔细阅读下面这篇文章，时间为 10 分钟，阅读时不能抄写、记录。
（2）10 分钟后，监考收回阅读材料，请你将这篇文章缩写成一篇短文，
　　　时间为 35 分钟。
（3）标题自拟。只需复述文章内容，不需加入自己的观点。
（4）字数为 400 左右。
（5）请把作文直接写在答题卡上。

　　有一个年轻人，从很小的时候起，就有一个梦想，希望自己能够成为一名出色的赛车手。他在军队当兵的时候，曾开过卡车，这对他掌握熟练的驾驶技术起到了很大的帮助。

　　离开部队后，他选择到一家公司开车。在工作之余，他仍一直坚持参加一支业余赛车队的技能训练，只要有机会遇到车赛，他都会想尽一切办法参加，这耗费了他大量的时间与精力。因为得不到好的名次，他在赛车上的收入几乎为零，这也使得他欠下了一笔数目不小的债。

　　那年，他参加了一次省级的赛车比赛。当比赛进行到一半的时候，他的赛车位列第三，他有很大的希望在这次比赛中获得好名次。

　　突然，他前面那两辆赛车发生了相撞事故，他迅速地转动赛车的方向盘，试图躲开他们，但终究因为车速太快而未能成功。结果，他撞到车道旁的墙壁上，赛车在燃烧中停了下来。

　　当他被救出来时，手已经被烧焦，鼻子也不见了，体表烧伤了 40%。医生给他做了 7 个小时的手术之后，才使他从死神的手中挣脱出来。经历这次事故后，尽管他的性命保住了，可他的手缩得像鸡爪一样。医生告诉他说："以后，你可能再也无法开车了。"

　　然而，他并没有因此而灰心绝望。为了实现那个梦想，他决心再一次为成功付出代价。他接受了一系列手术，为了恢复手指的灵活性，每天他都不停地练习抓木条，有时疼得满头大汗，可他仍然坚持着。他始终坚信自己的能力。在做完最后一次手术之后，他回到了公司，并继续练习赛车。

　　仅仅 9 个月之后，他又返回了赛场！他又参加了一场赛车比赛，但没有获胜，因为他的车在中途意外地熄火了。不过，在随后的一次全程 200 英里的汽

车比赛中，他取得了第二名的成绩。

又过了两个月，仍是在上次发生事故的那个赛场上，他满怀信心地驾车进入赛场。经过一番激烈的竞争，他最终赢得了比赛的冠军。

当他第一次以冠军的姿态面对热情的观众时，他流下了激动的眼泪。媒体纷纷将他围住，并向他提出一个相同的问题："在遭受了那次沉重的打击之后，是什么力量使你重新振奋起来的呢？"

此时，他手中拿着一张这次比赛的广告画，上面是一辆赛车迎着太阳飞驰。他没有回答，只是微笑着用黑色的水笔在图片的背面写了一句话："把失败写在背面，我相信自己一定能成功！"

북경대에서 온

국내 최다

新HSK

6급공략
실전 모의고사

정답 및 듣기 대본

中华人民共和国万岁　　　世界人民大团结万岁

HSK（六级）全真模拟试题（第1套）答案

一、听　力

第 一 部 分

1．A	2．D	3．A	4．C	5．
6．B	7．A	8．D	9．B	10．
11．D	12．A	13．C	14．B	15．

第 二 部 分

16．B	17．A	18．B	19．C	20．
21．C	22．C	23．C	24．D	25．
26．A	27．C	28．C	29．C	30．

第 三 部 分

31．C	32．D	33．A	34．B	35．
36．B	37．A	38．B	39．A	40．
41．D	42．A	43．A	44．B	45．
46．D	47．A	48．D	49．C	50．

二、阅　读

第 一 部 分

51．B	52．B	53．A	54．D	55．
56．D	57．D	58．B	59．D	60．

第 二 部 分

61．C	62．A	63．D	64．A	65．
66．C	67．D	68．B	69．A	70．

71．E	72．A	73．D	74．B	75．C
76．C	77．A	78．E	79．B	80．D

第 四 部 分

81．A	82．D	83．D	84．B	85．B
86．C	87．B	88．A	89．C	90．A
91．C	92．B	93．C	94．B	95．D
96．D	97．B	98．C	99．D	100．A

三、书 写

101．参考范文

为了儿子的要求

　　由于母亲怀孕时用错了药，她天生只有微弱的光感。15岁时，她开始在盲人学校学习跳远，20岁进入国家队，22岁获得残奥会冠军。后来，她到一家工厂上班，结婚生子，过着普通女子的生活。

　　也许是遗传了自己的基因，儿子的眼睛也看不见。一家两个盲人，仅靠夫妻两人那点儿微薄的收入难以维持，丈夫最终还是支撑不住，与她离婚了。下岗让她的生活雪上加霜。这时政府向他们伸出了援助之手，他们家被认定为特困户，可以每月领取300元的生活费。

　　那天，她带着儿子来到会场，接过那300元钱，转身面向台下弯腰致意。但当她示意儿子弯腰表示感谢时，儿子却说："妈妈，下次我能不能不陪你来这儿？我不喜欢。"那一瞬间她明白了，儿子需要的不是同情而是尊严，而这也是她需要的。

　　为了儿子，她决定放弃政府的资助，重新开创一番事业。于是，她开始学习按摩。历经种种困难和挫折，她的按摩院终于在2001年开张了。现在，她已开办了第二家按摩院。更让她开心的是，儿子也开始在北京的盲人学校学习按摩。在儿子的心中，母亲是个了不起的人，是他学习的榜样。

HSK（六级）全真模拟试题（第2套）答案

一、听　力

第 一 部 分

1．B	2．D	3．C	4．A	5．
6．B	7．A	8．C	9．D	10．
11．D	12．A	13．B	14．B	15．

第 二 部 分

16．B	17．D	18．D	19．D	20．
21．D	22．B	23．A	24．C	25．
26．D	27．C	28．A	29．B	30．

第 三 部 分

31．C	32．B	33．A	34．D	35．
36．C	37．A	38．B	39．C	40．
41．A	42．C	43．D	44．B	45．
46．C	47．C	48．A	49．C	50．

二、阅　读

第 一 部 分

51．B	52．B	53．C	54．A	55．
56．C	57．B	58．B	59．A	60．

第 二 部 分

61．A	62．C	63．D	64．B	65．
66．C	67．C	68．D	69．D	70．

| 71. B | 72. D | 73. E | 74. C | 75. A |
| 76. D | 77. E | 78. B | 79. A | 80. C |

第 四 部 分

81. B	82. A	83. C	84. D	85. A
86. B	87. B	88. C	89. B	90. B
91. D	92. A	93. B	94. C	95. A
96. A	97. B	98. C	99. A	100. A

三、书　写

101. 参考范文

温暖的留言

　　在台湾，有一位六十多岁的妈妈，每天都给女儿打电话。她听到的总是语音信箱的留言："对不起，我现在很忙，有事请留言哦！"明明知道女儿不在电话那头，她仍会慈爱地回答："好，你去忙，妈妈明天再给你打！"

　　而事实上，这声音的主人已在一年前因交通事故去世了。女儿走后，这个手机再也无人使用，可母亲仍然按时交纳月租费。每天听着这句留言，她就觉得女儿并未走远。

　　带着这份遐想，母亲挨过了一个又一个漫长的夜晚，挨过了一寸又一寸的疼痛。可是，有一天，留言竟然消失了！母亲顿时犹如失掉了整个世界。原来，电信公司进行了语音系统升级，而这位母亲从未看过短信通知，所以她失去了这个珍贵的留言，这让母亲彻底崩溃了。

　　母亲打电话给电信公司，客服人员立即将此事通报给相关部门。工作人员花了一个月的时间，找到了她女儿的录音，并把它汇入新的语音系统。母亲终于又听到了那活泼俏皮的声音。为了永远不再遗失这条留言，公司人员将这段录音拷贝到光盘里，赠送给这位母亲。

　　也许我们都是普通人，无法阻止灾难的发生，可我们能够用爱心去缝合一位母亲破碎的心，留住她的温暖。

HSK（六级）全真模拟试题（第3套）答案

一、听　力

第 一 部 分

1. B	2. C	3. A	4. D	5.
6. B	7. D	8. B	9. A	10.
11. C	12. A	13. A	14. B	15.

第 二 部 分

16. C	17. D	18. B	19. A	20.
21. A	22. B	23. C	24. D	25.
26. C	27. A	28. B	29. D	30.

第 三 部 分

31. C	32. A	33. B	34. B	35.
36. A	37. C	38. D	39. A	40.
41. B	42. A	43. D	44. C	45.
46. B	47. A	48. C	49. B	50.

二、阅　读

第 一 部 分

51. A	52. C	53. B	54. C	55.
56. A	57. D	58. C	59. B	60.

第 二 部 分

61. A	62. B	63. C	64. B	65.
66. A	67. D	68. B	69. A	70.

| 71. D | 72. B | 73. A | 74. E | 75. C |
| 76. C | 77. D | 78. A | 79. B | 80. E |

第 四 部 分

81. B	82. D	83. C	84. A	85. A
86. B	87. C	88. D	89. B	90. C
91. A	92. D	93. B	94. A	95. C
96. D	97. C	98. C	99. B	100. A

三、书 写

101. 参考范文

爱的坚持

　　在一个小镇上，有一个名叫乐天的男孩。16岁那年，他唯一的亲人——父亲不幸患上了一种罕见的肺病。医生们对这种病也无能为力，只是建议："如果病人能生活在空气新鲜的大森林里，改善呼吸环境，或许有一线生机。"可乐天的父亲身体非常虚弱，无法去有森林的地方生活。看着父亲的病越来越重，乐天决定：自己为父亲种出一片森林来。

　　从此，乐天攒下每一分零花钱，周末他还到镇上卖报纸，用这些钱来买树苗。卖树苗的老板也被他深深感动了，常常只收他半价，并教给他一些栽培的知识。

　　由于当地干旱少雨，乐天种下的树苗大部分很快就枯死了，活下来的几株也显得营养不良。镇上的人都劝乐天放弃这个愚蠢的想法，但他总是一笑了之。为了照顾父亲，他甚至放弃了上大学的机会，一如既往地种着树苗。一年年过去了，树苗越来越多，也越来越高。乐天经常换着父亲去树林中散步。后来，医学专家对乐天父亲再次诊治时发现：老人身上的肺部症状已经消失了，他的肺部跟正常人一样了。

　　其实只要心中有爱，无论在多么贫瘠的土壤里，都能长出最粗壮的树木。

HSK（六级）全真模拟试题（第4套）答案

一、听 力

第 一 部 分

1．D	2．C	3．D	4．B	5．
6．D	7．A	8．B	9．D	10．
11．B	12．A	13．A	14．C	15．

第 二 部 分

16．A	17．D	18．A	19．B	20．
21．D	22．A	23．B	24．C	25．
26．A	27．C	28．B	29．D	30．

第 三 部 分

31．C	32．B	33．A	34．B	35．
36．B	37．B	38．D	39．A	40．
41．B	42．A	43．C	44．A	45．
46．C	47．B	48．C	49．A	50．

二、阅 读

第 一 部 分

51．B	52．B	53．C	54．B	55．
56．D	57．D	58．C	59．D	60．

第 二 部 分

61．A	62．B	63．D	64．C	65．
66．A	67．D	68．B	69．A	70．

71．D	72．A	73．B	74．E	75．C
76．C	77．A	78．E	79．D	80．B

第 四 部 分

81．B	82．A	83．C	84．C	85．C
86．B	87．A	88．D	89．C	90．B
91．B	92．A	93．C	94．A	95．D
96．C	97．A	98．B	99．B	100．C

三、书　写

101．参考范文

不平凡的平凡女孩

　　她是一个安静的女孩，对未来有着美好的愿望。但是现实与理想总是有差距。上大学后，她因种种不如意陷入了深深的抑郁中。内向的她决定通过奋斗来出人头地。可是，她渐渐发现自己并没有什么特别出色的地方，只是个平凡而普通的女孩，跟成功根本沾不上边。就这样，她对成功、鲜花和荣耀慢慢死心了。

　　之后，她的心态改变了，不再那么急躁了。那段时间她经历了焦虑与压抑，同时也学会了如何调节情绪。改变了心情之后的她，开始在平庸中发现惊喜。慢慢地，她发现了身边普通人的一些趣事，并且根据这些创作出搞怪的卡通图片。没想到，她设计的可爱、搞怪的小兔子引起了大家的兴趣，迅速成了网虫们最爱的表情人物。

　　这个创作"兔斯基"系列图片的女孩叫王卯卯，今年21岁，是北京一所高校动画专业的学生。这个平凡女孩的成功告诉我们：面对生命中的迷茫，我们应该学会在苦闷中寻找快乐，在平和中创造未来。

　　凡有蓝天处，必有阳光；凡有成功处，就必有笑对苦闷人生的智慧！

HSK（六级）全真模拟试题（第5套）答案

一、听　力

第 一 部 分

1. A	2. C	3. C	4. B	5.
6. A	7. C	8. D	9. B	10.
11. D	12. D	13. D	14. A	15.

第 二 部 分

16. D	17. B	18. C	19. C	20.
21. A	22. C	23. D	24. B	25.
26. D	27. C	28. B	29. A	30.

第 三 部 分

31. A	32. B	33. D	34. C	35.
36. A	37. B	38. D	39. B	40.
41. B	42. D	43. A	44. C	45.
46. C	47. A	48. B	49. D	50.

二、阅　读

第 一 部 分

51. B	52. D	53. C	54. A	55.
56. B	57. D	58. B	59. D	60.

第 二 部 分

61. C	62. D	63. B	64. A	65.
66. C	67. B	68. D	69. A	70.

第 三 部 分

71．C	72．E	73．D	74．A	75．B
76．D	77．A	78．B	79．E	80．C

第 四 部 分

81．B	82．D	83．A	84．D	85．B
86．D	87．A	88．B	89．B	90．D
91．C	92．A	93．A	94．D	95．C
96．A	97．D	98．B	99．D	100．B

三、书 写

101．参考范文

小小消防员

　　小西得了重病，即将面临手术。小西的妈妈看着儿子痛苦的表情，决定在手术前让儿子实现他的一个梦想。小西告诉妈妈，他的梦想是成为一名消防队员，但是因为自己身体不好，可能以后当不了。于是妈妈去了当地的消防队，跟队长刘安说明了情况。队长非常理解小西妈妈的心情，他不但答应让小西当一天的荣誉消防队员，跟他们一起出勤，还说会给小西定做一套合身的消防队员制服。

　　三天后，刘安来到医院帮小西穿好制服，带着他来到了消防队。当天小西出了三次任务，乘坐了不同的消防车，还接受了电视台的采访。小西的心情好多了。他开心地对妈妈说，等自己病好之后就去做消防队员。手术很成功，小西的妈妈把这个好消息也告诉了队长。

　　第二天，队长带着几名消防队员开着消防车来到了医院，他们爬上云梯，从窗户进入小西的房间，跟小西拥抱、握手。队长给渴望成为真正的消防队员的小西一张荣誉证书，上面写着"我们城市最年轻的消防队员"。

HSK（六级）全真模拟试题（第6套）答案

一、听 力

第 一 部 分

1．A	2．C	3．A	4．B	5．
6．A	7．B	8．C	9．D	10．
11．A	12．D	13．B	14．C	15．

第 二 部 分

16．B	17．A	18．C	19．B	20．
21．B	22．C	23．A	24．D	25．
26．C	27．A	28．C	29．B	30．

第 三 部 分

31．C	32．D	33．C	34．C	35．
36．D	37．C	38．A	39．B	40．
41．B	42．D	43．A	44．B	45．
46．B	47．B	48．D	49．A	50．

二、阅 读

第 一 部 分

51．C	52．A	53．D	54．C	55．
56．D	57．B	58．A	59．C	60．

第 二 部 分

61．A	62．D	63．B	64．C	65．
66．C	67．A	68．B	69．B	70．

71. C	72. A	73. E	74. B	75. D
76. D	77. C	78. A	79. E	80. B

81. D	82. C	83. B	84. A	85. B
86. C	87. A	88. D	89. B	90. A
91. D	92. A	93. D	94. D	95. C
96. A	97. A	98. D	99. C	100. B

三、书　写

101. 参考范文

我的父亲

　　十岁那年冬天，我发高烧，躺在床上想吃冰棍，可那时只有一个地方有冰棍卖，而且离医院有三里路。父亲出去了很久才回来。一进屋，他从怀里掏出融化了一半的冰棍对我说，不知道为什么冰棍融化了，人家卖冰棍的不是都用棉被裹着吗？

　　初二时，我的作文得了大奖。学校召开发奖大会，也邀请我的父母参加。父亲是一个机修工，手又粗又黑。那天他特地穿了一件中山装准备参加大会，可是虚荣的我对父亲说："你虽然穿了新衣服，可是别人一看你的手，就知道你是个修理工。"父亲听了难过而又绝望，最后还是没有去。会后，一个同学告诉我："你和你妈妈接受校领导颁奖时，你爸坐在大树下看着你呢!"顿时，我的心里涌上了一阵悔恨……

　　上大学那年，宿舍同学都有收录机。为了维护自己的自尊，我跟父母说我也要一台，父母听了只是不断地叹气。不久，父亲来找我，说："你不要和人家比，一个人活的是志气。记住，不喝牛奶的孩子也一样长大。"说完从怀里掏出收录机，原来父亲卖了他最喜欢的手表。

　　父亲的那句话深深地刻在我的心里。以后无论面对什么样的困境，这句话都让我找回了做人的自尊，也让我能够活得像一个真正的男人。

HSK（六级）全真模拟试题（第7套）答案

一、听　力

第 一 部 分

1．B	2．A	3．D	4．B	5．
6．B	7．A	8．D	9．C	10．
11．D	12．B	13．A	14．D	15．

第 二 部 分

16．D	17．A	18．D	19．D	20．
21．C	22．C	23．B	24．C	25．
26．B	27．D	28．C	29．B	30．

第 三 部 分

31．D	32．B	33．A	34．C	35．
36．A	37．C	38．D	39．C	40．
41．D	42．B	43．A	44．D	45．
46．B	47．B	48．C	49．A	50．

二、阅　读

第 一 部 分

51．A	52．B	53．D	54．B	55．
56．D	57．B	58．C	59．A	60．

第 二 部 分

61．D	62．B	63．D	64．C	65．
66．A	67．B	68．C	69．A	70．

71. B	72. E	73. D	74. C	75. A
76. D	77. A	78. E	79. B	80. C

第 四 部 分

81. B	82. A	83. D	84. C	85. C
86. A	87. D	88. B	89. B	90. A
91. C	92. D	93. B	94. C	95. A
96. C	97. D	98. D	99. B	100. C

三、书 写

101. 参考范文

最真实的故事

　　林子即将大学毕业。一天，同学在报上看到了凤凰公司的招聘启事，林子也去报了名。经过选拔，林子进入了最后的面试。经理让他们回去准备，面试的话题是讲一件自己最难忘的事。

　　一周后，人事部长安排入围者依次进入王总的办公室面试。其他人讲述的故事都展示了自己最美好的一面，但王总一直不动声色。最后进来的是朴素的林子。她说，很小的时候，爸爸瘫痪了，妈妈常常一个人干几份工作，家里用钱总是精打细算。妈妈把希望都寄托在她身上，盼望着她将来能有出息。

　　她的学习成绩一直在班级前列。同学们怕的是考试，但她怕的是学校收钱。高三时，她刚交完了各种费用，学校又要交50元的补课费。她不忍心向妈妈要钱。那天，在学校外面买煎饼时，她看见老板放钱的纸盒里有50元钱，就趁别人不注意把钱拿走了。她交了补课费，心里却一直非常悔恨。

　　说到这儿，林子流下了眼泪。她说当时心里痛苦极了，每次路过那个小摊子，都有一种罪恶感。她想，将来有了工作，一定要把第一个月的薪水都交给卖煎饼的夫妻俩，并求他们原谅。

　　听完她的故事，王总对她说："等下个月你拿到工资，我同你一块儿去见那夫妻俩！"

HSK（六级）全真模拟试题（第8套）答案

一、听　力

第 一 部 分

1. B	2. C	3. A	4. D	5.
6. C	7. B	8. D	9. B	10.
11. C	12. C	13. B	14. C	15.

第 二 部 分

16. B	17. C	18. A	19. D	20.
21. C	22. D	23. A	24. D	25.
26. A	27. B	28. D	29. D	30.

第 三 部 分

31. B	32. C	33. A	34. D	35.
36. B	37. D	38. B	39. C	40.
41. D	42. A	43. C	44. B	45.
46. A	47. C	48. A	49. D	50.

二、阅　读

第 一 部 分

51. A	52. B	53. D	54. B	55.
56. B	57. A	58. B	59. C	60.

第 二 部 分

61. A	62. C	63. D	64. A	65.
66. A	67. C	68. B	69. A	70.

71. D	72. B	73. A	74. E	75. C
76. E	77. B	78. A	79. C	80. D

第 四 部 分

81. C	82. D	83. A	84. A	85. A
86. B	87. C	88. A	89. B	90. A
91. D	92. A	93. A	94. B	95. C
96. B	97. B	98. A	99. D	100. C

三、书　写

101. 参考范文

梦想的力量

　　有一个年轻人，很小的时候他就梦想成为一名赛车手。当兵时他开过一段时间卡车，熟练掌握了驾驶技术。在工作之余，他坚持参加一支赛车队的训练，只要有车赛，他都会想办法参加，但总得不到好的名次，所以他在赛车上的收入几乎为零，这也使得他欠了不少债。

　　那年，他参加了一个比赛，有很大的希望获得好名次。突然，他前面的车发生了事故，他试图躲开，但因为车速太快未能成功。结果，他撞到了墙壁上，赛车在燃烧中停了下来，他也被严重烧伤。尽管他的性命保住了，可他的手缩得像鸡爪一样。手术之后医生告诉他，他以后可能再也无法开车了。

　　但他不愿就这样放弃。接受了一系列手术后，他仍坚持练习，因为他坚信自己能够成功。最后他回到了公司，并继续练习赛车。9个月后，他返回赛场取得了第二名。又过了两个月，经过激烈的竞争，他最终赢得了冠军。

　　当被问到在遭受打击之后，是什么力量使他重新振作起来时，他没有回答，手中拿着一张比赛的广告画，微笑着在背面写了一句话："把失败写在背面，我相信自己一定能成功！"

HSK（六级）全真模拟试题（第1套）听力材料

（音乐，30秒，渐弱）

大家好！欢迎参加 HSK（六级）考试。
大家好！欢迎参加 HSK（六级）考试。
大家好！欢迎参加 HSK（六级）考试。

HSK（六级）听力考试分三部分，共 50 题。
请大家注意，听力考试现在开始。

第 一 部 分

第 1 到 15 题，请选出与所听内容一致的一项。现在开始第 1 题：

1. 每年的父亲节、母亲节对我来说都是十分重大的日子，父母操劳一生，为了把我抚养大，吃了很多苦。我常常会在这两个节日尽一点儿孝心，回报他们的养育之恩。

2. 中国是一个历史悠久的国家，有过光辉灿烂的文明，古代中国并不排斥、拒绝国外的优秀文化，而是在吸取外国文化的同时，创造了具有自己风格和特点的中国文明。

3. 语言是一个民族传统文化的体现，是一个民族的灵魂，也是一个人文化素质的表现。学生代表着国家的未来、民族的希望，有责任，也有义务继承并使用本民族的语言。

4. 素食主义是一种饮食文化。素食表现出了一种回归自然、保护地球生态环境的理念。美国有十分之一的人口、英国有六分之一的人口已经成为或正在考虑成为素食者，这使得素食越来越成为一种时尚、健康的生活方式。

5. 丈夫考驾照回来，妻子急切地问："怎么样，通过了没有？"丈夫沮丧地说："不知道。"妻子又问："怎么会不知道呢？考官怎么对你说的？"丈夫回答："我把车开到了山沟里，考官现在还昏迷不醒呢。"

6. 7 月 11 日，在约翰内斯堡足球城体育场举行的 2010 年南非世界杯足球赛决赛中，西班牙队以 1 比 0 战胜荷兰队，获得冠军。这个消息使整个西班牙球迷陷入了疯狂的境地。

7. 刘翔，中国田径一级运动员，1983 年出生，1998 年开始转向跨栏训练。2004 年奥运会上，他以 12.91 秒的成绩平了保持 11 年之久的世界纪录。2012 年 6 月，在国际田联钻石联赛 110 米栏比赛中，刘翔又以 12.87 秒的成绩夺得冠军。

8. 这个看似娇气的的小姑娘面对凶恶的歹徒一点儿也没胆怯，她凭自己的机智摆脱监视，拨打了报警电话。迅速赶来的民警制服了歹徒，救出了被同时绑架的其他三个孩子。

9. 我们的生活节奏曾经是由太阳和变化的四季决定的，但现在科学技术的发展使我们不再受自然的束缚，我们几乎可以在任何时间做任何事情，争分夺秒、追求速度已经成为当代城市文化的一部分了。

10. 对于很多大城市的上班族来说，中午吃什么是个让人伤脑筋的问题，因为多数单位没有开设食堂，而周边规范的餐饮点又比较少，不能满足人们在营养、口味、卫生、便利、实惠等方面的需求。

11. 幼儿园的三年，是人脑快速发育的时期，是语言、音乐、逻辑等能力发展的敏感期，很多习惯、情感、态度、思维以及真善美的种子都是在这个时候播种下的，对孩子一生的意义非常重大。

12. 随着中国经济的发展，富裕起来的人们开始向往外面的世界，渴望通过出门旅游开阔眼界、增长见识。现在旅游已逐渐成为一种时尚的休闲方式，很多人甚至走出国门环游世界。

13. 隐形眼镜戴的时间长了，会有蛋白质沉淀在镜片中。沉淀在镜片中的蛋白质如果不能被完全清除掉，就会导致眼睛感染。所以经常更换新镜片是保持眼部清洁的一个好办法。

14. 这种水龙头款式新颖，造型优美。它的两个把手的设计灵感来源于鸟类飞翔时展开的双翅。使用者仅用一个手指头就可以调节冷水和热水的出水比例，省力方便。

15. 被子太重的话，既压迫胸部，容易让人做噩梦，又会让被窝温度超过 35 摄氏度，使人体新陈代谢过于旺盛，能量消耗增大，出汗增多，醒来后反而会感觉疲惫，而且容易受凉。

第 二 部 分

第 16 到 30 题，请选出正确答案。现在开始第 16 到 20 题：

第 16 到 20 题是根据下面一段采访：

女：目前，郑州大学出版社出版了《中国当代作家评传丛书》，其中的一本是《金庸评传》。今天我们请来了该书的作者——北京大学中文系教授孔国文博士。孔教授，目前市面上有关金庸的传记已经不少了，您为什么还要写这么一本书？

男：严格地说，我写的不是金庸的传记，而是采取了"以评带传"的方式。目前已经出版的金庸传记，确实提供了大量关于金庸的资料，作者也都下了很大的工夫，但那些资料不太可靠，金庸本人对那些资料不大认可，对书中的评论也不满意。我觉得在传主仍然健在的时候，我们很难写出全面、客观的传记作品来。在这种情况下，我想，写一本评传，也许是比较合适的做法。以前的那些传记已经讲述了金庸的很多事情，现在我来讲一讲对那些事情的看法，或许这是读者更需要的。

女：武侠小说的文学性一直有人怀疑，几年前王朔就曾质疑过金庸，您是怎么看的？

男：确实有大量粗制滥造的武侠小说文学性很差，但是金庸的意义恰巧是从根本上提高了武侠小说的文学性。在如何认识文学方面，金庸给我们带来了新的课题、新的挑战。王朔也是很优秀的小说家，他的作品也曾经被人质疑过文学性问题，但时间证明了王朔的独特价值。同样，金庸的作品我认为也是不怕质疑，甚至不怕诬蔑的。

女：您在书中说："金庸以他一个人的功劳，就让武侠小说进入了千家万户的生活"，几乎家家都有金庸的书。但也有人认为畅销的书和好书不是一回事，比如现在青春类小说很好卖，但文学性不强。请问，您对畅销书和好书的关系怎么看？

男：畅销的书当然不一定是好书，好书也不一定一开始就畅销，但是好书能经得起时间的考验，最终会很畅销。假如你说有某本好书，但从来没有人买，古今中外的人都把它看作垃圾，那还凭什么说它是好书？

16．金庸是什么人？
17．男的认为《金庸评传》跟其他的金庸传记有什么不同？
18．男的认为金庸对武侠小说的贡献是什么？
19．男的对王朔有什么看法？
20．男的认为畅销书和好书是什么关系？

第 21 到 25 题是根据下面一段采访：

女：各位好，我们节目今天的嘉宾是上海世界博览会中国船舶馆的讲解员——胡月祥船长。船长，您好！我知道您在中国船舶馆里的身份是一名讲解员，那您平时的工作是什么呢？

男：我平时的工作是培训新船长。五年前，我刚刚从船上下来，在公司、机关里面做培训。船长是我一生当中从事过的最精彩的一个职业，这是一个相当有挑战性的职业。我从 21 岁开始，兢兢业业地在船上干了 18 年，对整个航海事业可以说有了一个比较深刻的理解。

女：我听说您到中国船舶馆做讲解员是因为一个非常巧合的机会，给我们介绍一下吧。

男：世博会试运营阶段，我得到了一张免费的参观票，于是就去中国船舶馆参观了一下。我想了解中国船舶的发展，还有里面的尖端科技。进去一看，展现在我眼前的几乎都是我熟悉的船舶、雷达、卫星、通信的天线等。在一个港湾当中，我还看到了"新亚洲号"，我在那条船上当过四个月船长。这让我感觉又回到了船舶上面，又有了当船长的感觉。那天我就有了到船舶馆做解说员的念头，后来我就报名到船舶馆当志愿者了。

女：您觉得相对于其他讲解员来说，您的优势在哪里？

男：我的优势是我当过船长，我有船舶方面的知识。我的劣势是比不上船舶馆的美女们，那些美女讲解员的吸引力比我更强。但是如果我穿上船长制服的话，也完全可以跟她们较量一下。

女：如果让您给我们的游客推荐船舶馆的话，您会怎样推荐？

男：中国船舶馆里面展示的内容很丰富，主要展示的是船舶模型，这些船舶都是非常现代化的。参观时一般我推荐的都是大型集装箱船舶，因为集装箱运输是一种比较先进的海上运输方式，集装箱船舶可以承载很多种货物，而且装卸的速度非常快。

21．男的在船上工作了多少年？

22．男的为什么去中国船舶馆做讲解员？

23．作为讲解员，男的觉得自己有什么优势？

24．船舶馆里展示的主要是什么？

25．大型集装箱船舶有什么特点？

第 26 到 30 题是根据下面一段采访：

男：各位网友，大家下午好！这里是"中国访谈"的直播现场。我们今天的嘉宾是北京公交 718 路乘务员刘俊华。她是一名普通的公交车售票员，但她却拥有"北京市十大杰出青年""全国劳动模范"等荣誉称号。刘大姐，您先跟大家打个招呼吧。

女：各位网友大家好！很高兴做客"中国访谈"。

男：刚才我们说了您很多的荣誉称号，在这些荣誉称号的背后肯定有一条很艰辛的路，这条路您是怎么走过来的？

女：我曾经是一名下岗职工，1999 年进入公交集团，至今已经 11 年多了。在这之前我在一个工厂上班，下岗之后，我的爱人患了癌症。面对生活的压力，我很绝望，曾经想过放弃。

男：下岗以后您都做过什么工作呢？

女：我当时卖过烟花爆竹、糖葫芦，也卖过一些小工艺品。但是我做梦都想有一个稳定的工作，过上安定的日子。一次偶然的机会，我听说公交集团招收售票员，就决定去试一下，没想到真被录取了，我当时高兴得一夜都没有睡着。

男：终于实现了梦想，走进了公交系统。这么多年里，您觉得最需要感谢谁？是谁给了您那么多的信心和勇气？

女：我首先要感谢公交集团的壮大发展，为我提供了这个工作岗位；其次，我想感谢的是我的家人和朋友，是他们给了我支持与鼓励，让我信心百倍地投入工作；我想最后还要感谢广大乘客，我最大的动力来自他们对我的支持、帮助和鼓励。

男：大家都觉得公交车工作范围有限，您是用哪些方式来营造和谐的乘车氛围的呢？

女：每当走进10米车厢，我就要让自己保持最佳的精神面貌，让每一个上车的乘客，第一眼看到的就是我真诚的笑容，使他们感到振奋和愉悦。我会用亲切的话语帮助他们解决一些困难。我经常提前半小时就把车厢清扫干净，打扮漂亮，为乘客营造一个好的氛围。我还准备了塑料袋、方便钩、针线包、交通图、晕车药、红药水、小棉签等小物品，以便为乘客提供及时周到的服务。

26. 女的获得过什么称号？
27. 女的下岗以后卖过什么？
28. 女的为什么要当售票员？
29. 女的觉得是谁给了她最大的动力？
30. 关于女的，可以知道什么？

第三部分

第31到50题，请选出正确答案。现在开始第31到33题：

第31到33题是根据下面一段话：

宋国有一个农民。有一天，这个人正在地里干活儿，突然一只兔子从草丛中蹿出来，拼命地奔跑，一下子撞到一棵树上，折断脖子死了。农民轻而易举地得到了一只死兔子，晚上吃了一顿可口的晚餐。

第二天，这个农民照样到地里干活儿，可是他不再像以往那么专心了。他干一会儿就停下来东张西望，希望再有一只兔子蹿出来撞到树上，但直到天黑也没见到有兔子出来，他无精打采地回家了。

后来，这个农民每天都守在树边，希望再捡到兔子，然而他始终没有再得到，而田里的草却越长越高，把他的庄稼都淹没了。这个农民因此成了宋国人嘲笑的对象。

把一次偶然的事件看成是一种必然规律，这种做法是缺乏根据的。一个人如果这样看问题，就会变得跟这个宋国农民一样愚蠢。

31．那只兔子怎么了？

32．这个农民后来为什么每天守在树边？

33．这个故事告诉我们什么？

第 34 到 36 题是根据下面一段话：

一个即将出嫁的女孩向她的母亲提了一个问题："妈妈，结婚以后我应该怎样把握爱情呢？"母亲诧异地问："傻孩子，爱情怎么能把握呢？"女孩疑惑地追问："那爱情为什么不能把握呢？"

母亲听了女儿的问话，温和地笑了笑，然后慢慢蹲下，从地上捧起一捧沙子，送到女儿的面前。女孩看到，那捧沙子在母亲的手里，圆圆满满的，没有一点儿落出来。接着母亲用力将双手握紧，沙子立刻从母亲的手指缝中洒落下来。等母亲再把手张开的时候，原来的那捧沙子已经所剩无几，之前圆圆满满的形状也早已被压得扁扁的，毫无美感可言。

女孩望着母亲手中的沙子，领悟了母亲的意思。每个人都希望自己永远拥有幸福美满的爱情，但是爱情并不需要刻意去把握，越是想抓牢爱情，反倒越容易失去自我，失去原则，失去彼此之间应该保持的宽容和谅解，爱情也会慢慢消失。我们不妨学着用捧沙的心态来对待爱情。

34．女儿问妈妈什么问题？

35．母亲用力握紧后，沙子发生了什么变化？

36．母亲觉得应该怎样做？

第 37 到 39 题是根据下面一段话：

电脑靠墙放，不仅易受潮气的袭击，而且对人体健康也有危害。

如果电脑紧靠着墙壁摆放，使用者抬起头时，映入眼帘的就是一堵墙。在这种情况下，眼睛不但无法得到良好的调节和放松，还会加剧神经的紧张和疲劳，长此以往会导致近视，或使近视程度进一步加深。

此外，长时间近距离看到的都是一面墙，还会导致大脑不断接收到紧张信号，使人出现头昏脑涨、疲劳、焦虑等一系列不舒服的症状。

所以，电脑最好摆放在窗户边，或让屏幕和墙壁之间距离 1 米以上。如果必须把电脑靠墙放置，不妨在后面的墙壁上贴一些绿色或蓝色的画儿，这些色调的画儿进入视线，传递到大脑后，可以使人的情绪镇静下来，并有效地缓解焦虑和疲劳症状，使人心境变得开阔。

37. 电脑靠墙放会有什么害处？
38. 电脑摆放应该注意什么？
39. 电脑后面可以贴什么图案的画儿？

第 40 到 42 题是根据下面一段话：

目前国内外的戒烟方法大致可分为心理、行为、药理以及综合戒烟法几种。吸烟者想要戒烟成功，首先要有不吸烟的愿望和决心，最好能选择一个好日子，郑重地向家人和朋友明确宣布，取得大家的支持，接受大家的监督，尽量一次戒掉，不要反复。

同时，也要有相应的措施对戒烟行为予以保证。比如要采取可行的办法解决吸烟时养成的动作习惯，把掏烟、点烟等一系列下意识的动作改变成其他可替代的有益身心健康的行为。也可以通过培养新的兴趣爱好的办法转移烟瘾带来的不舒服的感觉，如养养花、种种草、看看电视或小说、听听音乐，以便忘记吸烟这件事。另外，还可以用运动的方式解除对吸烟的渴望，比如去跑跑步、打打拳。总而言之，只要持之以恒，戒烟就一定能取得成功。

40. 这段话中提到了几种戒烟方法？
41. 这段话中"跑跑步、打打拳"的目的是什么？
42. 这段话主要谈的是什么问题？

第 43 到 46 题是根据下面一段话：

有个小徒弟跟着师傅学做木椅。第一个月的顾客是个年轻人，椅子做好后，年轻人埋怨椅子做得太小了。师傅见状连忙过来说："小不占地方，您可以随意放在任何地方，这样也是为了给您节省成本，既精致又实惠。"年轻人觉得有道理，就高兴地交钱走了。到了第二个月，有个农民来订做椅子，小徒弟心想这次一定要精益求精，不能再让客人找出挑剔的理由了。可没想到，那个农民对地道的工艺一句称赞的话都没说，却一再抱怨工期太长了。师傅乐呵呵地说："慢工出细活。为了出精品，我们宁肯为您多花点儿时间。"农民转怒为喜，满意地回去了。第三个月接了一个官员的活儿，小徒弟吸取了上次的教训，加快了进度，很快就把椅子做好了。然而那个官员却嫌完成得太快了，担心做得不好。师傅说："您的时间就是金钱，我们可不敢让您久等，为您加班加点，这才完工。"官员听了，露出了满意的笑容。

43．年轻人为什么对小徒弟做的椅子不满意？
44．农民看到小徒弟做的椅子有什么表现？
45．官员不满意时，师傅是怎么解释的？
46．下面哪种说法是正确的？

第 47 到 50 题是根据下面一段话：

你是否常常感到情绪紧张、忧郁、烦闷或痛苦不堪？你是否对此感到无能为力？其实，如果想要转变自己的情绪，只需要改变一下你的饮食习惯就可以。

如果你感到压抑，最好的食品是菠菜，因为菠菜含有丰富的镁，能让人的头脑和身体放松。菠菜和其他一些墨绿色、多叶的蔬菜都是镁的主要来源。菠菜还含有另一种降血压的营养物质：维生素 C。所以血压高的人应该多吃点儿菠菜。

如果遇上堵车，可能要迟到，这时千万不要发火，可以拿出一包瓜子，吃上一点儿。瓜子中含有可以消除火气的维生素 B 和镁，可以使你的心情平静舒畅。

如果由于种种原因，你久久不能入睡，这时候可以在早上喝一碗燕麦粥。燕麦含有丰富的维生素 B，有助于平衡大脑神经系统。燕麦粥还能缓慢地释放能量，所以不会让你出现血糖忽高忽低的情况。

如果你大脑反应慢，无法集中注意力，那么就吃几个鸡蛋吧。鸡蛋中含有一种维生素 B 的复合体，可以提高你的记忆力，并且使注意力更加集中。鸡蛋中还含有人体正常活动所需要的蛋白质，能让你轻松度过每一天。

当你委屈、情绪不好的时候，最好的食品是香蕉。香蕉里含有大量的色胺酸，可以调节不好的情绪。

47. 吃菠菜有什么作用？

48. 维生素 B 有什么作用？

49. 当你感觉大脑反应慢、注意力不集中时，应该吃什么？

50. 从这段话中我们可以知道什么？

听力考试现在结束。

HSK（六级）全真模拟试题（第 2 套）听力材料

（音乐，30 秒，渐弱）

大家好！欢迎参加 HSK（六级）考试。
大家好！欢迎参加 HSK（六级）考试。
大家好！欢迎参加 HSK（六级）考试。

HSK（六级）听力考试分三部分，共 50 题。
请大家注意，听力考试现在开始。

第一部分

第 1 到 15 题，请选出与所听内容一致的一项。现在开始第 1 题：

1. 幼儿园的王老师年轻漂亮，性格也很温柔，非常受孩子们喜爱。有一天，王老师的丈夫来接她下班。孩子们争先恐后地跑到老师面前说："王老师，你爸爸来接你了。"

2. 运动过敏症是一种罕见的疾病。过敏改变了患者的整个生活，就连做强度不大的跑步、游泳等运动时都必须小心翼翼，否则有可能因心率加快导致严重过敏，最终无法呼吸而丧失生命。

3. "对症下药"这个成语的意思是要针对病的症状来用药，比喻针对具体的问题，采取有效的措施。在生活中，不管是治病还是处理问题都要对症下药，不然不但达不到预期的效果，反而会使问题变得更糟糕。

4. 正月是农历的元月，元月就是第一个月，古人称夜为"宵"，所以称正月十五为"元宵节"。正月十五是一年中第一个月圆之夜，是大地回春的夜晚，人们对此加以庆祝，也是庆贺新春的延续。

5. 地震发生至今已有 25 天，灾后如何重建成为热门话题。中央拿出 700 多亿元财政资金用于抗震救灾，各个社会团体及普通群众也纷纷捐款，以弥补重建资金的缺口。迄今为止，已获得价值 436.81 亿元的捐赠款物。

6. 对孩子来说，脑细胞发育的第一高峰出现在怀孕时第 10 到 18 周，第二高峰出现在孩子出生后的 3 到 6 个月。如果期望孩子智力发育好，就要在第一高峰期，即怀孕期注意摄取营养，在第二高峰期进行母乳喂养。

7. 一位绅士提着行李下了火车，一名出租车司机问他去哪里，绅士回答说："去新华大街，多少钱？"司机回答："二十块。""那行李呢？""行李是免费的。您要去吗？"绅士说："你把我的行李拉去，我走着去。"

8. 京剧，又称"皮黄"，由"西皮"和"二黄"两种基本腔调组成。1840 年前后形成于北京，盛行于 20 世纪三四十年代，现在仍是具有全国影响力的大剧种。它表演成熟，气势宏伟，是中国戏曲的代表。

9. 女房东问："您究竟什么时候能给我付房钱？"作家说："只要找到合适的题材，而且有了必要的灵感，我就着手写一本书。出版商把这本书的稿费一送来，我就交房租。"

10. 王大平通过三天三夜的跟踪终于抓获了那个连续偷走五辆豪华汽车的贼，在与盗贼搏斗的过程中，他身受多处重伤，被广安市公安局授予"杰出的人民警察"荣誉称号。

11. 旗袍是在 20 世纪上半叶，由汉族女性参考满族女性传统服装设计的一种时装。经过多年的修正与改良，旗袍已经成为最能体现中国女性美的服装，被誉为中华服饰文化的代表。

12. 研究儿童心理的专家发现，从婴儿的微笑中可以大致了解其智力发育情况。爱笑的孩子要比不爱笑的孩子智力发育更好一些。如果婴儿出生 8 至 10 个星期后，仍然不会笑，那么就可能存在智力方面的问题。

13. 未来几天，随着连续降雨，高温势力短期内将有所减弱，全省的最高气温都不会超过 30 度。但气象专家也提醒大家，高温天气并不会就此结束，还要等待一段时间才能进入凉爽的秋天。

14. 法官这种职业不可避免地会遇到各种各样的诱惑。在诱惑面前，保持冷静和清醒是最重要的。不要因为贪婪而失去了道德的底线，要守护公平、正义和职业良知。

15. 水果基本的营养成分类似，都含有大量的维生素、矿物质和膳食纤维，但不同的水果，营养价值也略有差异，因此，每天两种不同种类的水果，尤其是两种不同颜色的水果搭配食用，更具有美容和保健效果。

第二部分

第 16 到 30 题，请选出正确答案。现在开始第 16 到 20 题：

第 16 到 20 题是根据下面一段采访：

女：各位观众好！今天为大家介绍来自德国的著名汉学家阿克曼先生，多年来，他一直致力于中德的文化交流。阿克曼先生，首先欢迎您的到来。作为一个"中国通"，您怎样看待目前的中德文化交流？

男：首先，我不喜欢"中国通"这个词，我不是"中国通"，我发现几乎没有一个中国人是"中国通"。中国太大了，太复杂了，对于"中国通"的称呼，我并不赞同。我只是一个喜欢中国、研究中国、和中国来往很多的人。我觉得德国和中国在政治和经济上的交流是比较多的，但文化上的交流不太充分。我准备在德国举办一个"中国文化节"，借这个机会让德国人更加了解中国。

女：您也是一位中国文学的翻译家，我们知道您翻译过张洁的《沉重的翅膀》，这部长篇小说在德国引起了非常大的反响。您认为如今中国文学的主流方向是什么？您比较喜欢中国的哪些作家？

男：《沉重的翅膀》翻译成德文比较受欢迎，起码有两个原因：一个是这本书写得不错，很有文学翻译价值；第二，因为那个时候德国人对中国，特别是改革开放之后的中国并不了解，这本书正好以小说的形式记录了这个信息，所以《沉重的翅膀》受欢迎不完全是文学方面的原因。我回答第二个问题很危险，因为我提一个就得罪十个，所以还是不说为妙。

女：我们知道您娶了一位中国太太，那么，您能不能谈一谈对中国女人的印象呢？

男：一般来讲，中国女人，你跟她见面时第一印象是很温柔，很会招呼别人，体贴别人，基本上她们都有这种优点。但在这种软的表面之下，好多中国女人是钢铁做的，意志特别强，特别有能力，有自己的判断力。我一直劝德国朋友，如果你想在工作上成功的话，你最好娶一个中国老婆，因为她可以帮助你。

16. 对于"中国通"这个说法，男的有什么看法？
17. 男的怎样看待中德文化交流？
18. 《沉重的翅膀》为什么在德国很受欢迎？
19. 对于"喜欢的中国作家"这个问题，男的是怎么回答的？
20. 男的对中国女人有什么看法？

第 21 到 25 题是根据下面一段采访：

女：各位网友，大家好！欢迎收看《焦点访谈》。国际能源机构 7 月 19 日透露：中国已经在去年超越美国，成为全球最大的能源消费国。那么这一消息是否属实呢？今天我们请来了中国能源部的周大地先生来解答我们有关能源问题的种种疑惑。周先生，您先给我们介绍一下国际能源机构是个什么样的机构吧。

男：国际能源机构是发达国家的官方能源政策管理机构。国际能源机构应该说在全球来讲都还算比较有权威性。它会定期做一些能源形势分析，也会定期做一些这方面的展望。

女：我们注意到，它发布的数据里面说，去年中国消费了 22.5 亿吨标准油的能源，包括石油、天然气、煤炭、核能和水能等等，比美国大概高出了 4%，第二天中国能源局就否定了这个数据。周主任，请跟我们说说，去年我们国家的能源消费到底是什么样的情况？

男：从官方的统计来看，2009 年中国的能源消费大约是 30.66 亿吨标准煤，折算一下，相当于 21.4 亿吨标准油。应该说，两个数量的差距不是太大，差 5% 左右。我想我们离能源消费第一大国的距离也不是特别遥远了。

女：那您觉得这个"能源消费第一"到底是好事还是坏事？

男：能源消费量大本身不能说明它是好事还是坏事。能源消费量增加是我们经济发展的必然结果，也说明我们人民的生活水平提高了，工业化程度比以前大有进步。但我们自己要明白，做世界第一大能源消费国，这是有压力的。资源的保障程度、能源安全问题、污染问题、污水排放问题等等，都显现出来了。所以，我们要用一分为二的观点看待这个问题。另外，到现在为止，全世界发达国家的人口数量加起来可能还没有中国多，但是他们消费了全世界一半以上的能源。特别是石油、天然气等优质商品能源的人均消费量，还是明显高于我们发展中国家。

21．关于国际能源机构，哪种说法是正确的？

22．根据国际能源机构的统计，去年中国的能源消费比美国高出多少？

23．男的对中国的能源消费量增加有什么看法？

24．男的认为，做世界第一大能源消费国在哪方面会有压力？

25．下面哪种说法符合对话内容？

第 26 到 30 题是根据下面一段采访：

男：各位观众，大家好！在 2004 年中国首届信息无障碍论坛上，顺通全球信息无障碍中心主任刘梅女士提出的全新理念、讲述的众多案例，使我们认识了解了信息无障碍事业。今天我们有幸请到了刘梅女士。刘主任，您好！

女：主持人好！各位观众好！

男：首先，我们想请您简要说说您对信息无障碍的理解。

女：信息无障碍基本是一个理念，就是协助残疾人士利用电脑科技上网，参与信息的采集，基本设计是以残疾人为主。此外，老年人的视力、听力会有一些不方便，在他们上网的过程中，他们对于信息无障碍的需求和残疾人是一样的，也需要一些协助的工具或者程序。所以信息无障碍的观念和设计虽然都是以残疾人为出发点的，但所有人都可以享受到这些利益。

男：我们了解到，顺通公司从事信息无障碍工作的历史已经有几十年了，那么顺通是怎么开始这项事业的呢？

女：顺通是一家非常大的电脑公司，我们要随时创新才能保持自己的竞争力。在创新的过程中，我们发现需要有各式各样能力的人参与我们的工作。我们觉得残疾员工虽然在身体上有一些缺陷，但是他们的智力和创新能力有时候要高于普通人。所以我们也一直聘请残疾人参与我们的工作，我们还发展了一些相当高水准的科技来支持这些残疾员工，帮助他们在工作中达到最高的效益。后来，我们想到可以把这些科技应用到日常生活中，来帮助残障人士达到信息无障碍的目的。

男：那么您能不能介绍一下，信息无障碍对残疾人到底有哪些实质性的帮助？

女：信息无障碍简单地说，就是如果这个技术在网络上执行起来，就可以让盲人上网，了解网上的信息，这是最基本的。如果在网上买卖东西，也可以通过信息无障碍的支持，使这些残疾人士能够在不需要别人帮忙的情况下实现网上购物。

26．信息无障碍技术主要是为谁服务的？

27．女的觉得对于顺通公司来说，最重要的是什么？

28．女的认为顺通公司为什么要聘用残疾人？

29．信息无障碍可以帮助残疾人做什么？

30．从这段对话中可以知道什么？

第三部分

第 31 到 50 题，请选出正确答案。现在开始第 31 到 33 题：

第 31 到 33 题是根据下面一段话：

夜市里有两个卖面的摊位，互相挨着，每个摊位都有 8 个座位。两家的生意都十分兴旺，常常座无虚席。一年下来，李家靠卖面的利润买了一栋房子，可是张家仍然没钱购房。原因是什么呢？答案很简单。张家的生意不错，但刚煮的面很烫，顾客往往是一边吃一边吹气。所以平均一个顾客吃下来，大约要 15 分钟。以此推算，8 个座位每小时最多能接待 32 个客人。而李家摊位为了提高顾客的周转率，在把刚出锅的面端给顾客之前，先在冰水里浸泡 30 秒，顾客吃起来温度刚刚合适。所以，李家的摊位上每小时能接待 48 个客人。一样的经营条件和环境，在别人没想到的地方动一下脑筋，得到的回报自然不一样。

31. 张家的摊位一小时能接待多少客人？

32. 李家为什么要把面先在冰水里浸泡一下？

33. 一年后李家和张家有什么变化？

第 34 到 36 题是根据下面一段话：

一位女士在商店的柜台前挑选钻石项链，她的包就放在柜台上。这时，一位男士也来到柜台前看珠宝，女士顺手把包移开。男士却十分生气地瞪了女士一眼，认为自己受到了侮辱，因为他以为女士把他当成小偷了。女士觉得莫名其妙，心想自己又没把他当坏人，只是好意。但女士因此也没了买东西的心情，决定出门开车回家。在回去的路上，她和一辆卡车同时抵达一个路口。女士减慢了速度，让卡车先过去。没想到卡车也停了下来，司机伸出头来，微笑着示意女士先过去。女士开车过了路口，刚才满肚子的恼火全都消失了，心情又舒畅起来。

34. 女士为什么把包移开？

35. 离开商店时，女士是什么心情？

36. 卡车为什么停下来？

第 37 到 39 题是根据下面一段话：

在华艺出版社下属的一个书店里，每年都有大量的图书被偷走，因而造成了很大的损失，这让书店的工作人员非常苦恼。通常，在每年年终，这些丢失图书的名称和数量都要登记在一个表格上，悬挂在书店里，以便对员工起到提醒作用。有一天，出版社的一位负责人在巡视书店时，偶然看到了这张表格，竟然获得了灵感。他回到出版社后，开始有计划地出版那些被偷次数最多的图书。

有一年举行了一个世界性的书展，在书展上，每个参展的出版社都使出各种宣传手段来推销自己的图书。华艺出版社的宣传却别具一格，他们展示了一份"被偷次数最多的十大书籍"名单。结果，这份名单一下子吸引了大量书商前来订货，这使华艺出版社成为书展上最大的赢家。书商们可能不相信出版社的广告，但他们相信一个事实：被偷次数最多的图书通常是读者最喜欢的图书，它们也必然会成为最畅销的书。

37. 华艺出版社下属书店的工作人员为什么事苦恼？

38. 出版社负责人获得了什么灵感？

39. 关于那个世界性的书展，下列哪项正确？

第 40 到 42 题是根据下面一段话：

市场上卖的筷子种类很多，健康专家提醒父母，不要给儿童使用油漆筷子。因为油漆里面含有很多有害成分，如果筷子上的油漆在使用的时候脱落下来，就会随着食物进入身体，损害健康，严重的话还会导致癌症。儿童对化学物质特别敏感，承受力也低，所以尽量不要给儿童使用油漆筷子。

那么，孩子用什么样的筷子好呢？

一般来说，骨筷是最好的。因为骨筷里不含任何有害成分，不会影响孩子的身体健康。而其他种类的筷子多多少少都对孩子的身体有不利影响。比如塑料筷子很脆，受热以后容易变形；金属筷子导热性强，吃饭时容易烫到嘴；本色的木筷子和竹筷子虽然没有毒，使用比较安全，但容易被其他有毒的物质污染，所以使用时要经常消毒，比较麻烦。

40. 给儿童使用油漆筷子会有什么害处？

41. 孩子用什么筷子最好？

42. 使用竹筷应该注意什么？

第 43 到 46 题是根据下面一段话：

秋天到来后，空气开始干燥，早晚温差变大，天气逐渐变冷，这会引起皮肤毛孔收缩，从而导致皮肤表面的水分迅速丧失。而皮肤衰老的最大原因就是水分不足，加上秋季皮肤新陈代谢缓慢，所以秋风一起，许多人就会觉得皮肤紧绷绷的，非常不舒服。因此，秋季要注意合理地饮水，补充身体丧失的水分。每天都要喝足够的水，让水分渗透到组织细胞里，维持人体的水分平衡。这样就可以保证身体的正常运行，并且有效地将身体里面的废物排出体外，从而保持皮肤的清洁与活力。

我们可以喝白开水、果汁、矿泉水等等，其中白开水是最好的天然饮料。另外，经常喝点儿绿茶能预防某些皮肤疾病的发生。一般来说，每天喝六到八杯水，就能满足皮肤的需要。

43. 秋天的气候对皮肤有什么影响？

44. 皮肤衰老的最大原因是什么？

45. 多喝水有什么好处？

46. 最好的天然饮料是什么？

第 47 到 50 题是根据下面一段话：

　　"驴友" 是对户外运动爱好者的称呼，最初是由新浪网的旅游论坛提出的。有人以为 "驴友" 是 "旅游" 的谐音，但 "驴友" 指的是人，而非旅游本身，因此，把 "驴友" 当作 "旅游" 的谐音是一种误解。其实，这个词来源于 "旅友" 和 "绿友" 的谐音，"绿" 是指保护、不污染环境。那为什么是 "驴子" 呢？因为驴子能驮能背，吃苦耐劳，就像这些旅游者一样。所以，能被称为 "驴友" 是旅游爱好者自豪的资本之一。"驴友" 可以用来自称，也可以用来称呼对方。

　　驴友出门一般是徒步或骑自行车，他们自带帐篷、厨具以及各种野外生存工具，参加自助旅行、一般性探险、爬山、穿越等活动。在这些活动中，他们往往能够发现一些别人没有去过或者很少去过的美丽风景区，但是在路途中也常常会遇到一些意想不到的困难或突发事件。这种旅游方式近几年流行于社会各阶层。四川、云南、西藏一带是驴友们的天堂，其中云南丽江周边地区海拔相对不太高，含氧量比较丰富，自然风光也很秀美，已经成为驴友最先涉足的一个地方，其次是四川和西藏。

47. 关于 "驴友"，下面哪种说法是正确的？

48. 驴友常常怎样出去旅游？

49. 根据这段话，驴友出门会有什么收获？

50. 驴友最喜欢去的是哪个地方？

听力考试现在结束。

HSK（六级）全真模拟试题（第 3 套）听力材料

（音乐，30 秒，渐弱）

大家好！欢迎参加 HSK（六级）考试。
大家好！欢迎参加 HSK（六级）考试。
大家好！欢迎参加 HSK（六级）考试。

HSK（六级）听力考试分三部分，共 50 题。
请大家注意，听力考试现在开始。

第 一 部 分

第 1 到 15 题，请选出与所听内容一致的一项。现在开始第 1 题：

1. 敏感与细腻不完全代表多愁善感，对微小快乐的敏感其实是幸福的来源之一。并不是每个人的生活都能像戏剧那么精彩，蕴藏在平淡里的小幸福才更值得珍惜。

2. 脾气古怪的布先生理发时很挑剔，理发师总是被他埋怨。有一次理发，他坚持要把头发从中间分开。理发师说："我办不到。"布先生喊道："为什么办不到？"理发师微笑着说："因为您的头发不是双数。"

3. 爱情和饮食，都是人类生活中的永恒主题；饮食和体重，又是近年来当之无愧的热门话题。其实爱情和体重之间的关系也很密切，却很少有人去研究发掘，这不能不说是一件遗憾的事。

4. 有研究表明，幼儿教师的群体人格特征主要表现为乐观外向、宽容灵活、心平气和、幻想力强等。但随着社会观念的改变、社会风气的影响，幼儿教师面对的压力和困惑也逐渐显现出来。

5. 客厅，对内通常是现代人家庭生活的主要区域，一家人团聚在这里，看电视、听音乐、谈天说地；对外则是亲友团聚、接待宾客的场所。因此人们很注重客厅的装饰，客厅的个性与风格可以体现主人的审美情趣。

6. 高云是个清洁工，工资虽然低点儿，但毕竟是自己喜欢的工作，所以她一直坚守着。但父母和身边的朋友都觉得这个工作没有价值，这让她苦恼不已。她希望亲友能理解她，给这个工作客观、公正的评价。

7. 正式场合一般指节庆典礼、外事访问、隆重会议、文艺演出和婚礼宴会等，这时穿着的旗袍必须款式庄重，做工精致，同时也应注意发型和化妆，一般不需要跟其他服饰搭配。

8. 如果想把汤熬出牛奶般的效果，油与水充分混合才可以。做肉汤时应先用大火把汤煮开，然后用小火煮透，再改用大火。做鱼汤时要先用油把鱼煎透，然后加入沸腾的水，用大火煮。注意，水要一次加足，不要中途加水。

9. 据调查，一部手机上起码驻扎了上百万个细菌，手机已经成为细菌的繁殖基地。可是，并不是每一位手机用户都了解这种情况，很多消费者几乎没有清洁手机的意识，这更加重了细菌的繁殖。

10. 火药是中国古代四大发明之一，是中国古代道家在炼丹过程中发明的。中国人最晚在公元九世纪就已经发明了火药。火药发明以后，很快就应用于军事方面，相继出现了一系列火药武器。

11. 橙子是一种非常有利于健康的水果，因为橙子含有大量维生素 C 和胡萝卜素，可以促进血液循环，也能抑制癌细胞的形成。健康专家说，每天喝三杯橙汁就可以降低得心脏病的可能。

12. 一位律师想给进入他办公室的第一位客户留下深刻的印象，于是他抓起电话说："对不起，我手头的案件太多了。"然后他问进来的年轻人："我能为您做些什么？"年轻人回答："没什么，我是来帮您开通电话的。"

13. 随着环保意识的增强和绿色食品的流行，人们逐渐认识到塑料包装不仅污染环境，而且对身体也有害。在很多国家，用塑料制成的食品包装已经被淘汰，人们现在使用的是新型的纸包装和可食性包装。

14. 青海湖是中国内陆最大的湖泊，位于青海省东北部。这里有广阔的草原、连绵的山脉和丰美的水草。青海湖就像是一块巨大的碧玉，镶嵌在高山草原之间，构成了山、湖、草原相映成趣的壮丽风光。

15. "房奴"字面的意思是房屋的奴隶，指向银行贷款买房的城镇居民。他们在二十到三十年的时间里，每年要用40%到50%甚至更高比例的收入来偿还贷款，使得家庭生活质量严重下降。

第 二 部 分

第 16 到 30 题，请选出正确答案。现在开始第 16 到 20 题：

第 16 到 20 题是根据下面一段采访：

女：各位观众，大家好！这里是正在直播的《大众访谈》。今天我们有幸邀请到美国国立医学研究中心主任布里奇先生做客我们的演播间，来与大家谈一谈医学发展前景和中西医的未来交流。布里奇先生，中医在中国的现代医学体系中占有比较重要的地位，在美国，人们对中医是什么样的态度呢？

男：美国人对中医是很感兴趣的，这是因为中医比较强调疾病的预防工作，我们一直觉得预防比治疗要更有效，也更经济。我赞同这样一句话："会治病的医生是一个好医生，但会预防的医生才是更好的医生。"

女：在西方，有些人对中医是持怀疑态度的，因为中医的疗效在理论方面是缺乏支持的，您如何看待这个问题？

男：西医和中医都不是万能的。现在，无论是美国还是中国，都有这样一个趋势，就是要把现代科学和传统科学结合起来。贵国卫生部陈部长是一位现代医学方面的专家，但是他在制定新的白血病治疗方案时，也参考了中医的一些见解，并且取得了很好的效果。这个例子证明，把现代医学和传统医学结合起来可能会更好。

女：有些患者认为，与其去看花费时间长的中医，还不如看见效快的西医，您认为应该怎么看待这个问题？

男：我个人认为，不同的治疗方法所耗费的时间确实不同，也会取得不同的效果。我早上常常会看到贵国的城市街头有中老年人在打太极拳。年轻人除了打太极拳，可能会有其他更好的运动方式，但就老年人而言，打太极拳这种锻炼方式是很合适、很有效的。对于所有的医生来说，他们应当针对患者的情况来选择最好的医疗方法，无论是传统医学还是现代医学。

女：您对中国学习中医的学生有什么建议或者说忠告？

男：我希望中国和美国都能够学会把中西医两种体系结合起来，取两种体系的精华。中医确实是博大精深的科学，可能要用十年、二十年，甚至一生的时间来学习。我觉得，学中医的学生应该更加有耐心。

女：您此次来中国访问是否肩负着重大的任务？

男：我这次访华的最大任务就是多了解中医，以便回美国之后进一步推动中国和美国医学专家之间的合作。

    16. 男的认为什么样的医生更好？
    17. 男的认为美国人对中医是什么态度？
    18. 男的觉得中国医学发展的趋势是什么？
    19. 男的对中国学中医的学生有什么忠告？
    20. 男的这次来中国有什么目的？

第 21 到 25 题是根据下面一段采访：

男：各位观众朋友，大家好！欢迎来到《名人面对面》，今天我们请来的嘉宾是作家张西。张女士，非常荣幸邀请您来做客。我在网上看您资料的时候，发现读者对您的称呼是"公安作家张西"，为什么会有这个称呼呢？

女：这可能是因为我前些年一直从事警察这个职业，也可能是因为我前几部作品涉及的都是警察题材，所以有人就把我定型为"公安作家"。

男：您最早是什么时候开始写公安题材的作品的？

女：一下想不起来了，一直在不间断地写，比如《女警官手记》《中国打拐大案纪实》。写得比较集中、比较有意识的应该在 2000 年之后，《国家荣誉》算是第一部我自己觉得是马拉松长跑式的作品，可能算是一个标志。

男：《国家荣誉》是一部涉及反恐题材的纪实类作品，您本人是柔弱的女性，我很惊讶，您怎么会写这样的题材呢？

女：这可能是一个敏感度问题吧。尽管我在以前的工作中，接触刑事案件的机会更多一些，但是我对恐怖活动的案件嗅觉比较灵敏，也看了很多这方面的资料，感觉很有意思，也受到了震撼，于是就有了创作的冲动。

男：您从刚开始写公安题材的作品，到后来写《抗战女性档案》，一直在攀登一个又一个的高峰，我们也想问一下，您下一步有什么规划和目标？

女：前不久我参加了编导康红雷的生日聚会。他拍过《青衣》《一针见血》，还有我最喜欢的《士兵突击》，所以我就冒出一个念头来，应该写写康红雷。他关注平民的生活状态，以低成本来拍电视剧，虽然没有明星阵容，但是拍出了非常受大家欢迎的作品，感动了千千万万的观众，我觉得他也有伟大的一面，值得我去研究。

21．女的以前是做什么工作的？

22．女的为什么要写反恐题材的小说？

23．关于《国家荣誉》，下面哪种说法是正确的？

24．下面哪本是女的写的作品？

25．女的为什么要写康红雷？

第 26 到 30 题是根据下面一段采访：

女：各位朋友，还记得张静初在柏林电影节所穿的那件"孔雀礼服"，还有范冰冰前不久参加戛纳电影节所穿的"龙袍"吗？这些礼服在国际时装界引起了不小的轰动。我们今天的嘉宾就是礼服的设计者——许嘉伦先生。

男：电视机前的观众朋友们，大家好！我是许嘉伦。

女：许先生，我们知道，其实中国元素很早就进入欧美的时尚圈了，而且也被各种国际品牌频繁地运用。那您觉得从本质上来说，他们在运用中国元素的时候跟中国本土的设计师有什么区别呢？

男：就像我们服饰文化中的手工绣花，这些手工艺在中国已经沉淀了几千年，而在西方，他们没有这样的手工艺，所以绣花可能都是用机器来代替的。他们可以使用我们的图案，也可以采用我们的颜色，可是他们缺乏手工制作出来的那种灵魂感。手工制作中渗透着中国文化的一些独特内涵，这是他们的机器绣花所没有的。所以我认为两者有本质的区别。

女：那您觉得应该如何让东方和西方，还有传统和现代更好地衔接起来？

男：西方的服装设计更强调立体感，而我们中国的立体化设计发展很晚，民国以前那些设计几乎都是平面的。应该把西方立体化的设计理念和中国传统的平面手工艺结合起来，我认为国际化是互相融合、互相感染，然后共同进步的。像我的作品一样，我在形式上借鉴了很多西方的设计理念，但整个服装的灵魂是中国的。

女：中国有悠久的历史文化，也有优秀的人才，但是在国际上，知名的设计师并不是很多，您觉得这方面的制约因素是什么？

男：机遇对每个人都很重要，或许一个很好的机遇给了一个设计师，他就能一夜成名，但其他设计师就不一定能得到这个机会，现实是很残酷的。其实只要自己有实力，做好身边该做的事，我觉得机会就会来。我相信一定会有更多的中国设计师做得更好，或者是走得更远。

26．男的觉得欧美设计师运用中国元素时有什么问题？
27．男的觉得中西方服装设计的不同之处在哪里？
28．男的觉得中国设计师为什么在国际上知名的很少？
29．关于男的，下面哪种说法是正确的？
30．男的认为设计时装时应该怎样做？

第 三 部 分

第 31 到 50 题，请选出正确答案。现在开始第 31 到 33 题：

第 31 到 33 题是根据下面一段话：

古时候有个叫乐羊子的人，为了实现自己的抱负，他出远门找名师学习本领。一年后，乐羊子突然回来了。妻子疑惑地问："刚刚过了一年，你就学好本事了吗？"乐羊子说："离家这么久，我太想念你，所以就回来了。"妻子听了他的话后抓起剪刀，快步走到织布机前，把织了一大半的布都剪断了。她说："这匹布是我昼夜不停地织，才一丝一缕积累起来的，现在我把它剪断了，它就永远不能恢复了。学习也是一样的，要一点点地积累知识才能成功。你现在半途而废，不是和我剪断布一样可惜吗？"乐羊子听了这话恍然大悟，不由得低下了头。于是他再次离开家去求学，七年后，乐羊子返回家乡时，终于成为了一个有学问的人。

31. 乐羊子出远门做什么？

32. 妻子为什么要剪断布匹？

33. 这个故事告诉我们什么？

第 34 到 36 题是根据下面一段话：

有一个博物馆被盗了，丢失了十件珍贵的文物，幸好一枚珍贵的钻石戒指没有被盗。警方经过多次努力也找不到线索，这时，一直很冷静的博物馆馆长提议让电视台采访他。不久，电视上播放了记者采访博物馆馆长的镜头。记者问："这次共丢失了多少件文物？"馆长答："十一件。"记者又问："这些文物都很珍贵吗？"馆长答："是的，都很珍贵，特别是一枚钻戒，价值连城。"时隔不久，警方就查到了线索，顺利地破了案。线索来源很简单，几个盗贼在互相殴打时被警方抓获，而他们殴斗的原因竟然是互相猜疑究竟是谁私藏了第十一件文物——那枚珍贵的钻戒。

34. 被盗窃的博物馆丢了多少件文物？

35. 博物馆被盗后，馆长做了什么？

36. 最后盗贼为什么能被抓住？

第 37 到 39 题是根据下面一段话：

一家报社以五千元的奖金向全国征求这样一道题目的最佳答案：有一艘船载着三个人，其中一个是著名的物理学家，另外两个分别是著名的生物学家和数学家。不料在海上发生了意外，为了保住其中两个人的生命，把损失降到最小，必须把一个人扔下去。那么，应当把谁扔下去呢？

这件事引起了很多人的兴趣，报社收到了来自全国各地的不同答案，大家各抒己见，绝大多数人都从这三个人的工作谈起，从不同的方面论证他们的重要性。一时间，全国陷入对物理、生物、数学到底哪一个更重要的大规模争论中，谁也无法说服谁。最后，奖金的得主竟是一个年仅十岁的小孩，他的答案很简单：把最胖的那个扔下去！生活其实是很简单的，就如同这个简单的答案一样，复杂起来的原因往往是人为造成的。

37. 报社征求的是什么答案？

38. 下面哪个说法是正确的？

39. 这个故事告诉我们什么？

第 40 到 42 题是根据下面一段话：

生活离不开色彩，不同的颜色会给人们带来不同的心理感受。如红色会让人感到兴奋；黄色使人欣慰；蓝色能消除紧张的心理状态，使人镇静；黑色则使人沉闷，心情压抑。颜色能直接影响人们的情绪和工作效率。有报道说，有些学校把白色的灯换成紫色，这样可以加快学生的智力开发。在某所监狱，警察会把闹事的犯人关进粉色的房间里，让他们情绪平静下来。绿色可以让人保持安静，因此曾有一些国家设想将医院的墙、床单、衣服等由白色改为绿色。但医学家发现，如果长期看一种颜色的话，视力可能会下降，其中黄色是最严重的，其次是绿色。尽管在医院里是否能用绿色代替白色还存有争议，但总的来说，绿色的环境能起到调节心理活动的作用。

40. 下面哪种颜色可以使人情绪平静？

41. 有些学校为什么把白色的灯换成紫色？

42. 下面哪种说法是正确的？

第 43 到 46 题是根据下面一段话：

在家庭生活中，孩子仍然扮演着重要的角色。随着时代的发展，大家对生男还是生女不再关心。人们认为生育孩子的主要目的是增添家庭的生活乐趣，拥有爱情的结晶，使自己成熟。赞同"养儿防老"观点的只有不到 20%。

年轻人中有 60% 的人愿意自己抚养孩子。他们对子女的教育问题十分关注，认为教育孩子不再是女人的事情。与父辈相比，他们给予孩子更多的理解，多数人认为"父母和孩子是平等的，父母应该尊重孩子的意见和感受"。

"重男轻女"的观念是和一定时期的经济发展水平相联系的。在生产力低下、劳动方式落后的年代，人们主要通过高强度的劳动获得生活资料。因此，男孩就是全家的希望。现在，社会已经进入信息时代，这一代父母的物质生活水平以及他们的生活方式和工作方式都发生了巨大变化。他们可能更注重后代本身的受教育程度、职业选择、生活方式，更关注他们是否快乐，将来能否实现个人价值等等。

43. 随着时代的发展，人们的观念有了什么变化？

44. 过去为什么会出现"重男轻女"的观念？

45. 在教育孩子的问题上，年轻人与他们的父辈有哪些不同观点？

46. 现在的父母更关注孩子什么？

第 47 到 50 题是根据下面一段话：

在中国传统的观念里，一辈子没红过脸的老夫老妻是子女学习的榜样。然而，日前《婚姻与家庭》杂志一反传统，提出了新的观点：天天相敬如宾的婚姻不见得最幸福，会吵架的夫妻生活才更美满。

对绝大多数夫妻来说，一辈子不吵架是不可能的事。但同样是吵架，有的越吵感情越牢固，有的却只能以分手收场。其中的区别就在于：你是否真正掌握了吵架的艺术？不少夫妻向记者倾诉，他们常常会因为一件难以想象的小事而吵架，在冲动这一魔鬼的驱使下口不择言，一点点将两个人的感情磨得越来越薄。

王伟在中国家庭和婚姻研究中心工作了三十年，他主要的研究课题是：夫妻吵架时该如何解决争端？他认为夫妻吵架有两大好处：一是能听到真话，这有利于了解对方的真实想法，以便吵架后能互相解释、调整，改善自己的行为；二是有利于负面情绪的宣泄。吵架代表着一种健康的夫妻关系，它就像一次次激烈的商业谈判，其目的是为了寻求妥协。

47. 中国传统观念认为，什么样的夫妻是子女学习的榜样？

48. 《婚姻与家庭》杂志认为会吵架的夫妻怎么样？

49. 王伟主要研究什么问题？

50. 王伟认为，吵架的目的是什么？

听力考试现在结束。

HSK（六级）全真模拟试题（第4套）听力材料

（音乐，30秒，渐弱）

大家好！欢迎参加 HSK（六级）考试。
大家好！欢迎参加 HSK（六级）考试。
大家好！欢迎参加 HSK（六级）考试。

HSK（六级）听力考试分三部分，共 50 题。
请大家注意，听力考试现在开始。

第 一 部 分

第 1 到 15 题，请选出与所听内容一致的一项。现在开始第 1 题：

1. 妻子正在炒菜，丈夫不停地唠叨："火太大了！油放得太多了！赶快把鱼翻过来！"妻子生气地说："别说了！我知道怎么炒菜。"丈夫回答："你当然懂，我只是想让你知道，每次我开车时你在旁边唠叨，我是什么感觉。"

2. 千岛湖距离浙江省省会杭州市 129 公里，面积 573 平方公里，是中国首批国家级重点风景名胜区，也是世界上岛屿最多的湖。千岛湖目前保存各类动植物 2000 余种，植被覆盖率 95% 以上，湖中盛产约 90 种鱼。

3. 对于应聘者来说，在找工作时，踏踏实实的态度比毕业于名牌大学更重要。大学里学的东西无法满足实际工作中的需要，因此每个人都应该做好从零开始的准备，这样才能顺利通过面试，在公司获得满意的职位。

4. 迄今为止，人类在适应环境方面已经显示出了很强的能力，但随着变化速度越来越快，竞争越来越激烈，人类陷入了一种尴尬的境地。一方面，身心疲惫，渴望停下匆忙的脚步；另一方面，又有一个声音在督促你不断向前。

5. 高考临近，对于高三的学生来说，时间越来越宝贵。但越是在关键时刻，身体就越重要。所以无论功课有多紧，也要坚持每天午睡一会儿，锻炼一下，这样才能保持充沛的精力，也可以提高学习效率。

6. 明亮的颜色不仅会让人感到愉快，也会使人情绪活跃。所以工厂为了提高生产效率，让工人们努力工作，同时也不至于使人感到太疲倦，往往把机器用油漆刷成橘黄色，而不是黑色或深绿色。

7. 地球上的自然资源包括淡水、石油、煤炭、森林、矿藏、耕地和各种动植物。其中，石油、煤炭、矿藏和原始森林经过了数百万甚至上亿年漫长的时间才得以形成，是不可再生的。

8. 在外资企业工作的人常常被称为"白领"，他们因为工作环境好、薪水高而被人羡慕。但其实"白领"的压力特别大，在平时紧张繁忙的工作之外，还要不断"充电"学习，有时忙得连谈恋爱的工夫都没有。

9. 科学家对四千多种花的颜色进行了统计，发现只有八种黑色花。科学家认为，黑色花少跟太阳光有关，还可能与昆虫有关。黑色的花很难吸引昆虫，所以在自然选择中就逐渐被淘汰了。

10. 毕业典礼上，校长宣布年级第一名的同学上台领奖，可是接连叫了好几声，那个学生才慢慢走上台。后来，老师问那个学生："怎么了？刚才叫你的名字是不是没听清楚？"学生说："不是的，我是怕其他同学没听清楚。"

11. "心灵手巧"的意思是心思灵敏，手艺精巧。大脑的发育会使手的动作得到发展，反之，灵巧的手也能刺激大脑进一步发展。一个在早期就得到良好教育的孩子，长大后很可能会有灵巧的双手和聪慧的大脑。

12. 2010 年成为名副其实的热浪一年，全球有 17 个国家的气温创下了最高纪录。由全球各地气候专家联合统计的数据显示，2010 年 6 月是人类有气象记录以来最热的月份。

13. 京剧脸谱是中国具有民族特色的一种特殊的化妆方法。由于每个历史人物或某一种类型的人物都有一种大概的谱式，就像唱歌要按照乐谱来唱一样，所以称为"脸谱"。关于脸谱的来源，一般的说法是来自假面具。

14. 绝大多数景点都有淡季和旺季之分。淡季旅游时，不仅车好坐，而且游人少，即使是五星级宾馆也能有惊人的优惠。此外，淡季旅游可以提前买票，并且能享受优惠，预订越早，优惠就越大。

15. 粉丝是英文"fans"的音译，原义是"热心的追随者"，最初指女影迷、女歌迷、女追星族等，后来泛指所有影迷、歌迷、追星人群。很多粉丝建立了自己的小圈子，有些还成立了协会，建立了网站。

第 二 部 分

第 16 到 30 题，请选出正确答案。现在开始第 16 到 20 题：

第 16 到 20 题是根据下面一段采访：

男：现在为大家介绍今天的嘉宾：德国图书艺术基金会主席，负责"世界最美图书"评选工作的杜拉女士。欢迎您的到来！首先想请您介绍一下"世界最美图书"的由来和意义。

女："世界最美图书"评选大赛是由世界上 35 个国家参与的一次书籍选美大赛。这个比赛一方面对设计者是一种鼓励，可以让他们设计出更好的图书，使读者更享受阅读；另一方面，也能提高读者对书籍设计元素的敏感度，让他们更加关注书籍的版面设计，也可以说是一种美学上的教育。

男：您多年来一直参与"最美图书"的评选工作，您觉得当今国际图书设计的趋势是什么？

女：我个人认为，图书的版面设计应该个性化、个体化，而不是以一种统一的形式展现在读者面前。现在国际图书业出现了一种趋势，就是在一本图书中使用不同质量的纸张进行组合，这些不同质量的纸张必须彼此之间相互配合，才能产生良好的效果。

男：您认为中国的图书设计要打入欧洲，还需要做哪些改进？

女：中国的出版印刷有着非常悠久的历史，要远远长于欧洲，这个传统和历史是非常好的。如果说还有什么可以改进和提高的，我认为，就是要重新重视这种传统。

男：现在出现了很多多媒体图书，比如 e-book 这样的电子图书，这会给传统图书带来什么样的影响？

女：这种多媒体图书和电子技术的发展，对于传统图书是一个很大的冲击。但我认为，传统图书不会消亡，还是有很好的前景的。因为电子图书都是统一的，具有一定的规格，而我们纸制的传统图书则更自由，更有个性。我们可以自己决定用什么样的纸张，用什么样的排版，这些都可以由设计者自己决定，这样更能满足不同读者的不同需求。

16. "世界最美图书"评选大赛对设计者有什么影响？
17. 女的认为图书的版面设计应该注意什么？
18. 现在国际图书业出现了什么趋势？
19. 女的对中国图书有什么看法？
20. 女的为什么觉得传统图书不会消亡？

第 21 到 25 题是根据下面一段采访：

女：今天的嘉宾我不需要多介绍什么，他的歌声一响起，当年的那些回忆就都会涌现在眼前，他就是蒋大为老师。有请蒋老师！

男：主持人好，观众朋友们好！

女：蒋老师，我知道您儿时的梦想是成为一名画家，对吧？

男：是啊，我酷爱绘画，曾经学习了八年西洋画，但后来阴错阳差，没有走上那条路。

女：那您也挺全面的了，画画儿也会，唱歌也好，我还听说你们学校的百米纪录一直是您保持的。

男：对，我短跑比较快，百米能跑 11 秒 4，当时属于国家二级水平。

女：那如果当初您在百米项目上继续努力一下的话，说不定也能成为"亚洲飞人"呢！

男：哈哈，好像这个可能性不太大。我个子小，起跑灵活，十米，我的速度能加上去，但后半截，人家步伐的幅度大，跑得快，我只能靠频率，所以教练劝我还是别练了，没有发展前途。后来天津和平区宣传队招演员，我也去考试，遇到了我的爱人。她那时是宣传队队长，就是她把我招进宣传队的，对我认真栽培，把我带上了艺术的道路。可以说，她是我的第一个伯乐。

女：哦？这挺有意思的。去考试，考官后来变成了自己的太太。那您跟您太太在考场上认识以后就有了好感？

男：对。后来是我们一个共同的好朋友，拉二胡的，他给我们俩中间做的红娘。他跟我说，说我爱人很好，然后又跟我爱人说，说我这人不错，意思是你们俩就做个夫妻吧。

女：就这么简单啊？

男：那时候我们很小，也很单纯，她说行，我也说行，就这样我们就结为了夫妇。她后来进入中央民族歌舞团当了一名舞蹈演员。1985 年，为了让我安心从事艺术，她毅然放弃了自己的事业，一心照顾家人和孩子，我特别感激她这么多年来的付出。

女：您在歌唱方面取得了这么大的成就，我想您太太的付出也是值得的。蒋老师，观众朋友们都知道您的经典造型是白西服，系一个领结，戴一副金丝边的眼镜。男歌唱演员穿白西装，我印象中您好像是第一个。

男：这个还得感谢我爱人。她说，你穿黑衣服不行。因为我个子不高，黑色比较压人，就显得我在舞台上身材很矮小。

21．男的是什么身份？
22．男的跑百米有什么优势？
23．男的为什么要穿白西服？
24．男的和妻子是怎样认识的？
25．关于男的的妻子，下面哪种说法是正确的？

第 26 到 30 题是根据下面一段采访：

女：他自出生起就身患绝症，只能坐在轮椅上，靠定期输血维持生命，面对坎坷的人生路，他一次又一次地在与死神的较量中胜出，他就是刘卫国。刘大哥，你好！刚才你是自己坚持走上舞台来的，你一次可以自己走多少步？

男：几十步。

女：如果再长了呢？

男：再长的话，脚啊或者膝盖的关节就可能会流血不止。

女：你现在回想自己的成长过程，最难忘的一件事是什么？

男：十七八岁的时候，我学会了骑自行车，然后就骑着自行车，飞快地奔驰在马路上。

女：那不是很危险吗？

男：当然很危险，但是你要是问任何一个残疾人，他都愿意用生命去换这一刻。

女：那次骑了多长时间？

男：我骑了三站路，之后因为流血过多，住了两个星期院。

女：刘大哥很棒，当年完全靠自学，拿到了电视大学的三个专科文凭。刘大哥也很多才多艺，会拉二胡、手风琴、小提琴。

男：嗯。但这些乐器因为动作比较大，现在都不行了，所以现在只能吹口琴。

女：我知道对你影响最深的是妈妈，听说你妈妈去世后，很长一段时间你都处于一种特别抑郁的状态。

男：对，母亲对我影响特别大。她让我认识到，作为一个残疾人，我也有自己的价值。她每天都会跟我聊一会儿或者跟我讨论时事，我觉得这种相依为命的感觉非常重要。她的去世呢，使我的精神世界崩溃了。

女：那你是怎么走出这种阴影的呢？

男：为了对抗这种孤独和绝望的感觉，我用母亲留给我的三十万元存款，招收了五个残疾员工，成立了一家电脑公司。当年那个小公司现在已经发展成了一个大规模的集团机构——残友集团，目前有一千多名残疾人集中稳定就业，每年的收益大概有一千万。

女：真了不起！刘大哥，那你个人的梦想是什么？

男：我的梦想是能够独自去攀登喜马拉雅山。我希望让大家看到，一个有严重身体障碍的人也能做成那么多事，实现让大家想不到的一种超越。

26. 男的成长过程中做过的最难忘的事情是什么？

27. 男的走的时间长了会怎么样？

28. 现在如果让男的表演节目，下面哪种乐器比较适合他？

29. 男的是怎样对抗母亲去世带来的痛苦的？

30. 男的有什么梦想？

第 三 部 分

第 31 到 50 题，请选出正确答案。现在开始第 31 到 33 题：

第 31 到 33 题是根据下面一段话：

　　有位老太太请一个油漆工到家里粉刷墙壁。油漆工一进门，看到她的丈夫双目失明，顿时流露出怜悯的目光。可是男主人开朗乐观，所以油漆工在那里工作的几天，他们谈得很投机，油漆工也从未提起男主人的缺陷。工作完毕，油漆工取出账单，老太太发现在原来谈妥的价格上打了一个很大的折扣。她问油漆工："怎么少算这么多呢？"油漆工回答说："我跟你先生在一起时觉得很快乐，他对人生的态度使我觉得自己的境况还不算最坏。所以减去的那一部分，算是我对他表示的一点儿谢意，因为他使我不再把工作看得太苦！"油漆工对她丈夫的敬佩使她流下了眼泪，因为这位慷慨的油漆匠，自己只有一只手。

　　31．油漆工开始的时候觉得男主人怎么样？
　　32．油漆工为什么少收钱？
　　33．关于油漆工，下面哪一项是正确的？

第 34 到 36 题是根据下面一段话：

　　从前，有一个楚国人有一颗漂亮的珍珠，他打算把这颗珍珠卖出去。为了卖个好价钱，他决定将珍珠好好包装一下。他觉得有了精美的包装，珍珠的"身份"就自然会高贵起来。

　　于是这个楚国人请来手艺高超的工匠，为珍珠做了一个盒子，在盒子的外面精心雕刻了许多好看的花纹，还镶上了漂亮的金属花边。盒子看上去闪闪发亮，实在是一件精致美观的工艺品。他将珍珠小心翼翼地放进盒子，拿到市场上去卖。

　　到了市场上不久，很多人都围上来欣赏这个楚国人的盒子。一个郑国人将盒子拿在手里看了半天，爱不释手，终于出高价将这个盒子买了下来。郑国人打开盒子看见里面有一颗珍珠，便把珍珠取出来交给楚国人，说："先生，您将一颗珍珠忘在盒子里了。"楚国人拿着被退回的珍珠，哭笑不得。

　　郑国人只盯着精美的盒子，结果却丢掉了真正有价值的珍珠，可见，做什么事情都要分清主次，否则就会像这位"买椟还珠"的郑国人那样做出舍本逐末、取舍不当的傻事来。

34．这个楚国人为什么要制作一个精美的盒子？
35．买盒子的郑国人是个什么样的人？
36．作者对郑国人是什么态度？

第 37 到 39 题是根据下面一段话：

近日，武汉大学 91 岁的刘教授借助媒体进行征婚。刘教授告诉记者，他征婚是想找一个伴侣，而不是保姆。找个会做家务的保姆很容易，但找个合适的伴侣却是难上加难。他现在请了一个钟点工，每天到家里做两个小时家务，这是为了挤时间做科研。刘教授表示，他希望对方是 55 岁到 70 岁的单身女性，身体健康，温柔贤惠，高中学历以上，喜欢写作，爱好音乐，能懂外语最好。刘教授认为，如果能有一个志同道合的伴侣，生活中会多很多乐趣。

婚姻家庭指导师李清认为，91 岁的老教授想找老伴，这样的行为非常正常。每个人都有追求婚姻的权利，也有自己选择配偶的标准。随着社会的多元化，我们对多元化的婚姻也应该持包容态度。从心理层次上看，老年人也需要爱，特别是来自异性的爱情。

37．这位教授想要寻找什么人？
38．刘教授对这个人的要求是什么？
39．婚姻家庭指导师对刘教授的行为持什么态度？

第 40 到 42 题是根据下面一段话：

生活中，我们常常可以看到这样的情景，一个女孩对着明亮的车窗或商店的玻璃，一会儿用手理理头发，一会儿做个鬼脸。突然轿车发动引擎，或是商店售货员疑惑地看着她，女孩才恍然大悟，急急跑开……爱美之心人皆有之，大多数人都像这个女孩一样，照镜子其实是为了自我欣赏，从中获得一份愉悦感。

另外，外表和风度往往还代表了一定的身份，经常看看镜子中的自我形象，更能增强人们对自己身份的认同。从 20 世纪中期开始，越来越多的女性加入了上班族的行列。于是，女性更加注重自我的社会身份，希望把自己打扮得更接近这个角色，以至于她们会不断照镜子调整外在形象，并由此获得自我身份的肯定。

但有一种人就比较极端了，他们照镜子达到了着魔的地步，一照镜子就是大半天，甚至总是对着镜子说话。这些人往往过于关注自己，不愿或不屑于跟别人交流。可他们又不能不与外界交流，于是镜子就成了最好的媒介，可以看着自己说话。这种过于频繁地照镜子的行为，可能会引发强迫症。

40. 大多数人照镜子的目的是什么？
41. 很多职业女性照镜子是为了什么？
42. 为什么有些人总是对着镜子说话？

第 43 到 46 题是根据下面一段话：

风筝起源于中国，最早的风筝是中国古代哲学家墨子制造的。风筝问世以后，很快被用于测量距离、传递信息等军事需要。到了唐朝，由于造纸业的发展，风筝由木制改为纸制，很快传入民间，成为人们的娱乐玩具。宋朝时，风筝已经在民间广泛流行。随着国际交往的增加，中国的风筝流传到了世界各地。先是传到日本和朝鲜等邻国，后来又漂洋过海，传到了缅甸、马来西亚，直到更远的东方岛屿上。元朝时，在中国生活了十七年的意大利人马可·波罗回国后，也把风筝介绍到了西方。清朝以后，随着放风筝习俗的流行，风筝艺术发展到顶峰，涌现出了一大批手艺高超的风筝艺人。

山东潍坊是中国著名的风筝产地，当地有很多扎风筝的手工艺人。潍坊风筝在继承传统精华的基础上，不断翻新花样，发展出了许多新的风筝品种，小的可放在手掌上，大的有几百米长，造型、色彩也各不相同。这些风筝为潍坊赢得了"风筝艺术，潍坊第一"的美誉。现在，潍坊已经成为每年国际风筝节的固定举办地。

43. 风筝最开始用于什么方面？
44. 风筝是什么时候传入民间的？
45. 为什么清朝以后，风筝艺术能发展到顶峰？
46. 关于山东潍坊，下列哪项是正确的？

第 47 到 50 题是根据下面一段话：

　　专家研究发现，性格具有独特性和相对稳定性，所以性格往往会决定一个人对生活和各种事件的态度，进而影响这个人的身体和心理健康。比如，追求完美的人容易得冠心病；脾气急躁的人容易得高血压；敏感的人容易得支气管炎；过分压抑会诱发癌症。因为焦虑、抑郁、紧张、恐惧等长期的负面情绪与身心疾病的生理基础密切相关，会直接影响人的内分泌，造成内循环不稳定，进而引发疾病。

　　性格是天生的，很难改变，但可以对负面情绪进行干预。因此，要做一个乐天派，学会释放或者转化压力。首先，不能把很多事情看得太重，因为你的心理和生理承受不了。由于神经始终紧绷，新陈代谢可能会出现问题，免疫功能也会失调。其次，要学会享受现在的生活，学会放慢生活节奏。目标不要定得太高，要把短期目标设置好，然后再把目标不断延伸下去。如果目标太高，难以实现，就不免会灰心失望。

　　47. 脾气急躁的人容易得什么病？
　　48. 关于制定目标，下列哪一项是正确的？
　　49. 这段话主要讲什么？
　　50. 说话人有什么建议？

听力考试现在结束。

HSK（六级）全真模拟试题（第5套）听力材料

（音乐，30秒，渐弱）

大家好！欢迎参加 HSK（六级）考试。
大家好！欢迎参加 HSK（六级）考试。
大家好！欢迎参加 HSK（六级）考试。

HSK（六级）听力考试分三部分，共50题。
请大家注意，听力考试现在开始。

第 一 部 分

第1到15题，请选出与所听内容一致的一项。现在开始第1题：

1. 在北京的同一条街上住着两个裁缝。一个裁缝挂出一块招牌，写着：北京最好的裁缝。另一个看到了，很不服气，也挂了一块，上面写着：本街最好的裁缝。

2. 台湾地处亚热带，除高山地区外，台湾的年平均温度大约在22度左右。4到11月是炎热的"夏季"，从12月到3月是暖和的"冬季"，气温与长江下游的秋天相似，终年不下雪，没有严寒天气。

3. 双重国籍就是指一个人同时拥有两国国籍。双重国籍者对两个国家都应承担忠诚的义务，但这往往会给他带来麻烦。如果两个国家之间发生战争，无论他选择忠诚于哪一方，都会被另一国视为背叛行为。

4. 在北京、上海、广州等一线城市奋斗数年后，不少年轻人选择重新到二线城市发展，这被媒体称为"逃离北上广"。这个数字虽然还不算庞大，但和多年以来人才流动的潮流"奔向北上广"形成了鲜明对比。

5. 某中学把体育课改成武术课，引起了学生家长的不满。家长普遍认为，原先的体育课内容丰富，包括跑步、做操、球类等项目，有利于学生的全面发展。学校现在的做法忽视了学生的兴趣和个性，违背了学生的实际需要。

6. 坐长途汽车以前，不妨准备几块新鲜的橘子皮，坐车时放一块在嘴里，轻轻地咀嚼几下，也可以对准鼻子，用手指使劲捏橘子皮，让鼻子吸入味道。这两种办法都可以有效地防止晕车或缓解晕车症状。

7. 现在，雨林受到严重的破坏，我们要保护它们，首先应该号召大家多种树，以修复受损的生态系统。其次要鼓励人们捐款，为雨林和动物建立起自然保护区。此外，有些公司的经营活动破坏了雨林，要曝光那些公司，抵制他们的产品。

8. 昨天清晨六点多，位于东城区繁华路 37 号的华兴公司化学品仓库发生爆炸，大火燃烧了整整八个小时。幸好当时不是上班时间，所以没有造成人员伤亡。事故原因还在调查中，目前，相关负责人已被警方控制。

9. 巴丹吉林沙漠是世界四大沙漠之一，位于内蒙古西部，平均每十平方公里不到一人。巴丹吉林沙漠平均每年的雨水只有 40 毫米，但是湖泊竟然达到了一百多个。它迷人的景色每年吸引了上万名国内外游客前来观光。

10. 父亲买了些梨，特意把最大的梨给孔融，孔融却摇摇头，主动拿了一个最小的梨，说："我年纪最小，大的梨应该先给父母和兄长吃。"父亲感到很惊奇，四岁的孔融已经懂得尊重长辈了，真是太难得了。

11. 传统的房屋一般有一座主屋，主屋最东边的房间就是上房，是主人或者家中最有权威的人的住房，小辈和客人都不能住，更不用说租给外人居住了。因此，所谓的"房东"就是住在东边上房的人，也就是主人的意思。

12. 地铁是现代城市文化的一种象征，在地铁上会发生各种各样的故事。即使大多数时候，人们只是匆忙地坐着地铁来来去去，但是受近来有关地铁的电影和小说的影响，坐地铁似乎已经成为年轻人遇到浪漫爱情的好时机。

13. 老扬州人有句俗话："早上皮包水。"这是说从前扬州人早上常去茶楼喝茶，很会享受生活。扬州老字号的茶楼，现在生意依旧兴旺的有"富春""冶春"和"共和春"三家，人称"三枝春"。

14. 请保姆可以减轻家务负担，是一件提高生活质量的好事。然而要请到一位好保姆，并与她和睦相处，还真需要不少技巧。聪明的主人如果能掌握一些分辨的能力和相处的学问，家有保姆的日子就会多点儿轻松，少点儿烦恼。

15. 在中国，如果有人新开了公司或者被提拔，朋友常常会送他一艘帆船的模型，含义是"一帆风顺"，祝福他像船顺风航行一样，不断向前，在未来的工作中没有任何阻碍，永远顺利，永远成功。

第 二 部 分

第 16 到 30 题，请选出正确答案。现在开始第 16 到 20 题：

第 16 到 20 题是根据下面一段采访：

女：各位听众，大家好！远程教育是一种以网络教学为主的新型教学形式，现在正逐渐受到大家的关注。我们今天邀请的嘉宾是远程教育中心的李文主任。李主任，请问远程教育几年能毕业？学费大概多少钱？

男：各高校有所不同。远程教育实行弹性学制和学分制，只要在规定的时间内修满规定学分就可以取得国家承认的毕业文凭。

女：远程教育入学是否需要考试？如果需要，每年有几次招生考试呢？

男：是的，需要参加入学考试。报考专业不同，考试科目也不一样。远程教育招收学生时由各学校自主出题组织考试，因此，不同学校不同专业的具体招生办法，可以直接向学校咨询。招生考试每年两次，分春秋两季招生。春季一般在 2 月初考试，3 月底入学；秋季在 7 月初考试，9 月入学。

女：网络教育的毕业生怎样才能获得毕业证书？远程教育的学历在社会上能够被认可吗？准确地说，它的毕业证书在教育部的官方网站上是否能查到？

男：只要在学习期限内学完教学计划规定的课程，考试成绩合格，取得相应的学分，完成毕业论文或毕业设计并且成绩合格，就能获得毕业证书。远程教育是非常正规的教学形式，毕业证书是国家承认的，证书号码在教育部的官方网站上当然可以查到。

女：远程教育效果如何？

男：效果很好。选择远程教育的学生多半工作繁忙，无法长时间到学校听课。远程教育采取在线和多媒体的方式进行教学，学生在业余时间上网学习，完成作业。同时也有部分时间进行课堂教学，如果有疑问，学生可以等到课堂教学阶段当面向老师提出。这样既能节省时间，又能达到效果。

女：谢谢您耐心的解答。

男：不客气。远程教育相对于成人高考和普通高考，人们普遍对它感到陌生。希望这种新颖的教学形式能够被越来越多的人所了解，得到大家的支持。

16．远程教育的入学考试是什么样的？

17．入学考试一般什么时候举行？

18．关于远程教育的毕业证书，下面哪一项正确？

19．远程教育的基本形式是什么？

20．对于远程教育，男的提出了什么希望？

第 21 到 25 题是根据下面一段采访：

男：大家好，我是广州新闻频道的主持人白亮，让我们欢迎本期节目的嘉宾——大家非常喜爱的青年演员杨柳。杨柳，你好！

女：白亮，你好！各位广州的朋友，大家好！

男：今年我们最期待的你的一个作品就是《我们的青春故事》，这个电视剧经过了很长时间的酝酿，现在终于要播放了。有些记者已经看过该剧的片段，对你扮演的"青儿"这一角色评价很高，觉得你很好地表现了这个人物鲜明的个性。你给我们说说拍摄这个电视剧时印象最深刻、最好玩的事吧。

女：这个戏有六十集，拍的时间比较长，拍摄中最有趣的事就是小演员们进组的时候都比较小，但是演到最后时就长高了很多。比如说我们的男主角开始演的时候只有十六岁，演完时十八岁，结果他的身高从一米七四长到了一米九二，声音也变了。

男：那不是让导演很崩溃吗？

女：对啊！不过也没办法。因为要对作品负责，所以不能为了迁就我们演员，就加快拍摄不管质量了。这部电视剧从头到尾都保持了一种特别优美、特别精致的风格。我们演员在两年的拍摄过程中都要尽量约束自己，要一直保持自己的状态。

男：听说你在剧组还经常提倡环保，你自己在日常生活中有什么环保的习惯吗？

女：因为大部分时间在拍戏，经常要在不同的城市间飞来飞去，让我为了减少碳的排放而从北京步行到上海显然太不现实了，所以我就特别注意从小事做起。比如说在拍戏的时候，我会随身携带筷子，不用一次性筷子。我出去购物的时候一般不用塑料袋，而是自己带环保袋。先从自身做起，然后再劝说别人用。我一个人的力量是微不足道的，但我觉得也可以积少成多吧。

男：亚运会即将在广州召开，最后能不能请你通过镜头问候一下广州观众并把祝福送给所有参赛的运动员？

女：祝所有运动员在这一届亚运会上取得好成绩！祝广州亚运会圆满成功！我是杨柳，谢谢！

21．女的是什么人？
22．关于电视剧《我们的青春故事》，可以知道什么？
23．女的怎么评价这部电视剧？
24．关于环保，女的是怎么做的？
25．最后女的对谁表示了祝福？

第 26 到 30 题是根据下面一段采访：

女：张教授好！您是网站投资经营专家，请问您怎么评价不同类型的网站？

男：网站呢，我觉得应该分三类，第一类现在已经有足够多的用户了，比如一些游戏网站有上亿的用户，已经开始赢利，可以说已经成功了；第二类还处于初步培养阶段，它在市场上有一定的潜力；第三类纯粹是作为一种风险投资，也许未来有一天它能够发展起来，但是这个前景还不明确。

女：那如果是从应用类型或者发展方向上来区分呢？

男：从发展方向来讲，现在我专注于三个方向：第一是移动互联网，我觉得未来几年移动互联网有极大的发展机会，甚至会改变中国互联网的结构；第二是电子商务，我们都知道淘宝网规模很大，但整个中国的中小企业有两千多万家，目前上网的仅仅只有一百万家，还有百分之九十几的中小企业将来会借助电子商务来发展；第三就是我目前正在做的和游戏相关的项目，但是我们不只局限于游戏，而是把游戏、动画和电影结合起来，做成一个非常好的综合体，也就是所谓的创意产业，未来中国在这个方面还有很大的空间。

女：您曾说过，接下来两三年中国互联网还有一定的机会，但再往下可能就会越来越难做，您为什么这么说呢？

男：我觉得机会就在这三年当中。中国的互联网用户目前是四个亿，现在还处于迅速发展的阶段，在未来三年中可能会增加到八个亿，但到了八个亿之后，基本上就饱和了，因为十四亿人个个都上网显然不太现实。此外，一些商业模式和技术也基本定型了，很难再创新了。

女：有人说中国互联网只是在模仿，缺乏创新，您怎么看待这个问题？

男：各个行业的发展都要吸取前人的经验，都是建立在前人的基础上的。你可以模仿别人，但是一定要在模仿的基础上有所创新。中国的很多东西已经进行了本土化的创新，当然我们做的还远远不够，因为这需要一个比较长的积累过程。

26. 男的认为第一类网站有什么特点？
27. 为什么男的看好电子商务方向？
28. 男的所说的"创意产业"包括什么？
29. 男的认为什么时候互联网会进入饱和阶段？
30. 男的怎么看待模仿？

第 三 部 分

第 31 到 50 题，请选出正确答案。现在开始第 31 到 33 题：

第 31 到 33 题是根据下面一段话：

一位教授在一个空杯子里装满大石块，又倒进一些小石子，并轻轻摇动杯子，让小石子滚进石块之间的空隙；然后教授拿出一些沙子倒进杯子，摇动杯子，把小石子间的空隙都填满；最后他又往杯子里倒水，把杯子所有的空间都填满。做完这些，教授对学生们说："现在，我想让大家把这个杯子理解为生活。里面的大石块代表生命中最珍贵的东西，比如说家庭、伴侣、健康、孩子等等，所有这些对我们来说都极为重要，一旦失去将永远无法弥补；小石子代表生命中较为重要的东西，如工作、房子、车子等等；沙子代表生命中的日常小事；水代表烦恼、忧郁。请记住，如果我们先把水和沙子装进杯子，那就没有空间去装大石块和小石子了。"

31. 教授往杯子里装了什么东西？
32. 教授觉得小石子代表什么？
33. 教授想说明什么道理？

第 34 到 36 题是根据下面一段话：

孔子精通诗、书、礼、易，对音乐也很擅长。有一次孔子出访齐国，正赶上齐国的国王举行祭祀祖先的典礼，三天的典礼中一直在演奏齐国的音乐。孔子对齐国的音乐极其喜爱，在听了美妙无比的齐乐后，脑袋里很长一段时间都被音乐所带来的快乐占据着。他常常边弹琴边演唱，有时还忍不住手舞足蹈起来。一连三个月，孔子就连在睡梦中也反复练习，吃饭时也在考虑曲子的音韵问题，以致都品尝不出一直喜欢的红烧肉的味道了。所以，他感慨道："三月不知肉味！"孔子对自己所学的内容非常感兴趣，而且极为专注，所以他才能够拥有丰富的知识和深刻的思想，成为中国历史上最伟大的人物之一。"三月不知肉味"现在也常常用来形容专心一意，做某件事情时全力以赴，对别的事都不在意。

34. 孔子觉得齐国的音乐怎么样？
35. 孔子为什么说"三月不知肉味"？
36. 从这段话中可以知道，孔子是一个什么样的人？

第 37 到 39 题是根据下面一段话：

从前，有两个饥饿的乞丐遇到了一位老人，老人赠送给他们两根钓鱼竿和两袋又大又新鲜的鱼，他们各自拿了东西就分手了。一个乞丐觉得钓鱼竿没什么用，就扔了它。他找到一个偏僻无人的地方，点起了火烤鱼吃。烤鱼真香啊！他吃得饱饱的，感到非常满足。但是，很快他就吃完了所有的鱼，他只好又开始流浪。

另一个乞丐看着手中的钓鱼竿，决定出发去寻找大海。他努力向前赶路，并且规定自己每天只能吃一条鱼，因为路途可能还很遥远。他常常饿得头昏眼花，却一直没有停下来。几天后，他终于来到了海边，开始钓鱼，过上了自力更生的生活。他钓的鱼越来越多，自己吃不掉的鱼就去市场卖掉，渐渐存了一些钱。几年后，他建起了房子，造出了渔船，还娶妻生子，一家人从此在海边安居乐业。

　　只顾眼前的人不可能永远一帆风顺，目标高远的人往往才是最后的胜利者。

　　37．第一个乞丐是怎么做的？
　　38．第二个乞丐决定怎么做？
　　39．这个故事说明了什么道理？

第 40 到 42 题是根据下面一段话：

　　一位父亲讲述了自己教育子女的一个故事。

　　当时他的儿子和女儿还很小，喜欢把吃的东西丢得到处都是。父亲警告他们说，如果下次再这样，就要惩罚他们。第二天下班，他发现一对儿女根本没把自己的话当回事，又把食物随意地丢在地上。父亲感到非常恼火，他恨不得打孩子几下，但是看着他们可怜的样子，父亲的心软了。

　　父亲把孩子叫到自己身边说：“一个人如果做错了事情，就应该受到惩罚。作为父亲，我爱你们，但是这种爱不会让我忽视你们的错误。你们现在还很小，所以我决定替你们受惩罚。因为你们浪费了食物，所以今天晚上和明天早上，我都不能吃饭。”

　　晚饭的时候，两个孩子都显得心事重重，他们担心自己的父亲挨饿。第二天早上，父亲还是没有吃早饭，两个孩子难过得哭了。他们的样子比受到最严厉的惩罚还难过。那是发自内心的、悔恨的眼泪。

　　从那以后，两个孩子表现得越来越好了，他们不是害怕被惩罚，而是因为知道父亲有多么爱他们。

　　40．两个孩子做了什么错事？
　　41．孩子第二次做错事时，父亲觉得怎么样？
　　42．父亲决定怎么做？

第 43 到 46 题是根据下面一段话：

南京云锦是中国优秀传统文化的杰出代表，因为它颜色丰富，像天上的彩云，所以被命名为"云锦"。南京云锦已经有 1580 年的历史了，在古代丝绸制品中，"锦"代表了最高的技术水平。南京的"云锦"与成都的"蜀锦"、苏州的"宋锦"、广西的"壮锦"合称为"中国四大名锦"。

南京云锦不但具有丰富的文化内涵，也包含着很高的科技水平。它是用5.6 米长、4 米高、1.4 米宽的木制织布机，一个人在上，一个人在下，两个人配合操作生产出来的，充分体现了中华民族祖先的智慧。云锦中有金线和银线，颜色灿烂，所以显得非常豪华，满足了皇家的需要。

现在，云锦在老百姓眼中不再神秘，也不再遥不可及。用云锦制作的漂亮服装常常成为女孩子的结婚礼服，用云锦制作的钱包、眼镜盒、手机套等物品也成为赠送亲友的美丽礼物。

43. 关于云锦，下面哪一项是正确的？
44. "中国四大名锦"来自哪四个地方？
45. 制作云锦时一般需要几个人？
46. 老百姓觉得云锦怎么样？

第 47 到 50 题是根据下面一段话：

你也许不一定能意识到，在你身上大约一百万亿个细胞中，只有 10% 是真正属于人类的，其余 90% 占据身体的完全是外来者，包括细菌、真菌，以及其他各种各样的微生物……

比如，在你的眼睫毛上，有一种非常微小的细菌。它们长年累月地在那儿饮食起居，几乎从不离开。极偶然地，趁你夜间熟睡的时候，它们会悄悄离开你的眼睫毛，到你的脸上做一次"夜间散步"。

只要你生过水痘，有一种病毒就会永远地存在于你的体内。当生活中压力增加、人体老化或者健康水平下降的时候，这种病毒就有可能重新活跃起来，使你产生顽固性的疼痛。

假如你不经常刷牙，你的牙齿表面就会有一层三百到五百个细胞厚度的细菌膜。它们在你一长出牙来时就会来报到，一直要等到你的满口牙齿全都掉光后才会悄悄离开。

我们每一个人都是一个行走着的生态系统，因为在我们身体里居住着为数众多的"外来户"，是一个需要和谐共处的小小"联合国"。但是，这些"国家"很难有长久的和平，这就表明我们人类不可能永远健康，只有不断地进行调节，努力达到平衡，才能将健康的状态延续得长一些。

47. 在人身上的细胞中，真正属于人类的有多少？
48. 关于眼睫毛上的一种细菌，可以知道什么？
49. 水痘病毒什么时候会重新活跃起来？
50. 怎样做才能让人更长久地保持健康？

听力考试现在结束。

HSK（六级）全真模拟试题（第 6 套）听力材料

（音乐，30 秒，渐弱）

大家好！欢迎参加 HSK（六级）考试。
大家好！欢迎参加 HSK（六级）考试。
大家好！欢迎参加 HSK（六级）考试。

HSK（六级）听力考试分三部分，共 50 题。
请大家注意，听力考试现在开始。

第 一 部 分

第 1 到 15 题，请选出与所听内容一致的一项。现在开始第 1 题：

1. 父子二人经过一个五星级饭店门口，看到一辆十分豪华的进口轿车。儿子不屑地说："坐这种车的人，肚子里一定没有学问！"父亲则回答："坐这种车的人，不一定没有学问，但是说这种话的人，口袋里一定没有钱。"

2. 由于地面过于潮湿或者常年积水，土壤水分接近饱和，生长出喜水性植物的地段就叫做沼泽。沼泽内生长着大量药用植物，也给珍贵鸟类和鱼类的繁殖提供了良好场所。沼泽还具有湿润空气、净化环境的功能。

3. 中国人有饭后喝茶的习惯，但是茶水中大量的酸性物质会与食物中的铁、锌等元素结合成难以溶解的物质，无法被身体吸收，致使食物中的铁蛋白丢失。但是饭后半个小时再喝茶，便不会产生太大影响。

4. 有这样一群有钱人，他们收入高，具有高消费能力，却不喜欢追求奢侈生活。他们虽然不追求物质，但是该花钱的时候却一点儿也不迟疑。他们试图远离一般富裕阶层的生活方式，更乐意寻求精神层次的快乐。

5. 一个小学三年级的学生在作文中说他将来的志愿是当垃圾清扫工，老师看了以后说："这个孩子真幼稚！他长大后就会想从事更高尚的职业了。"跟孩子相比，成年人对于成功的定义总是那么狭隘。

6. 一项研究指出，坐在靠窗位置工作的员工，可能会显得比其他同事衰老十岁。专家说，坐在窗边时，由于没有遮挡，皮肤完全暴露在阳光下，有害的太阳光会穿过玻璃，使皮肤长出皱纹。

7. 中国人元宵节"迎花灯"的风俗至今已有两千多年的历史，"花灯"其实就是彩色的灯笼。这个风俗起源于汉代，农历正月十五皇宫里会举行活动，由于要举行一整夜，所以必须点灯，后来就逐渐形成了元宵节迎花灯的传统。

8. 昨天深夜，一名张姓男子开车回家，在经过光明路时，汽车失去控制，一头栽进了附近的池塘，被行人发现后报警。警察及时赶到，将他救起并送往医院，经过酒精测试，发现他体内的酒精含量已超过标准十倍。

9. 当你被动物攻击时，应该如何脱离危险呢？一名女子在林子里散步时，突然遭遇了一头黑熊。她非常镇定，随手抓起一个水果向黑熊投去，这个办法果然让黑熊转移了注意力，使她争取到足够的时间逃走。

10. 有个男孩跟着妈妈去买东西，食品店老板慷慨地打开一罐糖果叫他自己拿，但男孩却没拿，老板就亲自抓了一大把给男孩。回到家，妈妈好奇地问他为什么不自己拿，男孩坦率地说："因为老板的手比我的大呀。"

11. 从 1987 年"南海 1 号"被发现起，研究人员对船上的每次搜索都引起了考古界的密切关注。船上的文物为研究海上丝绸之路以及中国造船史、陶瓷史等提供了珍贵的资料。这些资料多数是以往文献中没有的。

12. "压岁钱"是指春节时长辈送给小辈的红包。清朝时，长辈把铜钱串起来，放在孩子的卧室里，表示新年祝福。到民国时，又流行用红纸包一百铜元给孩子，意思是希望孩子"长命百岁"。

13. 今天上午，地铁 2 号线突然发生设备故障，导致列车无法正常运行，现场大批乘客滞留。由于 2 号线通往上海虹桥国际机场和虹桥火车站，因此发生故障后给准备乘坐飞机和火车的旅客带来了影响。

14. 英语专业的学生一般都会系统地学习西方的文化历史知识，但他们却往往对中国文化缺乏深层次的了解，文史知识非常贫乏，这样并不利于学生综合文化素质的培养，也不利于其跨文化交际能力的进一步提高。

15. 冬季气候很干燥，人们的活动也少，出汗不多，保护皮肤的皮脂膜相对比较薄，因此不应常用沐浴露和沐浴皂来洗澡，水温也不能过烫，每周洗两到三次为好，清洁过度反而容易引起皮肤发痒或者敏感等问题。

第 二 部 分

第 16 到 30 题，请选出正确答案。现在开始第 16 到 20 题：

第 16 到 20 题是根据下面一段采访：

女：各位朋友，下午好！我是主持人文燕，今天来到我们新闻会客室做客的是中国流行色协会的梁冰先生。梁先生，最近大家都很关注世博会，色彩学在世博会这样的大型活动中应该扮演了重要的角色。您能不能给我们介绍一下，世博会在场馆和色彩的设计上有哪些值得关注的地方？

男：简单来说，第一个是"景"，就是国内和国外的景；第二个是"品"，就是在世博会上展示出来的各国产品，既表现出当今的一些时尚，也表现出很多传统的文化特色；第三个就是"人"，有一些工作人员和志愿者，以及来自五湖四海的人，他们的穿着打扮也能体现出色彩学在运用上的多元化风格。

女：那么上海世博会在色彩应用方面有什么新意呢？

男：当代的建筑师大多是在现代主义的潮流中成长起来的，所以说会更多地选用黑白灰等颜色，这限制了色彩的发挥空间。但是我们发现，这届世博会将更丰富、更耀眼的色彩运用到了场馆中。比如说我们最关注的中国馆，还有欧洲的一些场馆，像西班牙的场馆，将植物编织在一起，展现了植物最自然、最美妙的色彩。我也期待着能到现场去体会一下。

女：我们生活在色彩的世界里，我们的衣食住行都跟色彩有密切的关系。最近有很多人都开始重视色彩心理学。请问，色彩对人心理的影响主要体现在哪些方面呢？

男：光听"色彩心理学"这几个字，大家会觉得它是一个挺深奥的学科，但其实它的原理很简单，生活中的例子也很常见。比如说一些著名的快餐店运用的基本上都是暖色，因为暖色可以促进人的食欲。卧室一般都用冷色，因为冷色是有助于睡眠的。再比如说衣服，每年、每季都有流行色，流行色可以传达出当时普遍的社会心理。吃也是这样，中国人讲究菜肴要色香味俱全，你看，"色"字排在首要的位置，如果一个菜的颜色不好看，那么人们就不太会有欲望去品尝它了。

16. 男的认为世博会有哪些值得关注的地方？
17. 世博会在色彩应用方面有什么新意？
18. 西班牙场馆的颜色有什么特别之处？
19. 关于"色彩心理学"，下面哪一项是正确的？
20. 下面哪项符合"色彩心理学"的原理？

第 21 到 25 题是根据下面一段采访：

男：各位网友，大家好！今天我们请到了著名主持人、节目制作人杨澜女士来和大家聊天儿。

女：大家好！非常高兴有这样的机会和大家交谈。

男：杨女士，您在前不久被某杂志评为中国首富之一，您对此有何感想？

女：从我个人来说，所谓的这种资产其实都是股票市场上的纸面价值，对我的世界观和生活方式没有任何影响。此外，我其实只是一个普通的主持人和制片人而已，我和先生在公司没有赢利之前都是不拿工资的。对于我来说，事业有一个好的开头，公司的运行能够越来越好，才是让我觉得最欣慰的事。

男：从主持人到跃身商界，您是怎么适应这个转变过程的？

女：在创业初期，对每个问题都要进行非常周密的思考。所以我最大的一个改变就是能够比较理智、比较果断地处理问题，不再像从前那么感情用事，变得更有魄力了。这个转变的过程对我来说很艰难，比如说，如果你发现某个员工的工作没有达到你的预期——可能你们个人的关系非常密切，那么如何跟人家沟通？这种事情对我来说是非常痛苦的，但是我也在不断学习，不断调整。

男：我一直很喜欢看您主持的节目，特别是《正大综艺》，后来您去美国留学了。是什么动力让您放弃国内的事业，选择出国的呢？

女：与其说想要得到什么东西，不如说想要丢掉什么东西。我少年成名，很早就品尝到了成功的滋味。但是很多的晚会节目、很多的社会活动都让我处于一个不断重复自己的过程，以往的成功已经成为我的包袱，让我逐渐失去了干劲。我觉得年纪轻轻的不该这样生活，我希望过得更充实一点儿，去国外看看，开阔自己的视野。

男：回国后，您为什么没有回中央电视台主持节目？

女：我当时从美国回来后，因为先生的家和事业主要是在上海，所以对于我来说，在北京工作是有一定难度的。

男：当您碰到挫折或者最悲观的时候，考虑过放弃吗？

女：每个人都会有顺境或逆境，我也一样。在面对挫折时，对自己的理想要坚定，如果因为暂时的低潮而放弃对理想的追求，将来一定会后悔的。此外，我会积极寻找解决问题的途径，扭转不利的局面。

21．对于被评为"中国首富之一"，女的是什么态度？

22．女的认为自己最大的转变是什么？

23．女的出国前从事什么职业？

24．什么原因促使女的出国留学？

25．事业上不顺利时，女的认为应该怎么做？

第 26 到 30 题是根据下面一段采访：

女：今天我们的节目非常荣幸地请来了作家王跃文。

男：我首先向各位观众，特别是向喜欢我作品的读者问好。

女：现在各类作家的作品层出不穷，那么您在写作上是否有压力？您的作品大多取材于真实的事件，在创作时会回避一些问题吗？

男：压力对每个作家都是客观存在的，但是对于我自己来说，假如想开了就无所谓了，不会构成压力。至于用不用回避一些问题，我觉得也没有必要，一句话，我觉得我问心无愧，所以就无所畏惧。

女：在当代作家中，您属于少数有从政经历的。那么，您是从什么时候开始写作的？

男：我大学毕业以后，在政府机关工作到 2000 年。我大概从 1989 年开始写小说，原来一直是业余写作。我的工作并没有影响我对文学的追求和我写作的立场。最后因为作品越来越多，同我的工作时间自然而然形成了冲突，所以我就放弃了原来的工作，到了作家协会。

女：您是为了自己的爱好。

男：我认为写作不是我的爱好，而是我的一种生存方式。

女：自己的作品中，您最喜欢哪一部？

男：作品就像自己的孩子一样，每部我都喜欢。如果说有偏爱，要数《国画》，因为它被广大读者接受，所以奠定了我作为职业作家的基础。

女：现在有一种说法，书是做给没有文化的人看的，好像说现代人的阅读越来越像一种娱乐了，您是不是也这么认为？

男：作品应该有娱乐和审美的功能，但如果说只有没文化的人才看书，这种说法是带有偏见的。其实各种文化层次的人都应该能找到自己喜欢读的书。

女：您想过所谓的创作高峰和低潮的问题吗？

男：我没考虑过，反正能按照自己的设想从容地写作，我就满足了。每个人的能量都是有限的，如果有一天写不出来了，我也不会勉强自己。

女：每个作家来，我都会提一个类似的问题：您会推荐什么样的书给网友？

男：现在我正在读一本书，是一部美国当代史，叫做《光荣与梦想》，我觉得有兴趣的朋友可以看一看。

26．男的对压力有什么看法？

27．男的有过什么特殊经历？

28．男的认为写作对他来说是什么？

29．男的认为什么能让他满足？

30．关于《光荣与梦想》，下面哪一项是正确的？

第 三 部 分

第 31 到 50 题，请选出正确答案。现在开始第 31 到 33 题：

第 31 到 33 题是根据下面一段话：

多尔在老师那里看到一道数学题，他很好奇，就问老师："这个题目可以让我试着解一解吗？"老师脸上出现了踌躇的神色，但还是点点头，没有多说什么。此后的几天内，多尔聚精会神地进行推理和计算，终于解开了这道数学题，他把答案交给了老师。周末早上，一阵猛烈的敲门声把多尔吵醒了，敲门的竟然是老师。老师一见到他就喊道："多尔，你太神奇了！"老师告诉他，这道数学题是数学界著名的难题，多年来很多数学家都未能攻克它。多尔说："老师，如果您早告诉我，我肯定解不出来。因为顾虑和恐惧会局限住我的思路，让我失去信心和勇气。因为我不知道，所以我只是想解答这道题目过过瘾，没有任何思想负担，结果就成功了。"

31. 多尔想做数学题时，老师是什么态度？
32. 老师为什么觉得多尔很神奇？
33. 多尔认为自己为什么能够成功？

第 34 到 36 题是根据下面一段话：

一位企业家做完报告后，观众踊跃提问。一位听众问他："您在事业上取得了巨大的成功，我想请教您，成功最重要的因素是什么？是智商还是毅力？"企业家没有直接回答，他只是拿起粉笔在黑板上画了一个圈，但是并没有画满，而是留下了一个缺口。他反问道："请大家告诉我，这是什么？""零！""圈！""未完成的事业。""始终有梦想。"台下的听众各抒己见。企业家说："其实，这只是一个没画完整的句号。你们问我为什么会取得辉煌的成就，道理很简单：我不会把事情做得很圆满，一定会留一个缺口，让我的职员去填满它。公司不是靠我一个人的智慧经营的，这样可以激励全公司的人不断努力，不断完善，从而取得更大的成功。"

34. 关于这位企业家，可以知道什么？
35. 企业家在黑板上画了什么？

36. 企业家认为成功最重要的因素是什么？

第 37 到 39 题是根据下面一段话：

公务宴会是机关单位、团体组织出于一定目的安排的聚会，是公务交往中常见的一种活动，其中有一些礼节需要特别注意。如果是你们公司做东，那么首先应该选择档次和价位合适的饭店，以免费用超过公司的预算。此外，应该等大多数客人到齐后，将菜单给各位客人传阅，请他们点菜。如果你的老板也在其中，千万不要为了表示对他的尊重或者因为他的应酬经验丰富而让他一个人点菜，除非他主动要求。另外，也不应当场询问服务员菜的价格或者讨价还价，这样会让客人觉得有点儿尴尬。如果你是赴宴者，点菜的时候不必太主动，要尊重请客者的意见。如果主人一定要你点菜，可以点一个价格适中的菜，而且也要征求一下其他客人的意见，询问他们的口味，有没有人不喜欢吃这个菜等等。

37. 如果是自己的公司做东，首先应该确定什么？
38. 对主办方来说，怎么点菜符合礼节？
39. 如果是赴宴者，点菜时需注意什么问题？

第 40 到 42 题是根据下面一段话：

人们为什么喜欢看恐怖片？有人说，那些神秘而充满悬念的故事能让人兴奋；有人认为，看恐怖片的人是想从中获得面对恐惧的自信和勇气；还有人相信，人们在影片结束后，精神上所有的压力都可以得到释放。

专家认为，人的情绪、神经系统如果一直处于十分平淡的状态，是不符合生理规律的。人人都需要一些刺激来打破这种沉闷，才能达到生理和心理的平衡。观看恐怖电影的人确实享受着"被吓得要死"的感觉，直到电影结束才能松一口气。看恐怖电影最恐惧的时刻，也就是最快乐的时刻。恐怖电影带来的恐惧对于观众来说，只不过是一种"安全的恐惧"。电影毕竟是一种艺术，表现的是审美需求，和现实中身临其境的恐惧还是有很大差距的。

40. 有人认为，恐怖片有什么效果？
41. 专家认为，人们喜欢看恐怖片是因为需要什么？
42. 恐怖电影带来的恐惧对观众来说是什么样的？

第 43 到 46 题是根据下面一段话：

秦二世时，大臣赵高权力很大，非常霸道。他一直有当皇帝的野心，但是自己到底有多大的威望，大臣们中有多少人会服从他，有多少人会反对他，他心中还没有把握。于是，他想出了一个阴谋。一天上朝时，赵高让人牵来一只鹿，对皇帝说："皇上，我要献给您一匹好马。"皇帝一看，便笑着对赵高说："你搞错了，这分明是鹿嘛！"赵高镇定地说："这的的确确是一匹千里马。"秦二世又看了看那只鹿，疑惑地说："马的头上怎么会长角呢？"赵高大声说："您如果不信我的话，可以问问各位大臣。"看到赵高猖狂的样子，大臣们忽然明白了他的意图。一些有正义感的人坚持回答说这是鹿不是马；一些人胆怯了，低下头不敢说话；还有一些一直巴结赵高的人立刻表示拥护赵高的说法，对皇上说："这真是一匹千里好马啊！"事后，赵高通过各种手段把那些不服从自己的大臣纷纷治罪，甚至找借口杀了他们。现在"指鹿为马"这个成语就用来比喻故意颠倒是非，混淆黑白。

43. 关于赵高，下面哪一项是正确的？
44. 赵高把鹿说成马的目的是什么？
45. 有的大臣为什么没有说话？
46. "指鹿为马"这个成语比喻什么？

第 47 到 50 题是根据下面一段话：

职业女性每天需要承受家庭和工作两方面的压力，容易出现焦急、忧郁等不良情绪，严重危害自身健康。在职场中，过于情绪化的反应也会对个人的职业形象产生不好的影响。那么，如何让职业女性保持平静、愉快的心情呢？有人提出了"抽屉理论"。

"抽屉理论"就是把不同的角色放进不同的抽屉。比如，进入办公室以后，就打开专业的"抽屉"。如果工作上遇到障碍，不妨向上级汇报，请求指示，也可以向有经验的前辈求教。人际交往中出现障碍时，可以站在别人的立场去考虑问题，或者保持恰当的距离去观察别人是怎么处理的。总之，要用积极、正面的态度去解决问题。职场女性请注意，哭没有什么不妥，但如果想在职场中立足，一定要学会控制自己的眼泪，表现得更加理智。

回到家以后，就可以打开爱与温柔的"抽屉"。打开这个，就关上那个，减少彼此的干扰。回家就是把工作情绪留在门外，展现女性温柔体贴的一面。

但也别事事追求完美，要给自己留下放松的空间。此外，"抽屉"里应该留一个角落给朋友，和她们定期聚会并在日常生活中彼此关照。

47. 职业女性容易产生哪种不良情绪？

48. 什么是"抽屉理论"？

49. 职业女性在办公室遇到困难时，应该如何处理？

50. 回家之后，职业女性应该怎么做？

听力考试现在结束。

HSK（六级）全真模拟试题（第7套）听力材料

（音乐，30秒，渐弱）

大家好！欢迎参加 HSK（六级）考试。
大家好！欢迎参加 HSK（六级）考试。
大家好！欢迎参加 HSK（六级）考试。

HSK（六级）听力考试分三部分，共 50 题。
请大家注意，听力考试现在开始。

第 一 部 分

第 1 到 15 题，请选出与所听内容一致的一项。现在开始第 1 题：

1. 一个男生上中学时因为旷课和打架被学校开除了。离开学校时，一个女生表情很悲哀，好像欲言又止的样子。最后，那个女生终于憋不住了，走过来对他说："你走了，我不就成了全班倒数第一了吗？"

2. 黄果树瀑布位于中国贵州省，因当地一种常见的植物"黄果树"而得名。黄果树瀑布是世界上最大的瀑布群，除了主瀑布外，还包括上下游十八个风格各异、风光迷人的瀑布。

3. 冬季来临，又到了吃火锅的季节。但涮火锅时存在的健康隐患不容忽视，如果火锅煮的时间太长，肉类、海鲜、蔬菜中的一些有害物质会逐渐渗透到汤里，经常吃可能会增加得胆病、肾病的风险，中老年人尤其要注意。

4. 俗话说："外行看热闹，内行看门道。"观看京剧时，没有一定的积累是看不出门道的。目前由于青少年对于京剧知识缺乏了解，因此教育主管部门计划在部分中学的音乐课程中增加京剧的内容，并逐步向全国推广。

5. 不是每一个富人都愿意过奢侈挥霍的生活，香港首富李嘉诚先生平时就非常节俭。他说："衣服和鞋子是什么牌子，我都不怎么讲究，我最注重的是培养自己抵制奢华生活的本领。"

6. 研究者认为，适度地发发牢骚，表达不满，有助于缓解压力，在预防心血管疾病上会有一定效果。反之，当你感到愤怒时，因为有一些顾虑而敢怒不敢言，长久下来会造成情绪的压抑，并且有可能演变成身体上的疾病。

7. 对于"风水学"到底是科学还是迷信，人们一直争论不休。"风水学"作为一种流传千年的文化结晶，具有一定的科学性，所以应该注重对它的研究和运用，使其在现代建筑的建设过程中起到积极的作用。

8. 保安小张在小区内巡逻时，无意中发现一间屋子里闪着火光，主人又不在家，他急忙报警。消防员到来后却发现，原来这家主人有个大鱼缸，养了五十多条红色的鲤鱼，鱼在灯光下游动，非常耀眼，就像着了火一样。

9. 在面试时，应聘者经常会觉得有些问题不近人情，似乎是在故意为难自己，其实这就是人力资源界流行的"高压试炼"，要考察的正是求职者的应变能力和表达能力，镇定而机智的回答会给应聘者大大加分。

10. 人们常将单身人士称为"单身贵族"，其实大多数单身者并非过着轻松愉快的"贵族"生活，他们中的不少人是暂时没有条件结婚。当今社会的婚姻成本是很高的，需要稳定的工作、舒适的住房、较高的生活水平等，这些因素使很多人选择了暂时逃避。

11. 在城市改造中，不宜轻易更改老地名，因为老地名记载了一个城市演变过程中留下的痕迹，具有鲜明的地方特色和文化内涵，是城市文化传统的"活化石"，与历史文物一样珍贵。

12. 从语言学习的角度来说，背诵一整本书，胜过读十本书，因为一本书往往包含着完整的系统和作者的各种观点，可以使背诵者在比较清晰的语境下消化吸收语法、词汇与表达方式的细微之处。

13. 关于"吹牛"这个词的来历，有一种有趣的说法，认为它与牧民的生活有关。牧民们最看重的财产就是牲畜，因此，人们聚在一起时总喜欢谈论自己的牛啊、马啊，有时难免会说大话。"吹牛"这个词渐渐就有了这个意思。

14. 一个姑娘走进一家公司的人事部，问："你们要女秘书吗?"经理很和气地回答："我倒很想聘用您，可是，眼下经济危机，公司里没什么活儿干。""哦，"姑娘很真诚地说，"发工资就行，有没有活儿干我才不计较呢。"

15. "上火"是中医术语，所谓的"火"是形容身体内某些热性的症状，包括眼睛发红、牙齿疼痛、嗓子发炎等等。解决方法是"去火"，比如说多喝绿茶，多吃水果或者服用清热解毒的药物，平时要注意休息，少吃辣的或者油炸的食品。

第 二 部 分

第 16 到 30 题，请选出正确答案。现在开始第 16 到 20 题：

第 16 到 20 题是根据下面一段采访：

男：从小学二年级起，王达佳就开始为希望工程捐款，年仅 15 岁的她，已经做了 8 年志愿者，到目前为止，总共已经捐款捐物 26 万元。今天我们就来采访一下"小小慈善家"王达佳。你好！

女：主持人好！叔叔阿姨、同学们，大家好！我是长沙市第一中学高中一年级学生王达佳。

男：王达佳去年当选为长沙市"十大慈善人物"，接受了表彰。这一年来，你的生活有没有发生变化？

女：我收到了全国各地很多来信。有一天，我收到了一封来自新疆某监狱的信，这是一个父亲给我写的，他请求我以写信的方式鼓励他远在广东的 12 岁的儿子好好学习，积极向上。我慎重地接受了这个来自高墙内的期望，同时也觉得自己应该承担的责任更多了。

男：你只是一个学生，你是怎么想到要去帮助别人的呢？

女：我爸爸妈妈向来愿意帮助朋友，甚至会资助陌生人。从小时候开始，我就学着爸爸妈妈的样子，去帮助一些有需要的人。

男：2008 年，汶川地震发生后，看到灾区的悲惨景象，王达佳就迫不及待地想帮助那里的人。妈妈给女儿找到了一条献爱心的途径：将自己的作文和绘画作品编辑成一本名为《成长，从感恩出发》的书出版、义卖，将钱捐给灾区。达佳，当时你心里有把握吗？毕竟你还是个孩子，有没有担心书卖不出去？

女：我和父母心里都没有什么把握。但是我对爸妈说："即便卖书筹不到多少钱，也没关系，那就把书捐给灾区的中小学，我希望它能安慰灾区少年儿童受伤的心灵。"书里面写的都是我与同龄人对生活的体会与思索，以及成长过程中的种种心得。

男：让王达佳特别欣慰的是，那年的 9 月，达佳和爸爸妈妈走遍了长沙所有的校园、热闹的街区，她的作品《成长，从感恩出发》一共卖出了 4000 多册，得到善款 15 万元，全部捐给了汶川灾区。达佳，对于未来，你有什么想法？

女：一个人的力量也许微不足道，但是我会竭尽全力继续做慈善。我将来最大的愿望就是能够拥有一家爱心机构，得到更多人的响应，去帮助更多需要帮助的人。

16. 女的现在是什么身份？
17. 去年女的受到了什么表彰？
18. 女的为什么愿意帮助别人？
19. 女的为灾区做出了什么贡献？
20. 女的未来有什么愿望？

第 21 到 25 题是根据下面一段采访：

女：今天我们非常荣幸地请到了中国体操队的总指导黄玉斌。黄指导曾经是优秀的体操运动员，现在又是一位"金牌教练"。您在结束了运动员生涯之后，就走上了教练岗位，这对您来说，应该是人生的一大转折吧？

男：我很愿意当教练，因为可以利用我的专长。但是我觉得首要的任务是要充实自己的文化知识，我们练体操的时候年纪都比较小，训练和学习很难兼顾。退役之后，我努力学习文化，刻苦钻研各种训练方法。这些有关体操训练的科学知识对我后来的教学起到了至关重要的作用。

女：刚开始当教练的时候，您面临的最大挑战是什么？

男：上任之后，我发现体操事业任重而道远。我需要团结所有人，并且要想办法一直保持高水平的竞技状态，这是最大的挑战。此外，我要让运动员在自己的指导下能够不断地做出更难的动作，比出更好的成绩。

女：回顾您的教练生涯以及这些队员的成长，一切对您来说都记忆犹新吧？

男：这二十多年当中，每一次比赛都像一场艰苦的战役，都会给我留下深刻的印象，不管是成功的还是失败的，也许失败给我留下的印象更加深刻，没有失败，就无法享受成功的喜悦。

女：您亲眼见证了这二十年的世界体操史，现在的体操可能跟早期也会有些不同，训练方式或者我们的执教方式都会有一些变化。

男：对，体操这个项目非常有特点，基本上是四年一个周期，但是每一年都有变化，比如从雅典奥运会到北京奥运会，评分规则发生了前所未有的改变。这给选手在体能，还有其他方面又提出了新的要求。竞技体育就是这样，永远在挑战人体的极限，因此，这就需要我们的选手在比赛时发挥得更加稳定，意志上也必须更加坚忍。

女：当看到您带领的中国体操队站在世界最高领奖台上时，大家都有一种发自内心的骄傲和感动。那么，您对这次亚运会的体操赛事有什么期待？

男：我希望在广州亚运会上可以验收近两年来我们努力训练的成果，多多地收获金牌。

女：谢谢黄指导，也感谢大家收看我们今天的节目，再见！

21. 在当教练之前，男的曾经做过什么？

22. 刚当上教练时，男的觉得急需做什么？

23. 男的觉得哪种比赛更难忘？

24. 关于体操这个项目，下面哪一项是正确的？

25. 男的对这届亚运会有什么期待？

第 26 到 30 题是根据下面一段采访：

男：各位观众，大家下午好！孩子多大是心理性格形成的关键时期？在这个时期，母亲对孩子的性情会有怎样的影响？在这里，我们请到了北京同仁医院的心理督导师赵梅教授，给大家详细地解释一下这个问题。赵教授，您好！

女：您好！

男：中国有一句老话叫"三岁看小"。

女：从出生到三岁被称为婴儿期，是儿童生理发展、心理发育最迅速的时期。"三岁看小，七岁看老"这句古话是比较符合现代心理学意义的。因为从儿童三周岁时的心理特点、个性倾向就能看到长大后的心理与个性形象的雏形。

男：那在婴儿期要特别注意什么？如果一个孩子出生以后就很少跟母亲接触，强制性地让他独立，这种孩子会怎么样？

女：孩子出生以后，要让孩子多趴在妈妈的胸前，因为孩子在子宫里能听到妈妈的心跳声，出生以后也要让他寻找这种熟悉的感觉，这会让孩子很有安全感。妈妈在孩子出生后一定要尽量抽空儿和孩子待在一起，一到两岁是孩子与妈妈亲密相处的时光，不应经常与妈妈分离，因为此时孩子非常依赖妈妈。有的母亲在孩子三岁之前不工作，把孩子作为生活的重心，这样做非常科学。有的孩子回忆起小时候家长不在家，把他一个人放在家里，说感觉非常可怕，非常孤独，似乎全世界都抛弃了他。

男：中国孩子两岁左右就已经进幼儿园了，那么这种做法是不是不太科学呢？

女：这是有弊端的。我看过一个纪录片，一位妈妈把孩子送到医院，然后就离开了。在看到妈妈离开的一刹那，孩子的眼神中充满了失望和恐惧。因为孩子不但要承受疾病的痛苦，还要独自面对陌生的护士和大夫。挪威就规定，所有住院的孩子必须要有母亲陪伴，这个规定是非常人道的。

男：童年缺乏母亲陪伴的孩子，长大后会出现什么样的问题呢？

女：如果后来得到了弥补，比如孩子回到家以后，母亲或者亲人加倍地疼爱他，关系得到恢复，一般就不会出现问题，但是有三分之一的人可能会出现心理障碍，孩子长大后会出现人际关系不太融洽，不信任别人的问题。他会老是处于怀疑的思想状态下，有深深的不安全感。

男：如果产生了这些问题，有什么办法可以补救吗？

女：如果一个人在行为上出现了偏差，甚至影响他的生活和工作了，那么我们是可以有针对性地做一些治疗的，这种治疗可以帮他把童年留在心灵中的阴影抹去。

26．女的怎么看待"三岁看小，七岁看老"这种说法？

27．让孩子趴在母亲胸前有什么作用？

28. 一到两岁的孩子最需要什么？

29. 把孩子独自留在医院里，会让孩子怎么样？

30. 缺乏母爱的孩子，长大后会出现什么问题？

第 三 部 分

第 31 到 50 题，请选出正确答案。现在开始第 31 到 33 题：

第 31 到 33 题是根据下面一段话：

有人问一位著名的商人："你是否对别人的批评很敏感？"他说："早年，我对这种事情非常敏感。我急于要使公司里的每一个人都认为我非常完美，要是他们指责我的话，我会觉得很丢人。因此，只要有一个人对我有埋怨，我就会想法子迁就他。可是，如果我满足了他，却总会让另外一个人生气。等我想要补偿这个人的时候，又会得罪其他的人。最后我发现，我如果想讨好别人，反而会使我的敌人更多。所以，我对自己说：只要能力出色，你就一定会受埋怨，受批评，所以还是趁早习惯吧。这一点对我大有帮助。"商人微笑着说："如果批评像冰冷的雨水，你应该让雨水顺着伞边流下去，而不是滴到自己的脖子里。"

31. 这位商人以前为什么对批评很敏感？

32. 以前，当别人指责他时，这位商人会怎么做？

33. 现在，这位商人认为应该怎么对待批评？

第 34 到 36 题是根据下面一段话：

在中国，一提起面食，人们首先想到的就是"兰州拉面"。兰州拉面历史悠久，是兰州最具特色的大众化小吃。最早的兰州拉面是回族人马保子在1915 年制作出来的。马保子家庭贫困，他就在家里做了自己最拿手的热锅牛肉面，挑着担子在城里叫卖。后来，他又把煮过牛、羊肝的汤加入牛肉面中，香气诱人，大家都喜欢吃。有了一点儿本钱之后，他开了自己的店，不用沿街叫卖了。他向客人承诺"进店一碗汤"，客人进门后，伙计马上就会端上一碗又香又热的牛肉汤请客人喝。喝完汤，再吃一碗牛肉面，客人往往吃得发梢直冒汗，还忍不住要将酸辣的清汤喝光。店里的客人川流不息，"兰州拉面"的名气也越来越响亮了。

34．马保子为什么开始卖牛肉拉面？

35．开店之后，马保子向客人承诺什么？

36．关于兰州拉面，可以知道什么？

第 37 到 39 题是根据下面一段话：

每个人都有这样的感受：一阵寒风吹过，人就会不停地颤抖，俗称"哆嗦"。为什么会这样呢？科学家揭开了这个奥秘：这是因为大脑的连结系统会对皮肤的温度进行"监视"和控制，由它来决定什么时候开始颤抖，又是什么时候结束颤抖。颤抖是由身体自行调节的众多无意识或下意识功能中的一种。其他类似的自身稳定功能还包括呼吸、血压、心律和体重的调节。颤抖是身体保暖的最后一道防线，它向人们发出了身体温度过低的信号。专家说："哆嗦能产生热量，它通常是人体在寒冷环境中保持体内温度的最后一个办法。"

37．当一阵寒风吹过，人们常会怎么样？

38．为什么会出现这种现象？

39．哆嗦这一动作向身体发出了什么信号？

第 40 到 42 题是根据下面一段话：

有一个人认为自己的生活很悲惨，他爬上一棵樱桃树，准备跳下来结束自己的生命。这时几个小朋友跑了过来，看到他站在树上，就问他："叔叔，你站在树上干吗？"这个人觉得很难堪，不知该如何回答。他低头一看，在稠密的树叶间有很多又大又红的樱桃，于是他说："哦，我在摘樱桃。"他使劲地摇晃树枝，小朋友们都快活地拾着樱桃。他突然忘记了自己是来自杀的，也捡了一些樱桃带回家。到家时，看到的仍然是那简陋的屋子，但是妻子和孩子看到他带着樱桃回来了，都很高兴。当一家人快乐地吃着樱桃时，他忽然有了一种新的体会。他想，或许这样的生活还可以继续下去吧。人生的天空不会永远不晴朗，人也许不能左右命运，但是一定能左右自己的心情。

40．这个人认为自己的生活怎么样？

41．他爬上樱桃树的目的是什么？

42. 这个故事讲了一个什么道理?

第 43 到 46 题是根据下面一段话:

人的不良情绪有多重?可能谁也说不出一个精确的数字。那么,打一个比方:一个装满了水的玻璃杯有多重?其实,杯子里有多少水并不是问题的关键,重要的是你举着这个水杯的时间。如果只举几分钟,那么没问题,轻而易举;如果是几个小时,你的手臂肯定会感到酸痛;如果举一整天,那么,即使你能坚持下来,也可能需要叫救护车了。

要当心,因为人情绪的重量也和举杯子的原理差不多。假如你的内心存在着不良的情绪,就算它的分量没有增加,积存的时间越长,对人的伤害也会越大,因为它给你带来的压力是不断递增的。因此,要学会及时清理干净不良情绪以及它带来的压力,否则你就会越来越痛苦,越来越压抑。如果无法将它完全清理干净,那么至少应该学会暂时放下它,让自己喘一口气。这样才不会被它压倒和打败,才有可能重新出发,才有可能走得更好、更远。

43. 不良情绪有多重?
44. 关于杯子有多重的问题,说话人认为关键是什么?
45. "举杯子"这个例子说明了什么?
46. 关于不良情绪,说话人提出了什么建议?

第 47 到 50 题是根据下面一段话:

有一天,几个人在大树之间布下一张大网抓鸟。不一会儿,一只黑色的大鸟带着小鸟从山上飞下来,突然看到了前面的网,大鸟飞了过去,小鸟也拼命地向上飞,却因为力量不足,一头撞在了网上。大鸟盘旋片刻,突然垂直地扑向大网。大网被冲开一个洞,但大鸟的双脚也被网缠绕住了。大鸟倒在小鸟的身旁,它没有挣扎,似乎接受了命运。

埋伏在一旁的那几个人很高兴,准备去查看收获。突然间,东南方向飞来鸟黑一片、成百上千只鸟,顿时,森林里一片嘈杂。只见一只大鸟带着群鸟,猛烈地撞向大网,刹那间,大网被冲破了好几个地方,一部分鸟冲了过去,一部分鸟挂在了网上。但冲过去的那群鸟并没有撤退,很快又飞了回来,再次冲向大网。一次又一次,鸟儿遍布网上的各个角落,它们迸发出惊人的力量,用嘴啄,用脚蹬,用翅膀打,拼命挣扎。那本来非常结实的网经不起它们一阵又一阵折腾，很快被扒出了许多大洞，大洞又变成碎片，一片片落到了地上。最后，它们拍拍翅膀，一只只、一群群飞向远方……那几个抓鸟人目睹了整个过程，他们收起大网的碎片，默默地离开了。

47．那几个人打算在森林里做什么？

48．大鸟为什么扑向大网？

49．那一大群鸟是怎么做的？

50．这个故事的结局是什么？

听力考试现在结束。

HSK（六级）全真模拟试题（第8套）听力材料

(音乐，30秒，渐弱)

大家好！欢迎参加 HSK（六级）考试。
大家好！欢迎参加 HSK（六级）考试。
大家好！欢迎参加 HSK（六级）考试。

HSK（六级）听力考试分三部分，共 50 题。
请大家注意，听力考试现在开始。

第 一 部 分

第 1 到 15 题，请选出与所听内容一致的一项。现在开始第 1 题：

1. 一位女士报名参加改善记忆力的课程，她在学校拿了一张申请表。表格的栏目很普通，有家庭地址、单位、电话号码等。那位女士想了好一会儿，然后无可奈何地在表格上写道：我要是还记得住这些，何必还来报名呢？

2. 海南岛风光美丽，历史悠久。它像一只雪梨，横卧在中国南海上，因此叫海南岛。这里气候条件很好，年平均气温在 24 度左右，没有冬天，一年四季到处鲜花盛开。夏天平均温度只有 28.4 度，比很多温带地区的夏天还凉快。

3. "滔滔不绝"是形容人的口头表达能力非常好，说话像长流的江水一样，不会停顿。但如果一个人只顾自己"滔滔不绝"地讲话，不听别人的看法，也不给别人说话的机会，那只会让人讨厌。

4. 过去，奢侈给人的印象似乎就是挥霍，然而当代生活中出现的新式奢侈消费，给人的印象却是环保而节约的。这些商品价格虽然高，但技术的进步使其对环境的影响减少了；另外，这些产品十分耐用，从而减少了物资的消耗。

5. 结婚后随着生活的深入，夫妻双方各自的弱点会逐渐暴露出来，这时很容易出现感情的摩擦。几乎所有的夫妻都要经过这样一个磨合期，这段时期，夫妻双方要相互谅解，不要只看对方的缺点，伤了彼此的和气。

6. 购物时常听到的"捆绑销售"是什么意思呢？就是指几件商品合并在一起销售。有一种是买一件主要商品，商家赠送几件配套产品或样品，这时商品本身就没有折扣；另一种是同时买几件捆绑在一起的商品，只付一次运输费用。

7. 蛋白质是生命的物质基础，没有蛋白质就没有生命。人体的每一个细胞和所有重要组成部分都有蛋白质的参与。人体蛋白质种类很多，性质、功能各异，在体内不断地进行新陈代谢。

8. 为减轻经济压力，不少白领加入了兼职者的队伍，虽然很辛苦，但他们都认为自己会把兼职当作生活的固定组成部分。不过，如何保持与工作的平衡，如何在巨大的精神压力下保持良好心态，都是这群人亟须解决的重要问题。

9. 19 岁在世界杯体操赛上，李宁在男子全部七个个人项目中，一人获得六项冠军，剩下的一个项目也获得了第三名，成为世界体操史上至今唯一取得如此辉煌战绩的运动员，因此被称为"体操王子"。后来他又创立了公司，以他名字命名的系列体育用品已经世界闻名。

10. 儿子回家小心翼翼地拿出试卷让我看，我一看不及格，就问他为什么。他辩解说有道题做了，可老师没给分。我一看，试卷中有道题问："你能不能把你最喜欢的季节具体描述一下？"儿子很老实地写上了"不能"。

11. 不仅要当好父母，还要当时尚的父母。目前，中国很多省市都开辟了网上家长学校，父母们可登录网站，查询本地的学生活动、专家讲座、家长须知等信息，还可上传图片，参与各种教育话题的讨论。

12. 11 月 1 日，长沙持续了近一周的阴雨低温天气终于结束，天空突然放晴，气温迅速上升。人们选择在这晴朗的天气逛街、散步、晒太阳。根据最新气象资料综合分析，近一周天气晴多雨少，适合市民外出活动。

13. 寓言是文学作品的一种形式，它常用一些动物、植物或自然界的其他东西来比喻现实生活，里面包含了深刻的道理，给人以启示。寓言在中国历史悠久，在民间流传广泛，像“画蛇添足”的故事，可以说是人人皆知。

14. 寒暄时比较经典的话有：“你好！”“吃过了吗？”现代常用的话题如：“在哪儿发财？”“升职了吧？”还有些注重抓住双方的共同点，像“同乡”“校友”等话题，都可以让彼此很快熟悉起来。

15. 老年人外出旅游必须注意以下几点：首先，一定要带好随身的药品，如高血压、心脏病的药；其次，不要跟年轻人似的抢时间，旅游应以休养为主；另外就是别乱吃东西，要不然可能会拉肚子，引起其他疾病。

第 二 部 分

第 16 到 30 题，请选出正确答案。现在开始第 16 到 20 题：

第 16 到 20 题是根据下面一段采访：

女：大家好！尽管国家现在严禁中小学生参加课外等级考试，但是很多家长一方面不敢放弃，一方面又抱怨孩子辛苦。很多人觉得，出现这样的矛盾是因为中国的教育改革不彻底。但是这些抱怨的家长，自己是不是也应该承担一定的责任呢？今天我们特别开设了一个家长课堂。让我们用掌声请出第一位专家孙云晓先生。有请！

男：谢谢各位！我呢，研究了三十五年的儿童教育，由于工作的关系，我接触了太多太多的父母，我非常感慨，我觉得今天的父母实在太难当了。我的感受是什么呢？我发现现在的问题父母比问题孩子多，因为我们很多的父母正在用自己的奋斗去摧残自己的孩子。全中国的父母肯定没在一起开过会吧，但有一句话的版本却是一致的：“孩子，只要你把学习搞好了，别的事统统都不用你管。”

女：坦率地说，我也曾对自己的孩子说过同样的话，您觉得为什么会这样呢？

男：因为我们中国的教育观念太重视孩子的学习成绩，太重视他有没有一种特长、技能，而忽略了他的情感发展，他的健康人格的培养，这种教育思想弊端很大。比方说，现在中国父母特别头疼的一个问题就是孩子的网瘾。据中国科学院的最新研究发现，很多学习好的孩子容易对网络上瘾。

女：是吗？您觉得该如何理解这种现象呢？

男：这些学习好的孩子，他们从小就在一个简单的评价系统中长大，学习好就是好学生。这样的学生呢，把学习考试作为唯一的目标，生活相对闭塞，抵抗诱惑的能力很低，适应复杂生活的能力也很低。所以一旦进入大学之后，没有父母监督，没有发展目标，他们更容易对网络上瘾。

女：家长课堂的第一课让我们感触很深。难怪很多教育家都说，教育的核心不是学习知识，而是培养健全的人格啊！

16．这个课堂主要讨论什么？

17．男的是什么身份？

18．男的觉得中国家长在教育中的错误是什么？

19．学习好的孩子往往怎么样？

20．女的指出教育的核心是什么？

第 21 到 25 题是根据下面一段采访：

女：现在有请著名作家二月河先生。前不久我看到一个作家财富榜，第二名就是您，一时间大家议论纷纷。

男：我对这个事情不感兴趣。钞票多少、资产多少并不代表作家的水平高低，以及你对于人类做出了多大的贡献，这只不过是一条娱乐新闻罢了。

女：我看到一些评论，说您的著作总是在写古代的皇帝，说您太崇拜这些封建皇帝了。

男：我不想对别人的评论做评价，但我可以讲讲我的历史观。任何一个人，不管他是什么出身，只要在某些方面做出过贡献，皇帝也好，农民也好，都值得钦佩，我都歌颂。英雄和人民同时创造历史，这就是我的历史观。

女：您的作品里总有一种英雄的气概。您是军人出身吧？

男：是的，我自己参加过军队，我的父母也都是军人，我的祖父也当过兵。

女：我看了一下，您在成名前的道路并不平坦。20 岁还在上中学，30 岁去当兵，40 岁开始写作。现在都说出名越早越好，您觉得是不是军人的那种坚忍给了您力量，让您拼搏到现在？

男：嗯，是的。我觉得人生的道路有两种，一种是沿着一条铺满鲜花的道路走向成功，而我的道路就是从飞机上面跳下来，但是你没有降落伞，只能闭上眼。从飞机上往下跳，可能会摔死，也可能幸运地摔不死，那就成功了。

女：写作是不是更需要这种坚忍的精神呢？听说您写作《康熙大帝》时，经常熬夜，实在想睡了就用冷水洗个脸，来赶走疲惫。

男：是啊，每写一部书，就像启程穿越一片大沙漠，确实感到寂寞，有时也很茫然。但也很快乐，因为绕过去，就有一片绿洲在等待着自己。

女：那您能否总结一下自己成功的经验呢？

男：是否成功还要看我的作品能不能经得起历史的检验，确切地说，我今天只是有了一些成绩，我觉得这些成绩主要是来自力气，也就是勤恳地做事，然后才需要一点点天才和自己无法掌握的运气。

21．男的认为财富多少怎么样？
22．男的的作品主要写什么？
23．男的的经历可以怎样概括？
24．男的写书时困了怎么办？
25．关于男的，下面哪种说法是正确的？

第 26 到 30 题是根据下面一段采访：

女：让我们请出今天的嘉宾，来自皇明太阳能集团的董事长黄鸣先生。

男：你好！

女：我知道您在推广太阳能源的这条道路上，可能要跟各种行业的人打交道，现在我的手里有一副牌，每张牌的背面都写着一个您可能在这条道路上需要去打交道的人，我想让您从中来做一个选择。

男：能不能让我选两次？一个是最重要的，一个是最难的。

女：没问题，我们来看看最难的这张牌。最难的这张牌是开发商，为什么？

男：因为太阳能的大面积推广是在住宅小区，但很多小区不让装。有的因为楼比较高，一开始设计过程中就要加进去，但是因为投资风险比较大，招投标时就被否决了；还有一些小区觉得管理起来麻烦。深圳有一个房地产公司，在全国是一流的企业，曾邀请我们去。技术上基本上都没问题了，最后就提出条件了，说所有的投资我们不付款，卖完了房子你们自己跟消费者去要钱。

女：这是不是您特别不能接受的一个条件？

男：我不可能接受，因为房子是和太阳能一起卖的，设备怎么能单独要钱？

女：您把消费者这张牌作为最重要的一张牌，为什么？

男：因为最后很多开发商跟我们合作，就是依靠消费者的力争。买房人要装太阳能，如果你这个小区里没有太阳能热水器，那我就不买你的房，开发商没辙，只好装。

女：据我所知，您的脾气不是太好，会当场向您的搭档发火。

男：我给大家看看这个，可再生能源国际交流中心的照片。大厦现在已经完工了，共有几万平方米，是全世界最大的一个太阳能建筑。在做方案时，我和建筑设计师吵了好几次。

女：我听您的朋友说了。那您觉得这些争论会伤害你们的合作吗？

男：不会。我的想法有时会跟建筑师有冲突，因为建筑师往往要求外观漂亮，而我一定要把太阳能运用到建筑中去，最后往往是他们投降，呵呵。不管怎样，我们都是立足于中国太阳能的发展，都是为了人类的环保事业，这样的争论能够促进我们的相互理解。

26. 男的是什么人？

27. 小区不让装太阳能的一个原因是什么？

28. 男的觉得消费者怎么样？

29. 关于再生能源国际交流中心，我们可以知道什么？

30. 男的怎么看待争论？

第 三 部 分

第 31 到 50 题，请选出正确答案。现在开始第 31 到 33 题：

第 31 到 33 题是根据下面一段话：

这家人很普通，男的是教师，教经济学；女的单位效益不好，倒闭了，贷款开了一家小纽扣店，为了吸引周围的顾客，店里还卖卖胸花、零食、杂志什么的。

一天，男的告诉女的，他有一个新发现。他在图书馆看到一份杂志，上面介绍的全是世界上的大公司，叫做"五百强"。他发现，这些大公司都很执着，只走一条路。女的问："什么意思？"男的说："打个比方，你卖纽扣，就统统只卖纽扣，卖所有品种的纽扣。店再大，都不卖别的。"

以后再进货，他们别的产品都不进了，只进纽扣，各种各样的。从此之后，一家庞大的纽扣店在这座城市出现了。所有做纽扣批发和销售的人，都来到这座城市，直奔他们的商店，他们因此成了"纽扣大王"。

31. 关于这家人，下列哪项正确？
32. 男的发现了什么？
33. 现在这家店怎么样？

第 34 到 36 题是根据下面一段话：

古时候有一个大臣，被国王派到别的国家去跟他们协商合作的事情。这个大臣走了几天，来到了一条河边。他无法通过，只好向旁边的一位渔民求助。

渔民划着小船靠了岸，见他一副斯文的模样，便问："你要过河去干什么？"

大臣回答道："国王派遣我去邻国办事。"

渔民指着小河说："这只不过是条小溪，你都不能靠自己的本事渡过去，怎么能替国王办事呢？"

大臣愣了一下，反驳渔民说："你说得并不对呀！世上的万事万物，各有各的长处，也各有各的短处。千里马一日能跑千里，可是如果把它放在室内捉老鼠，那它还不如一只小猫有用。就像你我，要说划船，我的确远远比不上你；可说到洽谈协商，你能跟我比吗？"

渔民听了大臣的话，心服口服，请大臣上船，送他过了河。

如果总是拿自己的长处去指责别人的短处，那就太片面了。

34. 大臣准备做什么？
35. 渔民开始时对大臣是什么态度？
36. 这段话想要告诉我们什么？

第 37 到 39 题是根据下面一段话：

明年毕业参加工作的学生多为 1988、1989 年出生的，属于准 "90 后"。他们具备鲜明的个性，但作为一名职员，管理者会怎样看他们呢？一家公司人事部的主任说："你别说，准 '90 后' 来了，我心里还真不踏实。" "80 后" 的鲜明个性大家这几年已经见识到了，准 "90 后" 的个性将加一个 "更" 字。为此，很多公司都发愁，准 "90 后" 来了，谁来管理和带领他们呢？

校园招聘资深人士表示，"60 后" 的关键词是信仰，"70 后" 是理想，"80 后" 是自我，准 "90 后" 目前真的没法定义。他们智商高，敢于接受新事物，有一些小爱好，比如使用奇怪的 "火星文"，养很特别的宠物等。这些品质有利于公司的创新，但他们对于公司的忠诚度低，不受拘束，缺乏合作精神。对于这些明年毕业的学生，很多企业表示有点儿头疼，还没做好充分准备。

37．管理者对于这些准 "90 后" 的学生是什么态度？

38．人们常用什么词来定义 "70 后" 这一代人？

39．准 "90 后" 有什么特点？

第 40 到 42 题是根据下面一段话：

皱纹是皮肤衰老的标志之一，它产生的原因很多。其中生理上的原因各种各样，有的因为体内及皮肤水分不足；有的因为营养状况不佳，致使皮肤肌肉组织营养不良；还有的是因为过度地晒太阳，使皮肤变干变薄造成的；如果长期睡眠不足，也会使皮肤的调节功能受到影响，出现皱纹。

因此，如果要推迟皱纹产生的年龄，减少岁月留下的痕迹，就要从以下几方面入手：首先，要注意内在的保养，可以多吃点儿水果，葡萄籽内有一种抗衰老的成分，吃葡萄时可以连葡萄籽一起打成果汁喝。另外要注意保湿，每天摄取两千毫升的水分，并且随身携带保湿产品，适时补充，避免肌肤因干燥而出现细纹。不过，最关键的一点还是睡眠，睡眠期间是皮肤每天自我恢复的关键时间，睡眠也可以有效帮助肌肉放松。因此现代人工作再忙，也要注意保证充足的睡眠时间。

40．过度晒太阳会使皮肤怎么样？

41．葡萄的哪一部分可以防止衰老？

42. 为什么说充足的睡眠很重要？

第 43 到 46 题是根据下面一段话：

节日一到，超市和商场里摆出来的全是包装豪华的礼品。包装是非常重要的，它是商品的脸面，是消费者与商品之间的媒介，也是消费者认识商品的桥梁。好的包装设计具有与众不同的魅力，让消费者心动的同时，也能树立起企业的产品形象，延伸商品的文化内涵。但是过度的包装，追求所谓的"高档"，反而会让商品脱离文化的内涵，打上利益的标记，造成资源的极大浪费。

自上世纪末以来，国际包装观念发生了重大变化，掀起了绿色包装的潮流。绿色包装的内涵远不只是要求包装适度，其深远的意义在于，要求包装最大程度地节约资源，产生最少数量的垃圾和最低程度的环境污染。我们也应该积极响应这种号召，面对因为过度包装而付出的资源、环境代价，必须向豪华包装的消费文化说"不"。在全社会大力倡导环保意识的同时，要形成礼品绿色包装的新消费文化。

43. 根据这段话，包装有什么作用？
44. 过度包装会怎么样？
45. "绿色包装"的核心要求是什么？
46. 这段话主要讲了什么？

第 47 到 50 题是根据下面一段话：

音乐是人类共同的精神食粮。一位伟大的音乐家说过：音乐是比一切智慧、一切哲学更高的启示。

当我们非常愉快的时候，会一面唱着歌，一面手舞足蹈；当我们非常忧郁的时候，一首旋律优美的乐曲响起，烦恼立刻就会消失。人们会用音乐描写美好的爱情，譬如中国家喻户晓的小提琴曲《梁祝》。当自己的亲人朋友远离身边的时候，出于真挚的想念，我们也会歌唱，于是大量表现深情厚谊的抒情歌曲产生了，比如《朋友》这首歌。即使是在丧失亲人、朋友或失去心爱的东西时，在悲痛的情况下，人们也会唱歌，比如《丁香花》这首歌。当人们的感情不能用歌唱来表达的时候，又借用种种不同的乐器来表达内心的感受。

生活中需要有音乐陪伴，音乐是人们生活中不可缺少的精神调剂，也是人们寄托思想感情的艺术品，更是人类精神文明的组成部分之一，所以说："哪里有人类的足迹，哪里就有音乐。"音乐既可以娱乐自己，也可以让别人得到享受，而且我们还可以通过音乐来传达交流人与人之间的思想感情。

音乐也有促进人们智力发展的作用。它能开拓人们的想象力，促进思维能力的发展。中外许多著名的学者，大多都是音乐爱好者，有的甚至兼有音乐家的素质，在音乐艺术潜移默化的影响下，他们在科学上、学术上取得了更大的成就。

47. 关于《梁祝》，下列哪项正确？
48. 《朋友》这首歌表达的是什么？
49. 说话人认为音乐怎么样？
50. 为什么音乐有利于智力发展？

听力考试现在结束。

新 汉 语 水 平 考 试
HSK（六级）答题卡

姓名	

国籍	[0] [1] [2] [3] [4] [5] [6] [7] [8] [9] [0] [1] [2] [3] [4] [5] [6] [7] [8] [9] [0] [1] [2] [3] [4] [5] [6] [7] [8] [9]

序号	[0] [1] [2] [3] [4] [5] [6] [7] [8] [9] [0] [1] [2] [3] [4] [5] [6] [7] [8] [9] [0] [1] [2] [3] [4] [5] [6] [7] [8] [9] [0] [1] [2] [3] [4] [5] [6] [7] [8] [9] [0] [1] [2] [3] [4] [5] [6] [7] [8] [9]

性别　　　男 [1]　　　女 [2]

考点	[0] [1] [2] [3] [4] [5] [6] [7] [8] [9] [0] [1] [2] [3] [4] [5] [6] [7] [8] [9] [0] [1] [2] [3] [4] [5] [6] [7] [8] [9]

年龄	[0] [1] [2] [3] [4] [5] [6] [7] [8] [9] [0] [1] [2] [3] [4] [5] [6] [7] [8] [9]

你是华裔吗？

是 [1]　　　不是 [2]

学习汉语的时间：

2年以下[1]　　2年—3年[2]　　3年—4年[3]　　4年—5年[4]　　5年以上[5]

注　意	请用 2B 铅笔这样写：■

一、听力

1. [A] [B] [C] [D]   6. [A] [B] [C] [D]   11. [A] [B] [C] [D]   16. [A] [B] [C] [D]   21. [A] [B] [C] [D]
2. [A] [B] [C] [D]   7. [A] [B] [C] [D]   12. [A] [B] [C] [D]   17. [A] [B] [C] [D]   22. [A] [B] [C] [D]
3. [A] [B] [C] [D]   8. [A] [B] [C] [D]   13. [A] [B] [C] [D]   18. [A] [B] [C] [D]   23. [A] [B] [C] [D]
4. [A] [B] [C] [D]   9. [A] [B] [C] [D]   14. [A] [B] [C] [D]   19. [A] [B] [C] [D]   24. [A] [B] [C] [D]
5. [A] [B] [C] [D]   10. [A] [B] [C] [D]   15. [A] [B] [C] [D]   20. [A] [B] [C] [D]   25. [A] [B] [C] [D]

26. [A] [B] [C] [D]   31. [A] [B] [C] [D]   36. [A] [B] [C] [D]   41. [A] [B] [C] [D]   46. [A] [B] [C] [D]
27. [A] [B] [C] [D]   32. [A] [B] [C] [D]   37. [A] [B] [C] [D]   42. [A] [B] [C] [D]   47. [A] [B] [C] [D]
28. [A] [B] [C] [D]   33. [A] [B] [C] [D]   38. [A] [B] [C] [D]   43. [A] [B] [C] [D]   48. [A] [B] [C] [D]
29. [A] [B] [C] [D]   34. [A] [B] [C] [D]   39. [A] [B] [C] [D]   44. [A] [B] [C] [D]   49. [A] [B] [C] [D]
30. [A] [B] [C] [D]   35. [A] [B] [C] [D]   40. [A] [B] [C] [D]   45. [A] [B] [C] [D]   50. [A] [B] [C] [D]

二、阅读

51. [A] [B] [C] [D]   56. [A] [B] [C] [D]   61. [A] [B] [C] [D]   66. [A] [B] [C] [D]   71. [A] [B] [C] [D] [E]
52. [A] [B] [C] [D]   57. [A] [B] [C] [D]   62. [A] [B] [C] [D]   67. [A] [B] [C] [D]   72. [A] [B] [C] [D] [E]
53. [A] [B] [C] [D]   58. [A] [B] [C] [D]   63. [A] [B] [C] [D]   68. [A] [B] [C] [D]   73. [A] [B] [C] [D] [E]
54. [A] [B] [C] [D]   59. [A] [B] [C] [D]   64. [A] [B] [C] [D]   69. [A] [B] [C] [D]   74. [A] [B] [C] [D] [E]
55. [A] [B] [C] [D]   60. [A] [B] [C] [D]   65. [A] [B] [C] [D]   70. [A] [B] [C] [D]   75. [A] [B] [C] [D] [E]

76. [A] [B] [C] [D] [E]   81. [A] [B] [C] [D]   86. [A] [B] [C] [D]   91. [A] [B] [C] [D]   96. [A] [B] [C] [D]
77. [A] [B] [C] [D] [E]   82. [A] [B] [C] [D]   87. [A] [B] [C] [D]   92. [A] [B] [C] [D]   97. [A] [B] [C] [D]
78. [A] [B] [C] [D] [E]   83. [A] [B] [C] [D]   88. [A] [B] [C] [D]   93. [A] [B] [C] [D]   98. [A] [B] [C] [D]
79. [A] [B] [C] [D] [E]   84. [A] [B] [C] [D]   89. [A] [B] [C] [D]   94. [A] [B] [C] [D]   99. [A] [B] [C] [D]
80. [A] [B] [C] [D] [E]   85. [A] [B] [C] [D]   90. [A] [B] [C] [D]   95. [A] [B] [C] [D]   100. [A] [B] [C] [D]

三、书写

101.

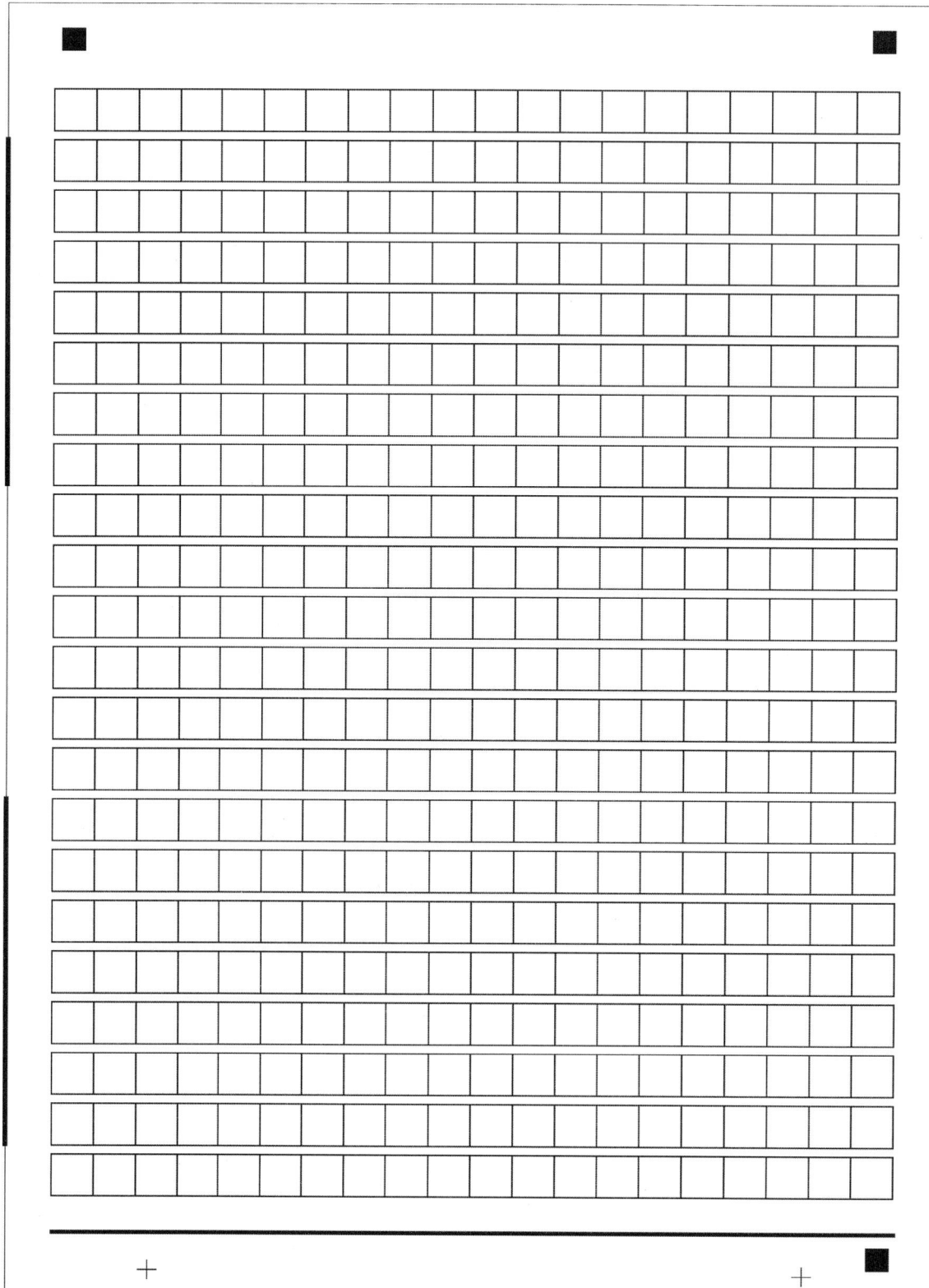

新 汉 语 水 平 考 试
HSK（六级）答题卡

姓名	

序号	[0] [1] [2] [3] [4] [5] [6] [7] [8] [9]
	[0] [1] [2] [3] [4] [5] [6] [7] [8] [9]
	[0] [1] [2] [3] [4] [5] [6] [7] [8] [9]
	[0] [1] [2] [3] [4] [5] [6] [7] [8] [9]
	[0] [1] [2] [3] [4] [5] [6] [7] [8] [9]

年龄	[0] [1] [2] [3] [4] [5] [6] [7] [8] [9]
	[0] [1] [2] [3] [4] [5] [6] [7] [8] [9]

国籍	[0] [1] [2] [3] [4] [5] [6] [7] [8] [9]
	[0] [1] [2] [3] [4] [5] [6] [7] [8] [9]
	[0] [1] [2] [3] [4] [5] [6] [7] [8] [9]

性别	男 [1] 女 [2]

考点	[0] [1] [2] [3] [4] [5] [6] [7] [8] [9]
	[0] [1] [2] [3] [4] [5] [6] [7] [8] [9]
	[0] [1] [2] [3] [4] [5] [6] [7] [8] [9]

你是华裔吗？

是 [1]　　　　不是 [2]

学习汉语的时间：

2年以下[1]　　2年—3年[2]　　3年—4年[3]　　4年—5年[4]　　5年以上[5]

注 意	请用 2B 铅笔这样写：█

一、听力

1. [A] [B] [C] [D]　　6. [A] [B] [C] [D]　　11. [A] [B] [C] [D]　　16. [A] [B] [C] [D]　　21. [A] [B] [C] [D]
2. [A] [B] [C] [D]　　7. [A] [B] [C] [D]　　12. [A] [B] [C] [D]　　17. [A] [B] [C] [D]　　22. [A] [B] [C] [D]
3. [A] [B] [C] [D]　　8. [A] [B] [C] [D]　　13. [A] [B] [C] [D]　　18. [A] [B] [C] [D]　　23. [A] [B] [C] [D]
4. [A] [B] [C] [D]　　9. [A] [B] [C] [D]　　14. [A] [B] [C] [D]　　19. [A] [B] [C] [D]　　24. [A] [B] [C] [D]
5. [A] [B] [C] [D]　　10. [A] [B] [C] [D]　　15. [A] [B] [C] [D]　　20. [A] [B] [C] [D]　　25. [A] [B] [C] [D]

26. [A] [B] [C] [D]　　31. [A] [B] [C] [D]　　36. [A] [B] [C] [D]　　41. [A] [B] [C] [D]　　46. [A] [B] [C] [D]
27. [A] [B] [C] [D]　　32. [A] [B] [C] [D]　　37. [A] [B] [C] [D]　　42. [A] [B] [C] [D]　　47. [A] [B] [C] [D]
28. [A] [B] [C] [D]　　33. [A] [B] [C] [D]　　38. [A] [B] [C] [D]　　43. [A] [B] [C] [D]　　48. [A] [B] [C] [D]
29. [A] [B] [C] [D]　　34. [A] [B] [C] [D]　　39. [A] [B] [C] [D]　　44. [A] [B] [C] [D]　　49. [A] [B] [C] [D]
30. [A] [B] [C] [D]　　35. [A] [B] [C] [D]　　40. [A] [B] [C] [D]　　45. [A] [B] [C] [D]　　50. [A] [B] [C] [D]

二、阅读

51. [A] [B] [C] [D]　　56. [A] [B] [C] [D]　　61. [A] [B] [C] [D]　　66. [A] [B] [C] [D]　　71. [A] [B] [C] [D] [E]
52. [A] [B] [C] [D]　　57. [A] [B] [C] [D]　　62. [A] [B] [C] [D]　　67. [A] [B] [C] [D]　　72. [A] [B] [C] [D] [E]
53. [A] [B] [C] [D]　　58. [A] [B] [C] [D]　　63. [A] [B] [C] [D]　　68. [A] [B] [C] [D]　　73. [A] [B] [C] [D] [E]
54. [A] [B] [C] [D]　　59. [A] [B] [C] [D]　　64. [A] [B] [C] [D]　　69. [A] [B] [C] [D]　　74. [A] [B] [C] [D] [E]
55. [A] [B] [C] [D]　　60. [A] [B] [C] [D]　　65. [A] [B] [C] [D]　　70. [A] [B] [C] [D]　　75. [A] [B] [C] [D] [E]

76. [A] [B] [C] [D] [E]　　81. [A] [B] [C] [D]　　86. [A] [B] [C] [D]　　91. [A] [B] [C] [D]　　96. [A] [B] [C] [D]
77. [A] [B] [C] [D] [E]　　82. [A] [B] [C] [D]　　87. [A] [B] [C] [D]　　92. [A] [B] [C] [D]　　97. [A] [B] [C] [D]
78. [A] [B] [C] [D] [E]　　83. [A] [B] [C] [D]　　88. [A] [B] [C] [D]　　93. [A] [B] [C] [D]　　98. [A] [B] [C] [D]
79. [A] [B] [C] [D] [E]　　84. [A] [B] [C] [D]　　89. [A] [B] [C] [D]　　94. [A] [B] [C] [D]　　99. [A] [B] [C] [D]
80. [A] [B] [C] [D] [E]　　85. [A] [B] [C] [D]　　90. [A] [B] [C] [D]　　95. [A] [B] [C] [D]　　100. [A] [B] [C] [D]

三、书写

101.

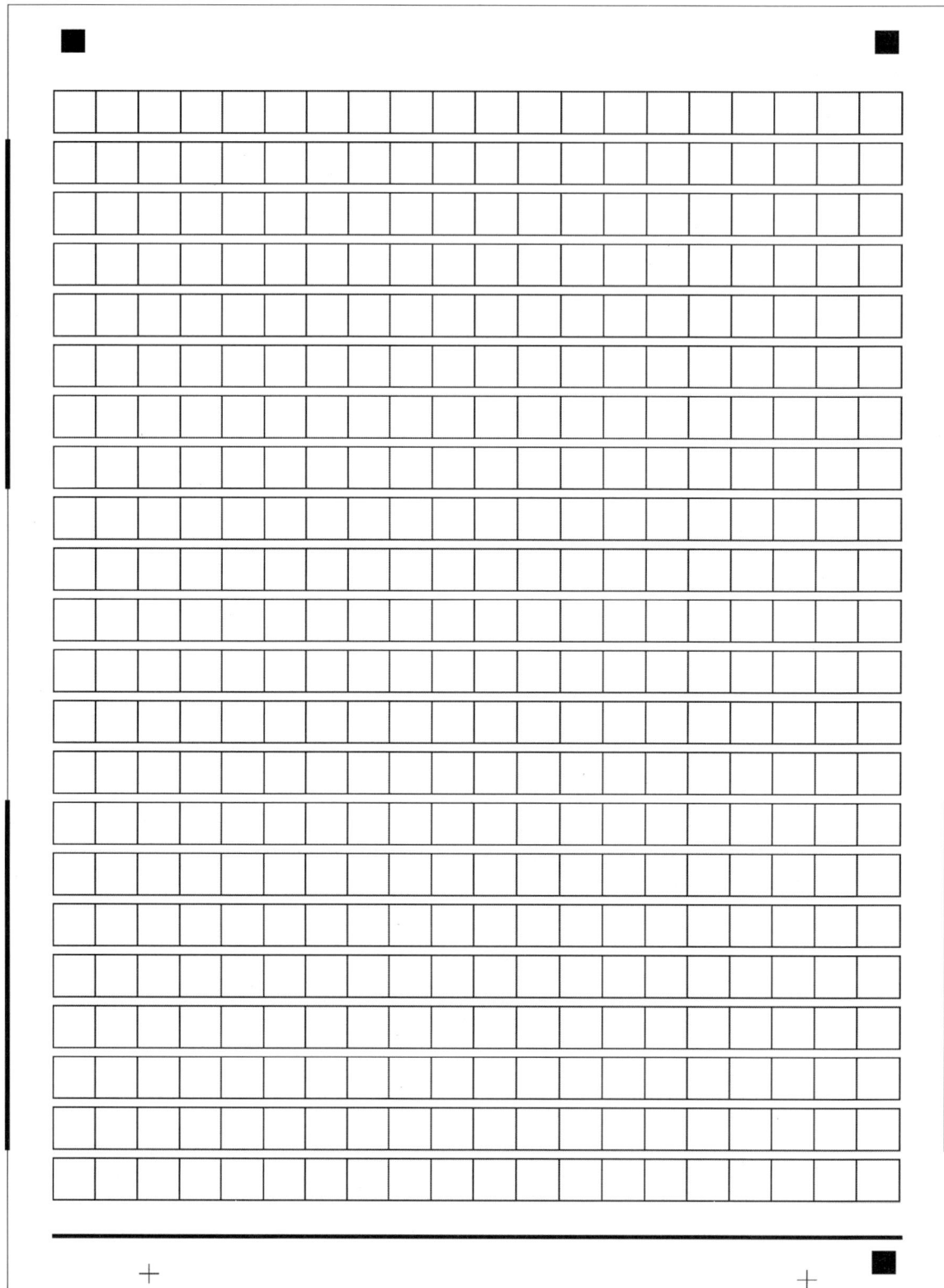

新 汉 语 水 平 考 试
HSK（六级）答题卡

姓名		国籍	[0] [1] [2] [3] [4] [5] [6] [7] [8] [9]
			[0] [1] [2] [3] [4] [5] [6] [7] [8] [9]
			[0] [1] [2] [3] [4] [5] [6] [7] [8] [9]

		性别	男 [1] 女 [2]

序号	[0] [1] [2] [3] [4] [5] [6] [7] [8] [9]	考点	[0] [1] [2] [3] [4] [5] [6] [7] [8] [9]
	[0] [1] [2] [3] [4] [5] [6] [7] [8] [9]		[0] [1] [2] [3] [4] [5] [6] [7] [8] [9]
	[0] [1] [2] [3] [4] [5] [6] [7] [8] [9]		[0] [1] [2] [3] [4] [5] [6] [7] [8] [9]
	[0] [1] [2] [3] [4] [5] [6] [7] [8] [9]		
	[0] [1] [2] [3] [4] [5] [6] [7] [8] [9]	你是华裔吗？	

年龄	[0] [1] [2] [3] [4] [5] [6] [7] [8] [9]	是 [1] 不是 [2]
	[0] [1] [2] [3] [4] [5] [6] [7] [8] [9]	

学习汉语的时间：

2年以下[1]　　2年—3年[2]　　3年—4年[3]　　4年—5年[4]　　5年以上[5]

注 意	请用 2B 铅笔这样写：■

一、听力

1. [A] [B] [C] [D]　　6. [A] [B] [C] [D]　　11. [A] [B] [C] [D]　　16. [A] [B] [C] [D]　　21. [A] [B] [C] [D]
2. [A] [B] [C] [D]　　7. [A] [B] [C] [D]　　12. [A] [B] [C] [D]　　17. [A] [B] [C] [D]　　22. [A] [B] [C] [D]
3. [A] [B] [C] [D]　　8. [A] [B] [C] [D]　　13. [A] [B] [C] [D]　　18. [A] [B] [C] [D]　　23. [A] [B] [C] [D]
4. [A] [B] [C] [D]　　9. [A] [B] [C] [D]　　14. [A] [B] [C] [D]　　19. [A] [B] [C] [D]　　24. [A] [B] [C] [D]
5. [A] [B] [C] [D]　　10. [A] [B] [C] [D]　　15. [A] [B] [C] [D]　　20. [A] [B] [C] [D]　　25. [A] [B] [C] [D]

26. [A] [B] [C] [D]　　31. [A] [B] [C] [D]　　36. [A] [B] [C] [D]　　41. [A] [B] [C] [D]　　46. [A] [B] [C] [D]
27. [A] [B] [C] [D]　　32. [A] [B] [C] [D]　　37. [A] [B] [C] [D]　　42. [A] [B] [C] [D]　　47. [A] [B] [C] [D]
28. [A] [B] [C] [D]　　33. [A] [B] [C] [D]　　38. [A] [B] [C] [D]　　43. [A] [B] [C] [D]　　48. [A] [B] [C] [D]
29. [A] [B] [C] [D]　　34. [A] [B] [C] [D]　　39. [A] [B] [C] [D]　　44. [A] [B] [C] [D]　　49. [A] [B] [C] [D]
30. [A] [B] [C] [D]　　35. [A] [B] [C] [D]　　40. [A] [B] [C] [D]　　45. [A] [B] [C] [D]　　50. [A] [B] [C] [D]

二、阅读

51. [A] [B] [C] [D]　　56. [A] [B] [C] [D]　　61. [A] [B] [C] [D]　　66. [A] [B] [C] [D]　　71. [A] [B] [C] [D] [E]
52. [A] [B] [C] [D]　　57. [A] [B] [C] [D]　　62. [A] [B] [C] [D]　　67. [A] [B] [C] [D]　　72. [A] [B] [C] [D] [E]
53. [A] [B] [C] [D]　　58. [A] [B] [C] [D]　　63. [A] [B] [C] [D]　　68. [A] [B] [C] [D]　　73. [A] [B] [C] [D] [E]
54. [A] [B] [C] [D]　　59. [A] [B] [C] [D]　　64. [A] [B] [C] [D]　　69. [A] [B] [C] [D]　　74. [A] [B] [C] [D] [E]
55. [A] [B] [C] [D]　　60. [A] [B] [C] [D]　　65. [A] [B] [C] [D]　　70. [A] [B] [C] [D]　　75. [A] [B] [C] [D] [E]

76. [A] [B] [C] [D] [E]　　81. [A] [B] [C] [D]　　86. [A] [B] [C] [D]　　91. [A] [B] [C] [D]　　96. [A] [B] [C] [D]
77. [A] [B] [C] [D] [E]　　82. [A] [B] [C] [D]　　87. [A] [B] [C] [D]　　92. [A] [B] [C] [D]　　97. [A] [B] [C] [D]
78. [A] [B] [C] [D] [E]　　83. [A] [B] [C] [D]　　88. [A] [B] [C] [D]　　93. [A] [B] [C] [D]　　98. [A] [B] [C] [D]
79. [A] [B] [C] [D] [E]　　84. [A] [B] [C] [D]　　89. [A] [B] [C] [D]　　94. [A] [B] [C] [D]　　99. [A] [B] [C] [D]
80. [A] [B] [C] [D] [E]　　85. [A] [B] [C] [D]　　90. [A] [B] [C] [D]　　95. [A] [B] [C] [D]　　100. [A] [B] [C] [D]

三、书写

101.

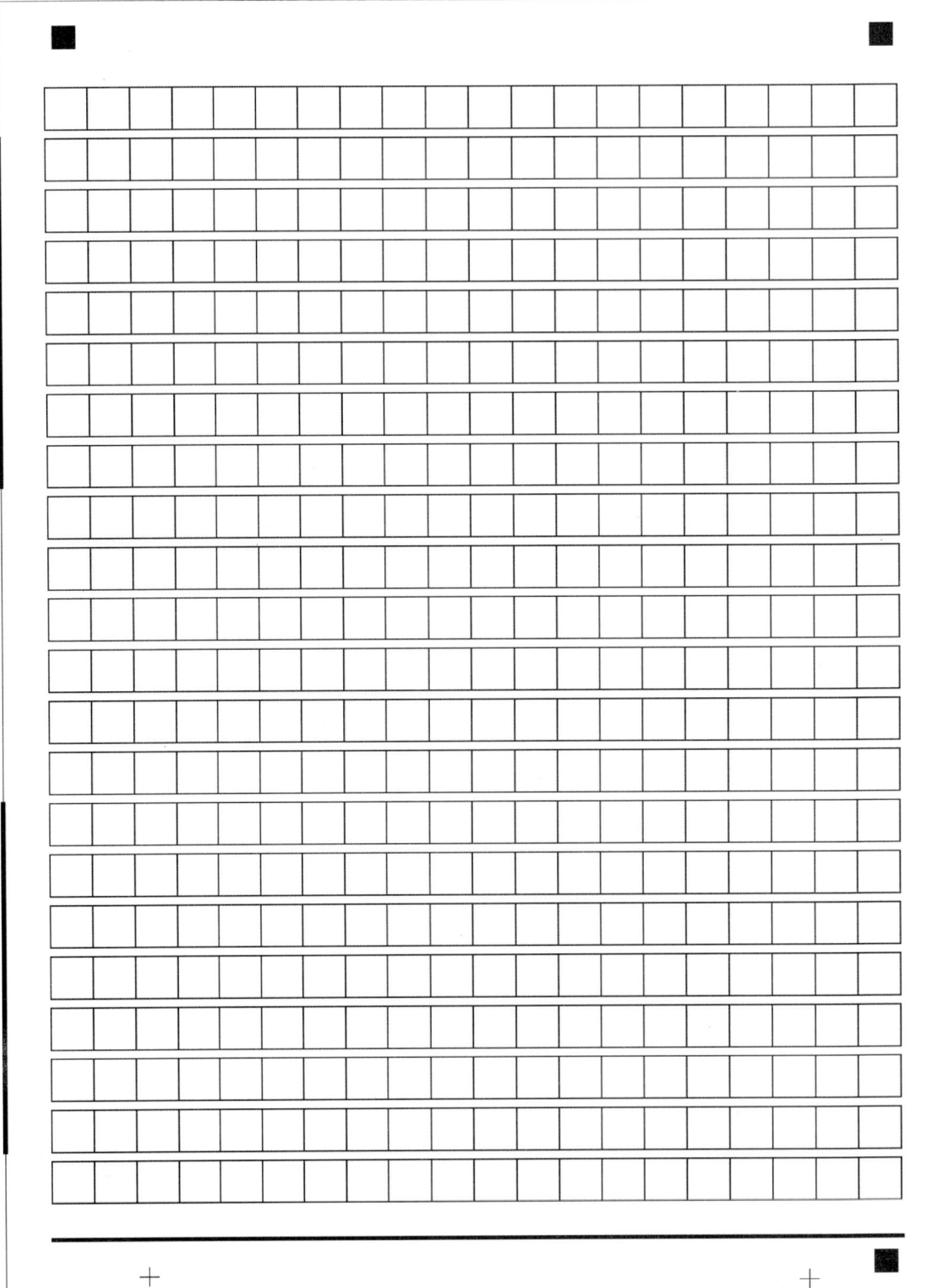

新 汉 语 水 平 考 试
HSK（六级）答题卡

姓名	

国籍	[0] [1] [2] [3] [4] [5] [6] [7] [8] [9]
	[0] [1] [2] [3] [4] [5] [6] [7] [8] [9]
	[0] [1] [2] [3] [4] [5] [6] [7] [8] [9]

性别	男 [1] 女 [2]

序号	[0] [1] [2] [3] [4] [5] [6] [7] [8] [9]
	[0] [1] [2] [3] [4] [5] [6] [7] [8] [9]
	[0] [1] [2] [3] [4] [5] [6] [7] [8] [9]
	[0] [1] [2] [3] [4] [5] [6] [7] [8] [9]
	[0] [1] [2] [3] [4] [5] [6] [7] [8] [9]

考点	[0] [1] [2] [3] [4] [5] [6] [7] [8] [9]
	[0] [1] [2] [3] [4] [5] [6] [7] [8] [9]
	[0] [1] [2] [3] [4] [5] [6] [7] [8] [9]

你是华裔吗?
是 [1] 不是 [2]

年龄	[0] [1] [2] [3] [4] [5] [6] [7] [8] [9]
	[0] [1] [2] [3] [4] [5] [6] [7] [8] [9]

学习汉语的时间：
2年以下[1] 2年—3年[2] 3年—4年[3] 4年—5年[4] 5年以上[5]

注 意	请用 2B 铅笔这样写：■

一、听力

1. [A] [B] [C] [D]   6. [A] [B] [C] [D]   11. [A] [B] [C] [D]   16. [A] [B] [C] [D]   21. [A] [B] [C] [D]
2. [A] [B] [C] [D]   7. [A] [B] [C] [D]   12. [A] [B] [C] [D]   17. [A] [B] [C] [D]   22. [A] [B] [C] [D]
3. [A] [B] [C] [D]   8. [A] [B] [C] [D]   13. [A] [B] [C] [D]   18. [A] [B] [C] [D]   23. [A] [B] [C] [D]
4. [A] [B] [C] [D]   9. [A] [B] [C] [D]   14. [A] [B] [C] [D]   19. [A] [B] [C] [D]   24. [A] [B] [C] [D]
5. [A] [B] [C] [D]   10. [A] [B] [C] [D]   15. [A] [B] [C] [D]   20. [A] [B] [C] [D]   25. [A] [B] [C] [D]

26. [A] [B] [C] [D]   31. [A] [B] [C] [D]   36. [A] [B] [C] [D]   41. [A] [B] [C] [D]   46. [A] [B] [C] [D]
27. [A] [B] [C] [D]   32. [A] [B] [C] [D]   37. [A] [B] [C] [D]   42. [A] [B] [C] [D]   47. [A] [B] [C] [D]
28. [A] [B] [C] [D]   33. [A] [B] [C] [D]   38. [A] [B] [C] [D]   43. [A] [B] [C] [D]   48. [A] [B] [C] [D]
29. [A] [B] [C] [D]   34. [A] [B] [C] [D]   39. [A] [B] [C] [D]   44. [A] [B] [C] [D]   49. [A] [B] [C] [D]
30. [A] [B] [C] [D]   35. [A] [B] [C] [D]   40. [A] [B] [C] [D]   45. [A] [B] [C] [D]   50. [A] [B] [C] [D]

二、阅读

51. [A] [B] [C] [D]   56. [A] [B] [C] [D]   61. [A] [B] [C] [D]   66. [A] [B] [C] [D]   71. [A] [B] [C] [D] [E]
52. [A] [B] [C] [D]   57. [A] [B] [C] [D]   62. [A] [B] [C] [D]   67. [A] [B] [C] [D]   72. [A] [B] [C] [D] [E]
53. [A] [B] [C] [D]   58. [A] [B] [C] [D]   63. [A] [B] [C] [D]   68. [A] [B] [C] [D]   73. [A] [B] [C] [D] [E]
54. [A] [B] [C] [D]   59. [A] [B] [C] [D]   64. [A] [B] [C] [D]   69. [A] [B] [C] [D]   74. [A] [B] [C] [D] [E]
55. [A] [B] [C] [D]   60. [A] [B] [C] [D]   65. [A] [B] [C] [D]   70. [A] [B] [C] [D]   75. [A] [B] [C] [D] [E]

76. [A] [B] [C] [D] [E]   81. [A] [B] [C] [D]   86. [A] [B] [C] [D]   91. [A] [B] [C] [D]   96. [A] [B] [C] [D]
77. [A] [B] [C] [D] [E]   82. [A] [B] [C] [D]   87. [A] [B] [C] [D]   92. [A] [B] [C] [D]   97. [A] [B] [C] [D]
78. [A] [B] [C] [D] [E]   83. [A] [B] [C] [D]   88. [A] [B] [C] [D]   93. [A] [B] [C] [D]   98. [A] [B] [C] [D]
79. [A] [B] [C] [D] [E]   84. [A] [B] [C] [D]   89. [A] [B] [C] [D]   94. [A] [B] [C] [D]   99. [A] [B] [C] [D]
80. [A] [B] [C] [D] [E]   85. [A] [B] [C] [D]   90. [A] [B] [C] [D]   95. [A] [B] [C] [D]   100. [A] [B] [C] [D]

三、书写

101.

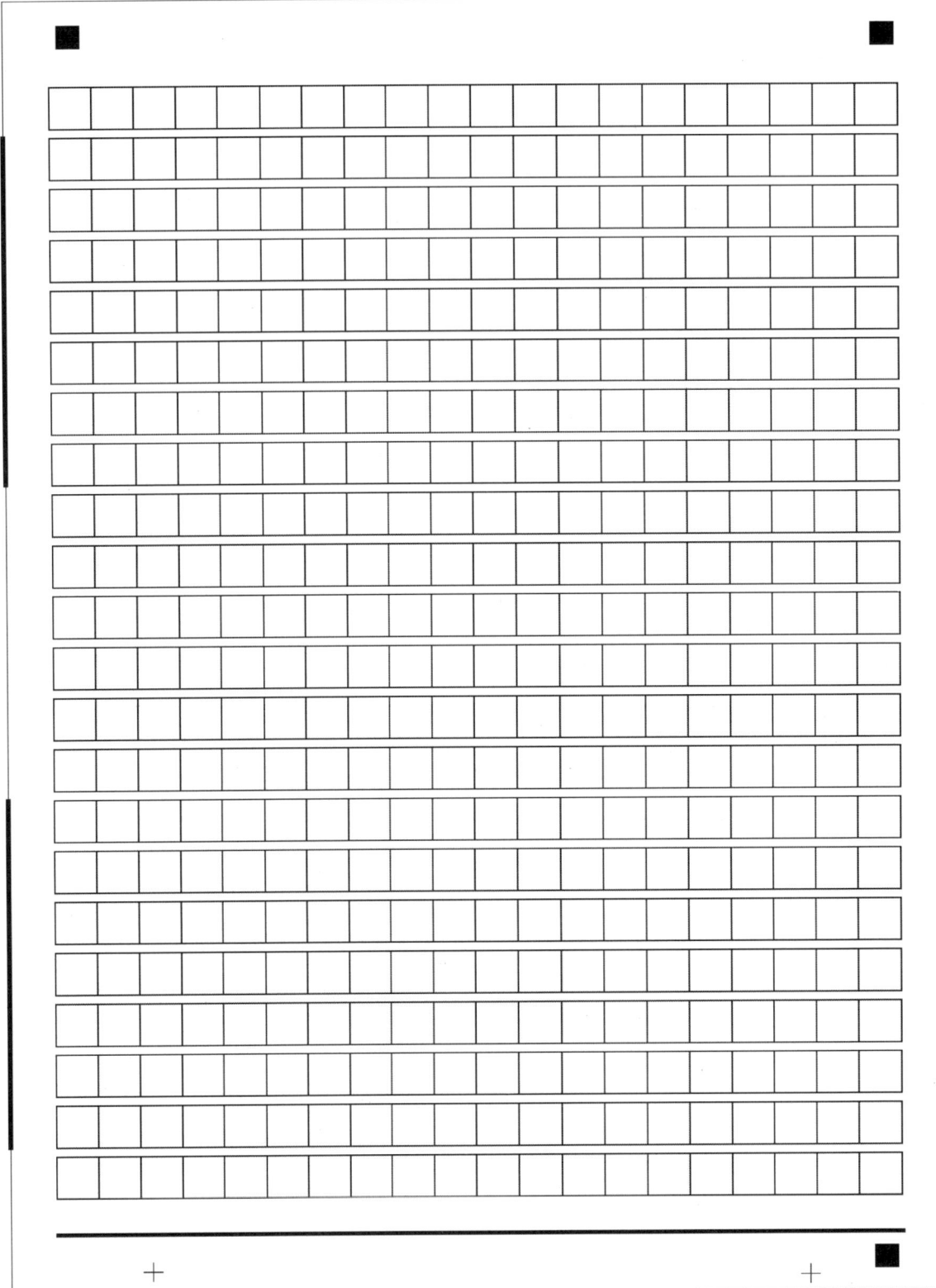

新 汉 语 水 平 考 试
HSK（六级）答题卡

姓名	

国籍	[0] [1] [2] [3] [4] [5] [6] [7] [8] [9]
	[0] [1] [2] [3] [4] [5] [6] [7] [8] [9]
	[0] [1] [2] [3] [4] [5] [6] [7] [8] [9]

序号	[0] [1] [2] [3] [4] [5] [6] [7] [8] [9]
	[0] [1] [2] [3] [4] [5] [6] [7] [8] [9]
	[0] [1] [2] [3] [4] [5] [6] [7] [8] [9]
	[0] [1] [2] [3] [4] [5] [6] [7] [8] [9]
	[0] [1] [2] [3] [4] [5] [6] [7] [8] [9]

性别	男 [1] 女 [2]

考点	[0] [1] [2] [3] [4] [5] [6] [7] [8] [9]
	[0] [1] [2] [3] [4] [5] [6] [7] [8] [9]
	[0] [1] [2] [3] [4] [5] [6] [7] [8] [9]

年龄	[0] [1] [2] [3] [4] [5] [6] [7] [8] [9]
	[0] [1] [2] [3] [4] [5] [6] [7] [8] [9]

你是华裔吗？
是 [1]   不是 [2]

学习汉语的时间：
2年以下[1]   2年—3年[2]   3年—4年[3]   4年—5年[4]   5年以上[5]

注 意	请用 2B 铅笔这样写：■

一、听力

1. [A] [B] [C] [D]   6. [A] [B] [C] [D]   11. [A] [B] [C] [D]   16. [A] [B] [C] [D]   21. [A] [B] [C] [D]
2. [A] [B] [C] [D]   7. [A] [B] [C] [D]   12. [A] [B] [C] [D]   17. [A] [B] [C] [D]   22. [A] [B] [C] [D]
3. [A] [B] [C] [D]   8. [A] [B] [C] [D]   13. [A] [B] [C] [D]   18. [A] [B] [C] [D]   23. [A] [B] [C] [D]
4. [A] [B] [C] [D]   9. [A] [B] [C] [D]   14. [A] [B] [C] [D]   19. [A] [B] [C] [D]   24. [A] [B] [C] [D]
5. [A] [B] [C] [D]   10. [A] [B] [C] [D]   15. [A] [B] [C] [D]   20. [A] [B] [C] [D]   25. [A] [B] [C] [D]

26. [A] [B] [C] [D]   31. [A] [B] [C] [D]   36. [A] [B] [C] [D]   41. [A] [B] [C] [D]   46. [A] [B] [C] [D]
27. [A] [B] [C] [D]   32. [A] [B] [C] [D]   37. [A] [B] [C] [D]   42. [A] [B] [C] [D]   47. [A] [B] [C] [D]
28. [A] [B] [C] [D]   33. [A] [B] [C] [D]   38. [A] [B] [C] [D]   43. [A] [B] [C] [D]   48. [A] [B] [C] [D]
29. [A] [B] [C] [D]   34. [A] [B] [C] [D]   39. [A] [B] [C] [D]   44. [A] [B] [C] [D]   49. [A] [B] [C] [D]
30. [A] [B] [C] [D]   35. [A] [B] [C] [D]   40. [A] [B] [C] [D]   45. [A] [B] [C] [D]   50. [A] [B] [C] [D]

二、阅读

51. [A] [B] [C] [D]   56. [A] [B] [C] [D]   61. [A] [B] [C] [D]   66. [A] [B] [C] [D]   71. [A] [B] [C] [D] [E]
52. [A] [B] [C] [D]   57. [A] [B] [C] [D]   62. [A] [B] [C] [D]   67. [A] [B] [C] [D]   72. [A] [B] [C] [D] [E]
53. [A] [B] [C] [D]   58. [A] [B] [C] [D]   63. [A] [B] [C] [D]   68. [A] [B] [C] [D]   73. [A] [B] [C] [D] [E]
54. [A] [B] [C] [D]   59. [A] [B] [C] [D]   64. [A] [B] [C] [D]   69. [A] [B] [C] [D]   74. [A] [B] [C] [D] [E]
55. [A] [B] [C] [D]   60. [A] [B] [C] [D]   65. [A] [B] [C] [D]   70. [A] [B] [C] [D]   75. [A] [B] [C] [D] [E]

76. [A] [B] [C] [D] [E]   81. [A] [B] [C] [D]   86. [A] [B] [C] [D]   91. [A] [B] [C] [D]   96. [A] [B] [C] [D]
77. [A] [B] [C] [D] [E]   82. [A] [B] [C] [D]   87. [A] [B] [C] [D]   92. [A] [B] [C] [D]   97. [A] [B] [C] [D]
78. [A] [B] [C] [D] [E]   83. [A] [B] [C] [D]   88. [A] [B] [C] [D]   93. [A] [B] [C] [D]   98. [A] [B] [C] [D]
79. [A] [B] [C] [D] [E]   84. [A] [B] [C] [D]   89. [A] [B] [C] [D]   94. [A] [B] [C] [D]   99. [A] [B] [C] [D]
80. [A] [B] [C] [D] [E]   85. [A] [B] [C] [D]   90. [A] [B] [C] [D]   95. [A] [B] [C] [D]   100. [A] [B] [C] [D]

三、书写

101.

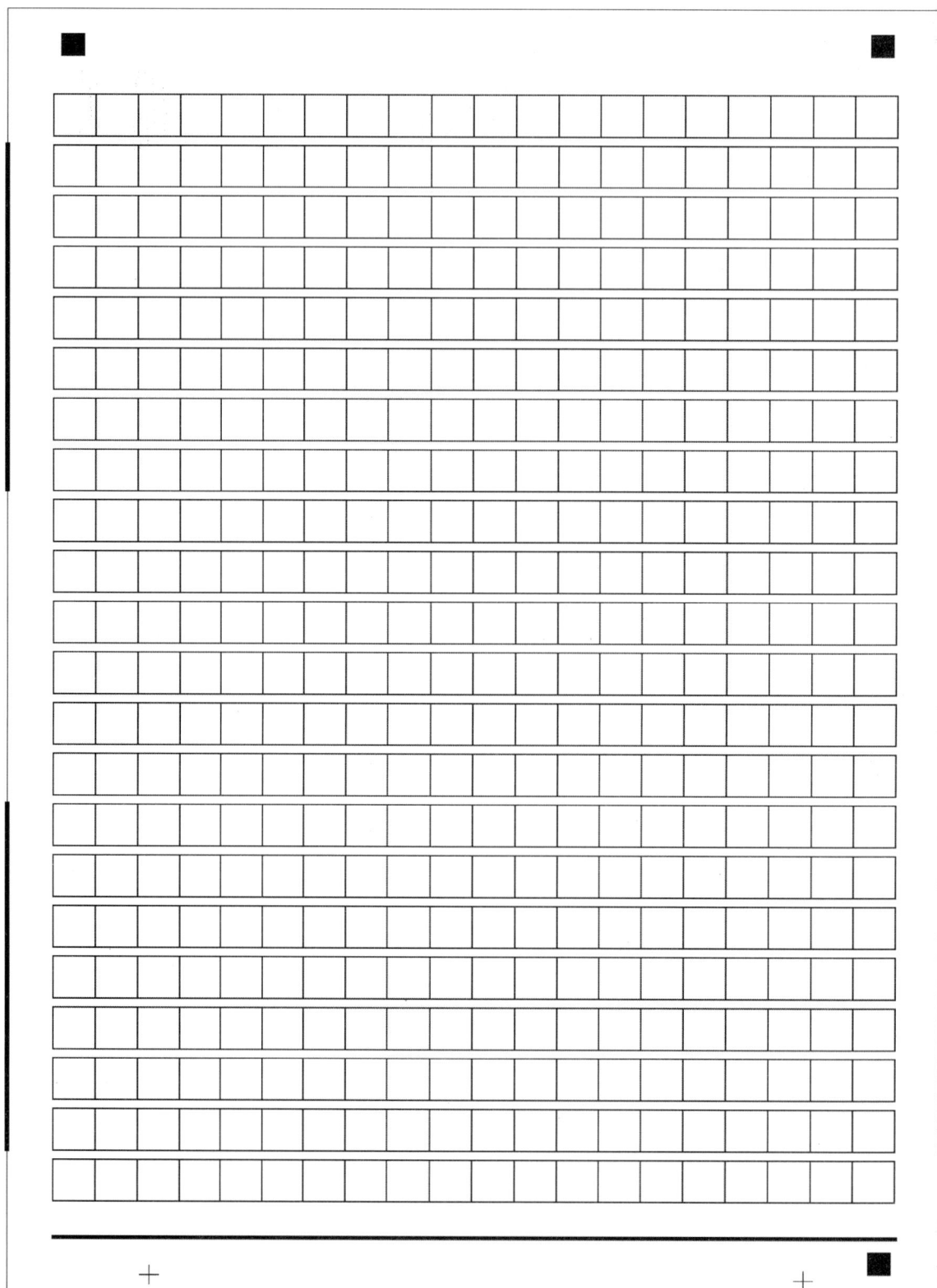

新 汉 语 水 平 考 试
HSK（六级）答题卡

姓名	

国籍	[0] [1] [2] [3] [4] [5] [6] [7] [8] [9]
	[0] [1] [2] [3] [4] [5] [6] [7] [8] [9]
	[0] [1] [2] [3] [4] [5] [6] [7] [8] [9]

性别	男 [1] 女 [2]

序号	[0] [1] [2] [3] [4] [5] [6] [7] [8] [9]
	[0] [1] [2] [3] [4] [5] [6] [7] [8] [9]
	[0] [1] [2] [3] [4] [5] [6] [7] [8] [9]
	[0] [1] [2] [3] [4] [5] [6] [7] [8] [9]
	[0] [1] [2] [3] [4] [5] [6] [7] [8] [9]

考点	[0] [1] [2] [3] [4] [5] [6] [7] [8] [9]
	[0] [1] [2] [3] [4] [5] [6] [7] [8] [9]
	[0] [1] [2] [3] [4] [5] [6] [7] [8] [9]

年龄	[0] [1] [2] [3] [4] [5] [6] [7] [8] [9]
	[0] [1] [2] [3] [4] [5] [6] [7] [8] [9]

你是华裔吗？

是 [1]　　　　不是 [2]

学习汉语的时间：

2年以下[1]　　2年—3年[2]　　3年—4年[3]　　4年—5年[4]　　5年以上[5]

注 意	请用 2B 铅笔这样写：▬

一、听力

1. [A] [B] [C] [D]　　6. [A] [B] [C] [D]　　11. [A] [B] [C] [D]　　16. [A] [B] [C] [D]　　21. [A] [B] [C] [D]
2. [A] [B] [C] [D]　　7. [A] [B] [C] [D]　　12. [A] [B] [C] [D]　　17. [A] [B] [C] [D]　　22. [A] [B] [C] [D]
3. [A] [B] [C] [D]　　8. [A] [B] [C] [D]　　13. [A] [B] [C] [D]　　18. [A] [B] [C] [D]　　23. [A] [B] [C] [D]
4. [A] [B] [C] [D]　　9. [A] [B] [C] [D]　　14. [A] [B] [C] [D]　　19. [A] [B] [C] [D]　　24. [A] [B] [C] [D]
5. [A] [B] [C] [D]　　10. [A] [B] [C] [D]　　15. [A] [B] [C] [D]　　20. [A] [B] [C] [D]　　25. [A] [B] [C] [D]

26. [A] [B] [C] [D]　　31. [A] [B] [C] [D]　　36. [A] [B] [C] [D]　　41. [A] [B] [C] [D]　　46. [A] [B] [C] [D]
27. [A] [B] [C] [D]　　32. [A] [B] [C] [D]　　37. [A] [B] [C] [D]　　42. [A] [B] [C] [D]　　47. [A] [B] [C] [D]
28. [A] [B] [C] [D]　　33. [A] [B] [C] [D]　　38. [A] [B] [C] [D]　　43. [A] [B] [C] [D]　　48. [A] [B] [C] [D]
29. [A] [B] [C] [D]　　34. [A] [B] [C] [D]　　39. [A] [B] [C] [D]　　44. [A] [B] [C] [D]　　49. [A] [B] [C] [D]
30. [A] [B] [C] [D]　　35. [A] [B] [C] [D]　　40. [A] [B] [C] [D]　　45. [A] [B] [C] [D]　　50. [A] [B] [C] [D]

二、阅读

51. [A] [B] [C] [D]　　56. [A] [B] [C] [D]　　61. [A] [B] [C] [D]　　66. [A] [B] [C] [D]　　71. [A] [B] [C] [D] [E]
52. [A] [B] [C] [D]　　57. [A] [B] [C] [D]　　62. [A] [B] [C] [D]　　67. [A] [B] [C] [D]　　72. [A] [B] [C] [D] [E]
53. [A] [B] [C] [D]　　58. [A] [B] [C] [D]　　63. [A] [B] [C] [D]　　68. [A] [B] [C] [D]　　73. [A] [B] [C] [D] [E]
54. [A] [B] [C] [D]　　59. [A] [B] [C] [D]　　64. [A] [B] [C] [D]　　69. [A] [B] [C] [D]　　74. [A] [B] [C] [D] [E]
55. [A] [B] [C] [D]　　60. [A] [B] [C] [D]　　65. [A] [B] [C] [D]　　70. [A] [B] [C] [D]　　75. [A] [B] [C] [D] [E]

76. [A] [B] [C] [D] [E]　　81. [A] [B] [C] [D]　　86. [A] [B] [C] [D]　　91. [A] [B] [C] [D]　　96. [A] [B] [C] [D]
77. [A] [B] [C] [D] [E]　　82. [A] [B] [C] [D]　　87. [A] [B] [C] [D]　　92. [A] [B] [C] [D]　　97. [A] [B] [C] [D]
78. [A] [B] [C] [D] [E]　　83. [A] [B] [C] [D]　　88. [A] [B] [C] [D]　　93. [A] [B] [C] [D]　　98. [A] [B] [C] [D]
79. [A] [B] [C] [D] [E]　　84. [A] [B] [C] [D]　　89. [A] [B] [C] [D]　　94. [A] [B] [C] [D]　　99. [A] [B] [C] [D]
80. [A] [B] [C] [D] [E]　　85. [A] [B] [C] [D]　　90. [A] [B] [C] [D]　　95. [A] [B] [C] [D]　　100. [A] [B] [C] [D]

三、书写

101.

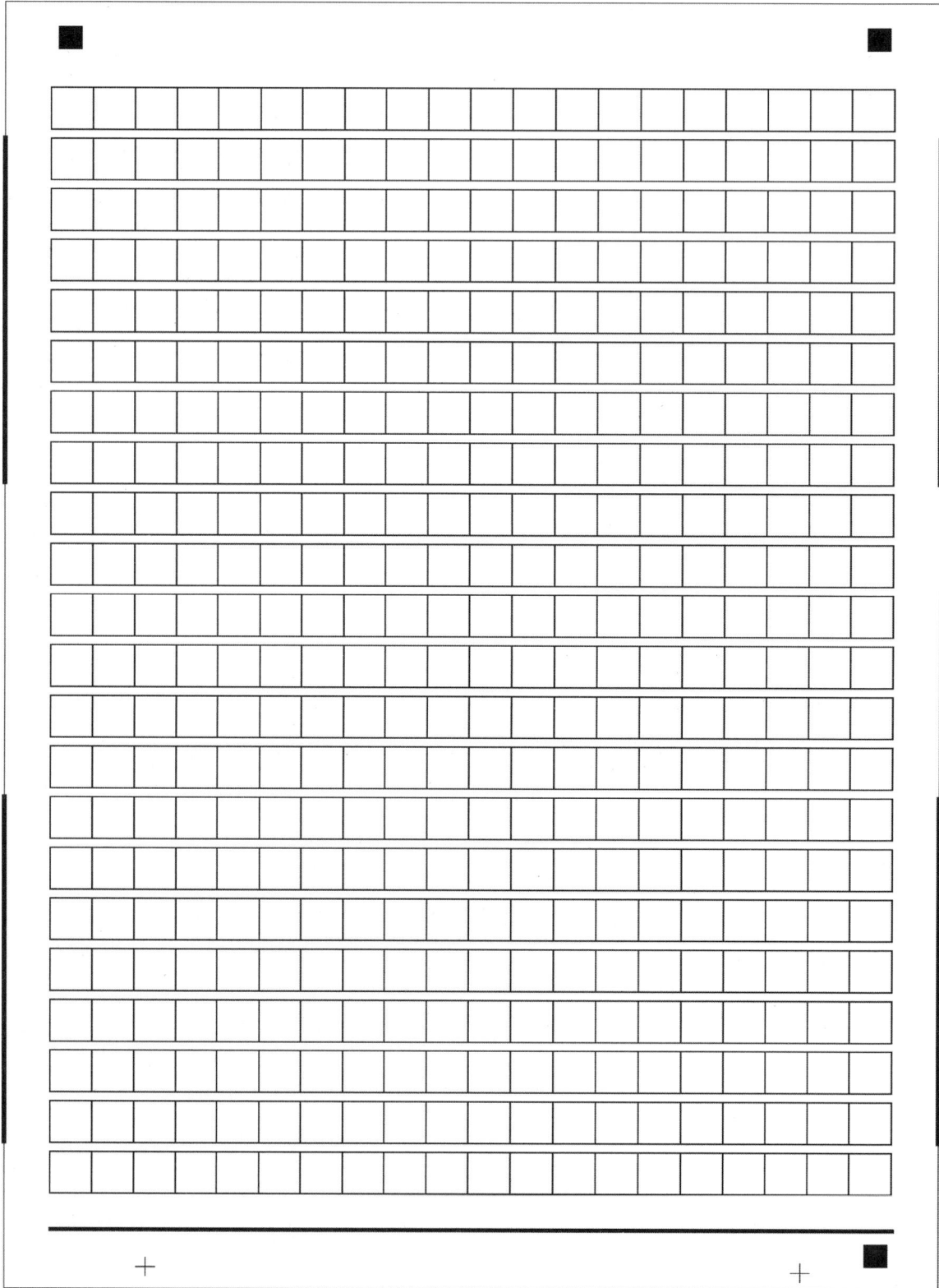

新 汉 语 水 平 考 试
HSK（六级）答题卡

姓名	

国籍	[0] [1] [2] [3] [4] [5] [6] [7] [8] [9]
	[0] [1] [2] [3] [4] [5] [6] [7] [8] [9]
	[0] [1] [2] [3] [4] [5] [6] [7] [8] [9]

性别	男 [1]	女 [2]

序号	[0] [1] [2] [3] [4] [5] [6] [7] [8] [9]
	[0] [1] [2] [3] [4] [5] [6] [7] [8] [9]
	[0] [1] [2] [3] [4] [5] [6] [7] [8] [9]
	[0] [1] [2] [3] [4] [5] [6] [7] [8] [9]
	[0] [1] [2] [3] [4] [5] [6] [7] [8] [9]

考点	[0] [1] [2] [3] [4] [5] [6] [7] [8] [9]
	[0] [1] [2] [3] [4] [5] [6] [7] [8] [9]
	[0] [1] [2] [3] [4] [5] [6] [7] [8] [9]

你是华裔吗？	
是 [1]	不是 [2]

年龄	[0] [1] [2] [3] [4] [5] [6] [7] [8] [9]
	[0] [1] [2] [3] [4] [5] [6] [7] [8] [9]

学习汉语的时间：

2年以下[1]　　　2年—3年[2]　　　3年—4年[3]　　　4年—5年[4]　　　5年以上[5]

注 意	请用 2B 铅笔这样写：■

一、听力

1. [A] [B] [C] [D]　　6. [A] [B] [C] [D]　　11. [A] [B] [C] [D]　　16. [A] [B] [C] [D]　　21. [A] [B] [C] [D]
2. [A] [B] [C] [D]　　7. [A] [B] [C] [D]　　12. [A] [B] [C] [D]　　17. [A] [B] [C] [D]　　22. [A] [B] [C] [D]
3. [A] [B] [C] [D]　　8. [A] [B] [C] [D]　　13. [A] [B] [C] [D]　　18. [A] [B] [C] [D]　　23. [A] [B] [C] [D]
4. [A] [B] [C] [D]　　9. [A] [B] [C] [D]　　14. [A] [B] [C] [D]　　19. [A] [B] [C] [D]　　24. [A] [B] [C] [D]
5. [A] [B] [C] [D]　　10. [A] [B] [C] [D]　　15. [A] [B] [C] [D]　　20. [A] [B] [C] [D]　　25. [A] [B] [C] [D]

26. [A] [B] [C] [D]　　31. [A] [B] [C] [D]　　36. [A] [B] [C] [D]　　41. [A] [B] [C] [D]　　46. [A] [B] [C] [D]
27. [A] [B] [C] [D]　　32. [A] [B] [C] [D]　　37. [A] [B] [C] [D]　　42. [A] [B] [C] [D]　　47. [A] [B] [C] [D]
28. [A] [B] [C] [D]　　33. [A] [B] [C] [D]　　38. [A] [B] [C] [D]　　43. [A] [B] [C] [D]　　48. [A] [B] [C] [D]
29. [A] [B] [C] [D]　　34. [A] [B] [C] [D]　　39. [A] [B] [C] [D]　　44. [A] [B] [C] [D]　　49. [A] [B] [C] [D]
30. [A] [B] [C] [D]　　35. [A] [B] [C] [D]　　40. [A] [B] [C] [D]　　45. [A] [B] [C] [D]　　50. [A] [B] [C] [D]

二、阅读

51. [A] [B] [C] [D]　　56. [A] [B] [C] [D]　　61. [A] [B] [C] [D]　　66. [A] [B] [C] [D]　　71. [A] [B] [C] [D] [E]
52. [A] [B] [C] [D]　　57. [A] [B] [C] [D]　　62. [A] [B] [C] [D]　　67. [A] [B] [C] [D]　　72. [A] [B] [C] [D] [E]
53. [A] [B] [C] [D]　　58. [A] [B] [C] [D]　　63. [A] [B] [C] [D]　　68. [A] [B] [C] [D]　　73. [A] [B] [C] [D] [E]
54. [A] [B] [C] [D]　　59. [A] [B] [C] [D]　　64. [A] [B] [C] [D]　　69. [A] [B] [C] [D]　　74. [A] [B] [C] [D] [E]
55. [A] [B] [C] [D]　　60. [A] [B] [C] [D]　　65. [A] [B] [C] [D]　　70. [A] [B] [C] [D]　　75. [A] [B] [C] [D] [E]

76. [A] [B] [C] [D] [E]　　81. [A] [B] [C] [D]　　86. [A] [B] [C] [D]　　91. [A] [B] [C] [D]　　96. [A] [B] [C] [D]
77. [A] [B] [C] [D] [E]　　82. [A] [B] [C] [D]　　87. [A] [B] [C] [D]　　92. [A] [B] [C] [D]　　97. [A] [B] [C] [D]
78. [A] [B] [C] [D] [E]　　83. [A] [B] [C] [D]　　88. [A] [B] [C] [D]　　93. [A] [B] [C] [D]　　98. [A] [B] [C] [D]
79. [A] [B] [C] [D] [E]　　84. [A] [B] [C] [D]　　89. [A] [B] [C] [D]　　94. [A] [B] [C] [D]　　99. [A] [B] [C] [D]
80. [A] [B] [C] [D] [E]　　85. [A] [B] [C] [D]　　90. [A] [B] [C] [D]　　95. [A] [B] [C] [D]　　100. [A] [B] [C] [D]

三、书写

101.

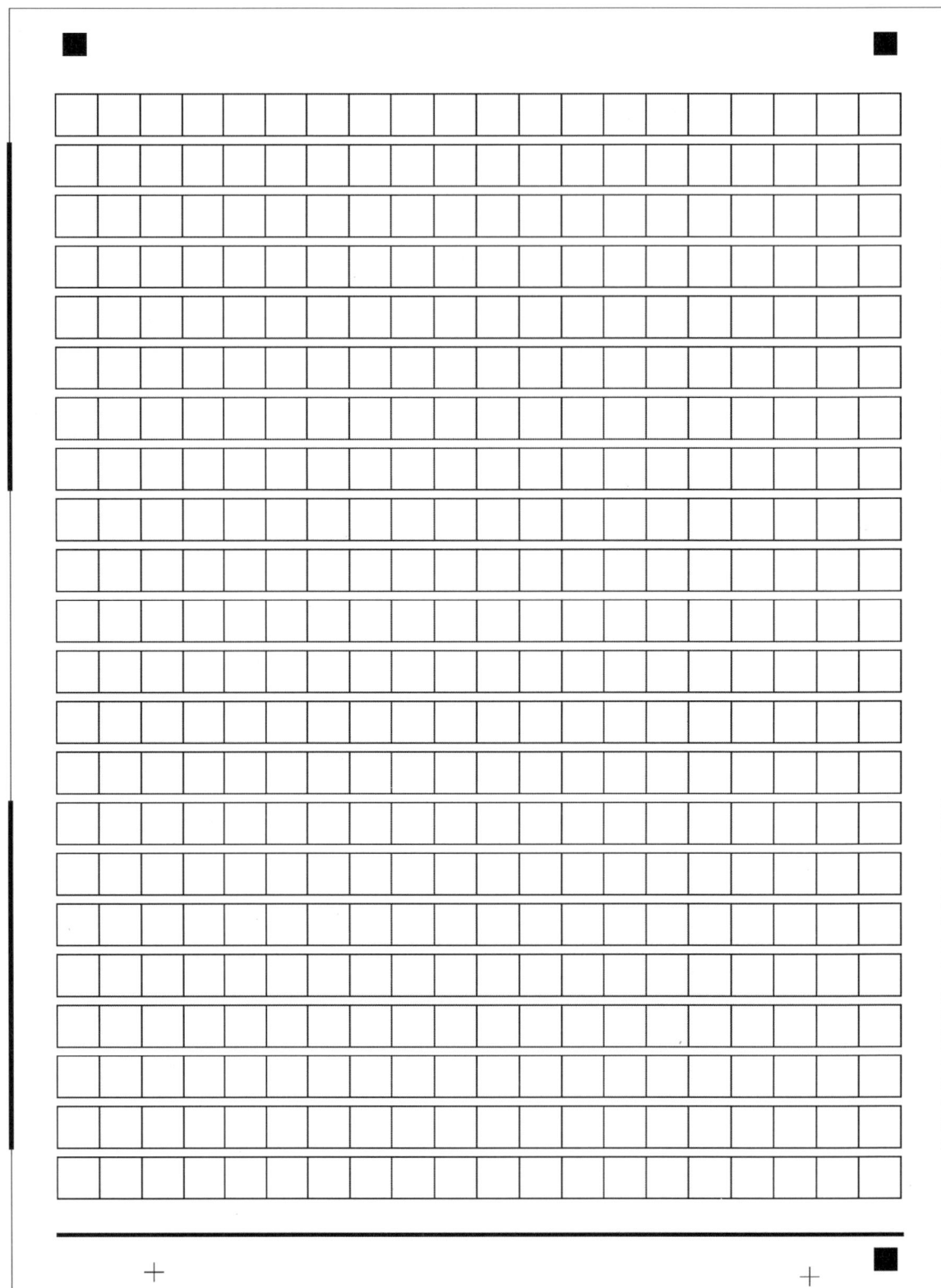

新 汉 语 水 平 考 试
HSK (六级) 答题卡

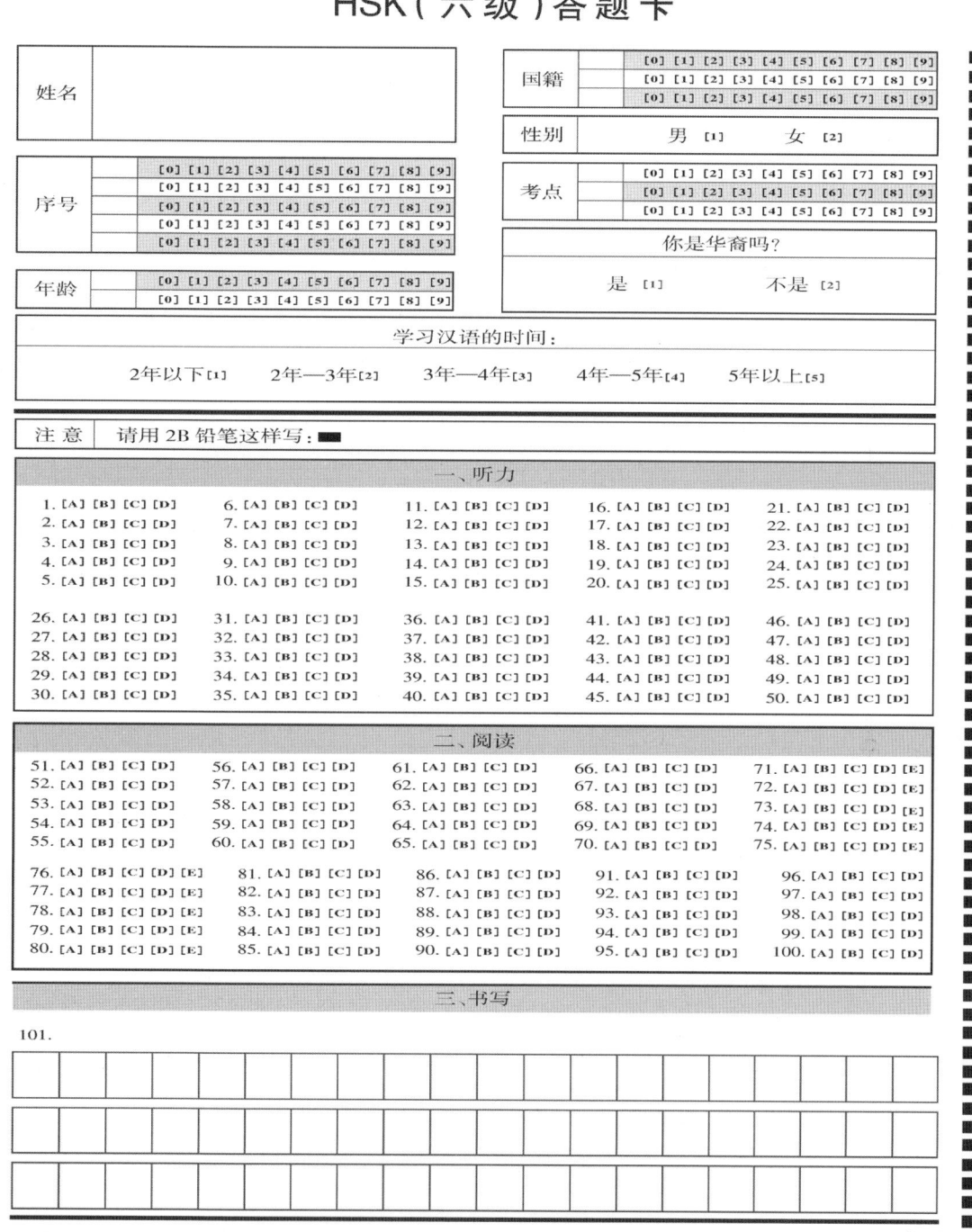

姓名	

国籍	[0] [1] [2] [3] [4] [5] [6] [7] [8] [9] [0] [1] [2] [3] [4] [5] [6] [7] [8] [9] [0] [1] [2] [3] [4] [5] [6] [7] [8] [9]

性别	男 [1]　　　　女 [2]

序号	[0] [1] [2] [3] [4] [5] [6] [7] [8] [9] [0] [1] [2] [3] [4] [5] [6] [7] [8] [9] [0] [1] [2] [3] [4] [5] [6] [7] [8] [9] [0] [1] [2] [3] [4] [5] [6] [7] [8] [9] [0] [1] [2] [3] [4] [5] [6] [7] [8] [9]

考点	[0] [1] [2] [3] [4] [5] [6] [7] [8] [9] [0] [1] [2] [3] [4] [5] [6] [7] [8] [9] [0] [1] [2] [3] [4] [5] [6] [7] [8] [9]

	你是华裔吗?
年龄	[0] [1] [2] [3] [4] [5] [6] [7] [8] [9] [0] [1] [2] [3] [4] [5] [6] [7] [8] [9]
	是 [1]　　　　不是 [2]

学习汉语的时间:
2年以下 [1]　　2年—3年 [2]　　3年—4年 [3]　　4年—5年 [4]　　5年以上 [5]

注 意	请用 2B 铅笔这样写: ■

一、听力

1. [A] [B] [C] [D]　　6. [A] [B] [C] [D]　　11. [A] [B] [C] [D]　　16. [A] [B] [C] [D]　　21. [A] [B] [C] [D]
2. [A] [B] [C] [D]　　7. [A] [B] [C] [D]　　12. [A] [B] [C] [D]　　17. [A] [B] [C] [D]　　22. [A] [B] [C] [D]
3. [A] [B] [C] [D]　　8. [A] [B] [C] [D]　　13. [A] [B] [C] [D]　　18. [A] [B] [C] [D]　　23. [A] [B] [C] [D]
4. [A] [B] [C] [D]　　9. [A] [B] [C] [D]　　14. [A] [B] [C] [D]　　19. [A] [B] [C] [D]　　24. [A] [B] [C] [D]
5. [A] [B] [C] [D]　　10. [A] [B] [C] [D]　　15. [A] [B] [C] [D]　　20. [A] [B] [C] [D]　　25. [A] [B] [C] [D]

26. [A] [B] [C] [D]　　31. [A] [B] [C] [D]　　36. [A] [B] [C] [D]　　41. [A] [B] [C] [D]　　46. [A] [B] [C] [D]
27. [A] [B] [C] [D]　　32. [A] [B] [C] [D]　　37. [A] [B] [C] [D]　　42. [A] [B] [C] [D]　　47. [A] [B] [C] [D]
28. [A] [B] [C] [D]　　33. [A] [B] [C] [D]　　38. [A] [B] [C] [D]　　43. [A] [B] [C] [D]　　48. [A] [B] [C] [D]
29. [A] [B] [C] [D]　　34. [A] [B] [C] [D]　　39. [A] [B] [C] [D]　　44. [A] [B] [C] [D]　　49. [A] [B] [C] [D]
30. [A] [B] [C] [D]　　35. [A] [B] [C] [D]　　40. [A] [B] [C] [D]　　45. [A] [B] [C] [D]　　50. [A] [B] [C] [D]

二、阅读

51. [A] [B] [C] [D]　　56. [A] [B] [C] [D]　　61. [A] [B] [C] [D]　　66. [A] [B] [C] [D]　　71. [A] [B] [C] [D] [E]
52. [A] [B] [C] [D]　　57. [A] [B] [C] [D]　　62. [A] [B] [C] [D]　　67. [A] [B] [C] [D]　　72. [A] [B] [C] [D] [E]
53. [A] [B] [C] [D]　　58. [A] [B] [C] [D]　　63. [A] [B] [C] [D]　　68. [A] [B] [C] [D]　　73. [A] [B] [C] [D] [E]
54. [A] [B] [C] [D]　　59. [A] [B] [C] [D]　　64. [A] [B] [C] [D]　　69. [A] [B] [C] [D]　　74. [A] [B] [C] [D] [E]
55. [A] [B] [C] [D]　　60. [A] [B] [C] [D]　　65. [A] [B] [C] [D]　　70. [A] [B] [C] [D]　　75. [A] [B] [C] [D] [E]

76. [A] [B] [C] [D] [E]　　81. [A] [B] [C] [D]　　86. [A] [B] [C] [D]　　91. [A] [B] [C] [D]　　96. [A] [B] [C] [D]
77. [A] [B] [C] [D] [E]　　82. [A] [B] [C] [D]　　87. [A] [B] [C] [D]　　92. [A] [B] [C] [D]　　97. [A] [B] [C] [D]
78. [A] [B] [C] [D] [E]　　83. [A] [B] [C] [D]　　88. [A] [B] [C] [D]　　93. [A] [B] [C] [D]　　98. [A] [B] [C] [D]
79. [A] [B] [C] [D] [E]　　84. [A] [B] [C] [D]　　89. [A] [B] [C] [D]　　94. [A] [B] [C] [D]　　99. [A] [B] [C] [D]
80. [A] [B] [C] [D] [E]　　85. [A] [B] [C] [D]　　90. [A] [B] [C] [D]　　95. [A] [B] [C] [D]　　100. [A] [B] [C] [D]

三、书写

101.

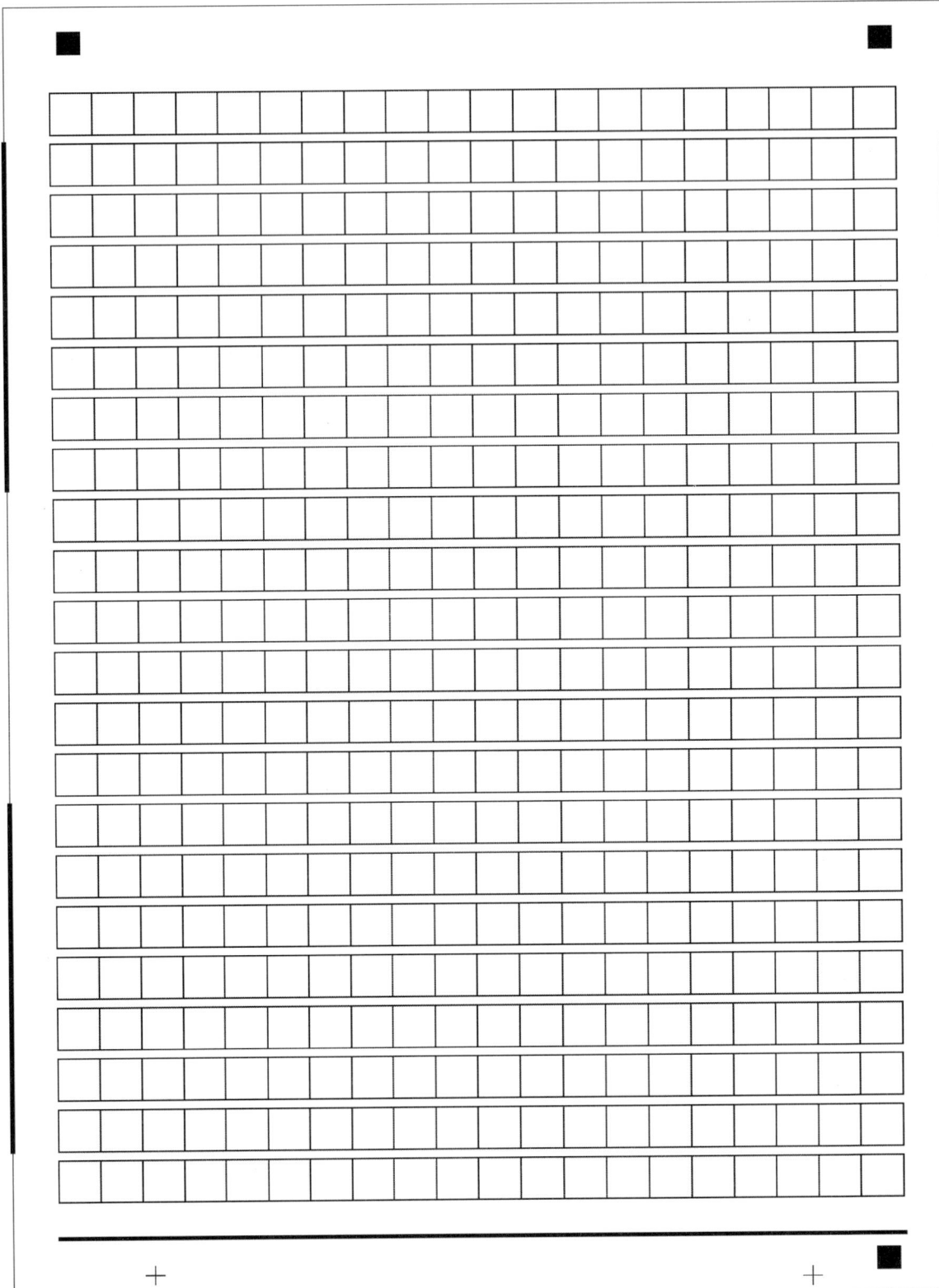

memo

memo

memo

memo